KB248495

긴급명령, 국부 손병희를 살려내라

긴급명령, 국부 손병희를 살려내라

초판 1쇄 발행 | 2012년 12월 1일 발행
개정판 2쇄 발행 | 2013년 3월 29일 발행

지은이 | 손윤
엮은이 | 의암경영연구소 · 이창희

발행인 | 승영란, 김태진
디자인 | 여상우
마케팅 | 함송이 · 강소연
출력 · 인쇄 | 에드샵 컴퍼니
펴낸 곳 | 에디터
주소 | 서울 마포구 공덕동 105-219 정화빌딩 3층
문의 | 753-2700, 2778
팩스 | 753-2779
등록 | 2005년 8월 5일 등록 제313-2005-316호

값 13,000원
ISBN 978-89-6744-010-7 03900

긴급명령, 국부 손병희를 살려내라

손윤 지음 ― 의암경영연구소 · 이창희 엮음

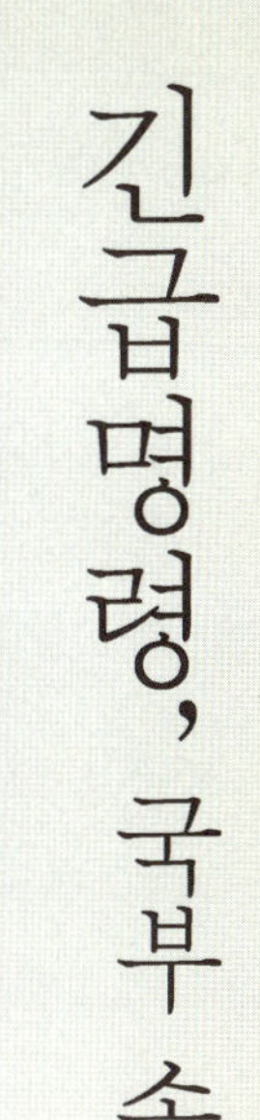

뷰스
views

대한민국 선진화에 길이 남을
연구기관으로 발전하기를……

겨울에 쌓인 눈이 채 녹지 않은 1974년 3월이었다. 칠백의총으로 유명한 금산 전투의 의병장이셨던 중봉 조헌 장군의 직계 후손이자 보은 촌놈인 나와 삼일독립운동 당시 영동·옥천의 대표이셨던 독립운동가 손석구 옹의 손자인 영동 촌놈이 만났다.

"너는 이다음에 뭐 할래?"

"외교관이 될 거야. 그래서 우리나라를 강한 나라로 만들 거야."

"그래. 좋은 생각이다."

"그럼 너는 뭐 할래?"

"우리나라에서 영어를 최고로 잘하는 사람이 될 거야."

우리는 대전고등학교를 졸업했다. 나는 고려대 영문학과에 진학했지만 친구는 서울대 정외과에 지원했다가 미역국을 먹었다. 그리고 가정 형편상 재수를 못하고 공무원이 되었다. 각자의 삶에 충실하지 않으면 안 되는 형편인지라 젊은 시절엔 만나서 술 한잔 할 여유가 없었다. 그러다가 나는 미국으로 유학을 가서 천신만고 끝에 언어학 박사가 되어 돌아왔다. 친구도 나름 실력을 갖춘 세무 공무원이 되어 있었고, 향학에 대한 열정을 버리지 않고 세법, 행정학, 경영학, 국제통상학 등을 형설지공으로 공부해서 박사과정을 마친 상태였다. 우리는 그렇게 고등학교를 졸업한 지 거의 40년 만에 만났다. 나는 원리와 원칙 그리고 논리적인 사고를 자연스럽게 습득할 수 있는 영어 책을 통해 반칙이 아닌 합리성으로 움직이는 사회를 만들겠다는 일념으로 해커스 시리즈를 집필하였다. 한눈팔지 않고 살아온 탓에 친구와 나는 생활의 여유가 생겼다. 이제는 우리가 사회와 국가에 대해 공헌을 하는 방법을 연구하고, 비전을 제시할 때가 되었다는 생각에 자주 만나 이야기를 나누었다. 같은 생각을 가진 친구가 있다는 것만으로도 큰 힘이 되었다. 그 친구가 바로 《긴급명령, 국부 손병희를 살려내라》의 저자 손윤이다.

내 고향이 보은인지라 어렸을 때부터 동학혁명에 대한 이야기를 많이 들으며 자랐다. 철이 들면서는 동학혁명이 성공했다면 "우리 민족의 역사가 어떻게 달라졌을까?"를 많이 생각했다. 동학혁명의 좌절로 우리나라가 일제 식민지로 추락했다는 결론에 도달했고, 당시 조선의 정치 지도자들은 국제정세를 너무 모르는 우물 안 개구리에 불과했다는 깨달음에 이르렀다. 지피지기면 백전백승이란 말이 있다. 그것이 나의 청춘을 영어에 바친 이유 중의 하나인지도 모른다.

나의 친구인 손윤이 쓴 《긴급명령, 국부 손병희를 살려내라》의 첫
장을 펼친다. 그리고 한 페이지씩 읽어 내려간다. 인터뷰 방식으로
꾸며진 책이라 쉽게 읽힌다. 친구는 역사 인식의 중요성에 대해 강
조하면서 손병희 선생의 삼전론에 대해 이야기한다. 그리고 국가경
영 지도자가 갖춰야 할 덕목과 지략에 대해 말한다. 우리나라가 선
진국의 문턱을 넘지 못하는 이유에 대해서도 나름 진단과 처방을
내린다. 책장을 넘기면서 고개를 끄덕이게 되는 부분이 제법 많다.
대한민국의 오늘을 사는 젊은이라면 한번쯤은 읽어 볼 만한 책이
다. 역사의식 못지않게 삶의 노예가 되지 않으려는 저자의 도전 정
신이 돋보이는 책이기 때문이다.

아무쪼록 친구가 자신의 뜻을 펼치고자 설립한 의암경영연구소와
의암손병희선생기념사업회가 나날이 발전하여 산업화와 민주화를
잇는 '대한민국 선진화'의 역사에 길이 남을 연구기관으로 발전하
기를 기원하며 격려사에 갈음한다.
친구야! 《긴급명령, 국부 손병희를 살려내라》의 출간을 축하한다.

2012년 12월 30일

충남대학교 영문학 교수

김동인

국부 손병희

손윤 선생으로부터 "의암 손병희 선생이 대한민국의 진정한 국부(國父)"라는 말을 들었을 때 속으로 '아차!' 싶었다. '나는 왜 그런 생각을 하지 못했을까?'라는 자탄 때문이었다. 대한민국사를 공부하려면 먼저 생각해야 할 것들이 있다.

'삼일운동이 일어나지 않았어도 대한민국이 존재할 수 있었을까?'

'손병희 선생이 없었어도 삼일운동이 일어날 수 있었을까?'

일제는 대한제국을 강제로 병합한 직후 76명의 매국적(賣國賊)들에게 귀족의 작위와 막대한 은사금(恩賜金)을 주었다. 76명을 분류해 보면 대략 두 가지 흐름이 나타난다. 하나는 왕족들이다. 마지막 황제 순종의 장인까지 이 대열에 합류했다. 다른 하나는 인조반정 이래 집권당이었던 노론(老論)이었다. 당파를 알 수 있는 64명 중 노론 소속이 56명이나 된다. 이들의 당파를 분석하는 것은 사실 어려운 일이 아니었다. 망국 직후 편찬한 《조선신사열전》, 《조선신사대동보》 같은 책에 자랑스레 자신들의 가계와 당파를 공개하고 있기 때문이었다. 나라를 팔아먹고도 이토록 당당할 수 있었던 것은 나라를 되찾을 가망이 전무하다고 자신했기 때문이다. 일본은 청나라는 물론 러시아와도 전쟁을 벌여 대한제국 지배를 국제적으로 공인받았다. 미국과는 가쓰라—태프트 밀약을 통해 미국은 필리핀을, 일본은 대한제국을 점령하기로 몰래 합의했고, 영국과도 영일동맹을 맺었다. 온 세계가 일제의 한국 점령을 승인한 것이다. 게다가 인조반정 이래 250여 년을 집권한 노론이 집단적으로 매국에 나섰다.

일제는 강탈한 대한제국에는 일본의 메이지 헌법을 적용하지 않고 이른바 일왕의 대권으로 통치했다. 조선총독은 육·해군 대장만이 부임할 수 있게 규정해 군사 점령지로 여겼다. 그래서 무단(武斷) 통치를 자행했다. 헌병들이 사법경찰 역할까지 맡는 헌병경찰 제도가 그 단적인 표현이다. 경찰서장을 겸임하는 헌병대장들에게는 즉결심판권이 주어졌다. 즉결심판에 걸려 태형을 당하면 잘해야 병신이 되었다. 여학교 교사들까지도 칼을 차고 수업에 들어가는 공포 통치였다. 식민지 동토(凍土)는 완전히 얼어붙어 희망이 보이지 않았다.

바로 이런 잿빛 상황에서 대반전을 기획한 인물이 의암 손병희 선생이었다. 우리 역사상 그 유례를 찾기 쉽지 않은 대반전이었다. 명문대가 출신들이 팔아먹은 그 나라를 되찾겠다고, 그것도 왕정이 아니라 공화정으로 되찾겠다고 나선 인물들은 대부분 평민 출신들이었고 그 중심에 손병희가 있었다. 그렇게 삼일운동은 일어났고

기세등등하던 일제는 전전긍긍하는 처지로 전락했다. 단적으로 말해 삼일운동이 있었기에 대한민국이 있을 수 있었다. 그 삼일운동의 결과물이 대한민국임시정부였다.

이승만과 손병희의 리더십의 차이는 한마디로 분열의 리더십과 통합의 리더십의 차이라고 해도 과언이 아니다. 이승만은 가는 곳마다 조직을 분열시켰다. 이승만은 어떤 조직이든 자신이 중심이 되지 않으면 그 조직 자체를 분열시키거나 파괴했다. 반면 손병희는 심지어 다른 종교인들까지도 독립운동의 성전(聖戰)에 동참하게 했다. 지금 천도교와 개신교가 어떤 행사를 공동으로 개최한다는 것을 생각하기조차 어렵다. 그만큼 해방 후 민족의 정신세계가 타락한 것이다. 그러나 그 당시라고 손병희 선생이 없었다면 천도교와 개신교가 합동으로 독립을 '선언' 할 수 있었을까? 당초 개신교계에서 계획했던 것은 독립 '청원'이었다. 선언과 청원은 큰 차이가 있다. 청원은 상대방에게 요구하는 객체의 수단이라면, 선언은 스스로 우뚝 서는 주체의 포효인 것이다. 손병희 선생은 도전(道戰), 언전(言戰), 재전(財戰)이라는 삼전론(三戰論)을 삼일운동에 그대로 적용했다. '독립선언'이란 도전(道戰)을 개신교계에 자금까지 대는 재전(財戰)으로 통합해 온 세상에 독립을 선포하는 '언전(言戰)'으로 승화시켰다. 그 대가로 손병희 선생은 사실상 옥사(獄死)를 감내해야 했다. 상해임시정부를 만들 때 손병희 선생의 옥중 지시를 받아서 조직해야 한다는 주장이 공공연히 개진될 정도로 손병희 선생은 소수를 제외한 대다수 민족의 국부였다. 그러나 해방 후에도 친일 정권이 들어서고 식민 사관이 주류 역사관이 되면서 이런 내용은

다 묻혀 버렸다.

손윤 선생의 이 책은 묻혀 있던 손병희라는 박옥(璞玉)을 역사의 전면으로 끌어올리는 내용으로 가득 차 있다. 그 자신이 천도교에 속한 집안이었고, 또 독립운동에 가담했던 집안이었기에 집안에서 내려오는 숱한 숨은 이야기들을 전해 들을 수 있었고, 그래서 이 책은 일종의 독립운동 구술사(口述史)도 된다. 나라가 바로 서기 위해서는 역사가 바로 서야 한다. 이 책은 이런 시대적 소명에 일익을 담당할 것으로 믿어 의심치 않는다. 세상은 여전히 잿빛이다. 그래서 손병희 선생의 삼전론이 이 땅에 되살아나기를 더욱 간절히 바라게 된다.

2012년 12월 말

천고(遷固) 이덕일 기(記)

지워진 대한민국 건국의 역사를
찾아나서며……

해마다 가을만 되면 나타나는 지독한 증상이 있다. 마음 한편이 무거워지고, 초초와 불안에 밤잠을 설치는 날이 많아진다. 그동안 대한민국 태동의 100년 역사를 간과한 채 눈앞의 작은 이익만을 위해 살아온 부끄러운 내 자신의 모습을 누구보다 잘 알고 있기 때문이다. 이제는 더 이상 늦출 수 없음을 새삼 깨닫게 된다. '더 늦기 전에, 더 왜곡되기 전에 이제는 행동으로 옮겨야 할 때가 되었다.'

100여 년 전, 500년 조선의 명맥만 유지하던 대한제국이 일본의 식민지가 되던 날도 이즈음이었다. 경술국치의 소식을 접한 의암 손병희 선생께서는 좌절해 주저앉기보다는 우리나라를 되찾아야 한다며 다시 일어날 것을 부탁하셨다. "오늘 왜놈에게 빼앗긴 주권은 내가 10년 안에 반드시 찾아온다. 이 일은 조직과 힘을 가진 천도교만이 가능하다."

당시 조선왕조는 안으로는 전제주의적인 전횡과 수구세력들의 핍박 때문에 백성들의 살림살이는 황폐하기 이를 데 없었다. 나라가 어디로 가는지 알 수 없어 모두 우왕좌왕했고, 먹고사는 것 역시 너무나 힘들어 고통스런 나날을 보내고 있었다. 밖으로는 세계열강들이 한반도를 집어삼키려고 군침을 삼키는 힘든 시기였다. 특히나 한반도를 놓고 한 손에는 칼을 들고 다른 한 손에는 천지부모의 존재까지 무시하는 허무지설의 거짓된 서양 신앙이 한반도 침략 구실을 찾기 위해 혈안이 되어 있었다. 그중에서도 서구 열강에 먼저 문호를 개방하여 군비를 비축한 일본이 조선을 침탈하려고 호시탐탐 노리던 시기였다.

그리하여 홍익인간의 이념으로 분연히 일어난 것이 그 유명한 동학혁명이다. 그러나 보국안민, 척양척왜에 기치를 둔 동학혁명은 아쉽게도 결실을 거두지 못했다. 홍익인간의 백성들은 그 이유를 일본의 거대한 무력에 정신만으로 대항한 데에서 찾았고, 이에 손병희 선생께서는 중요한 결단을 내리셨다. 부패한 권력과 외세에 빼앗긴 조선을 되찾아 새로운 나라를 세워야겠다고, 국민을 행복하게 할 요량으로 민주적이고 공화적인 나라를 세워야겠다고 결심하셨다. 온 겨레의 피와 재산을 자발적으로 모아 자주독립국가를 선언하신 것이다. 동시에 '삼전론'과 《준비 시대》로 민족의 나아갈 길을 제시하셨다.

그러나 삼일독립선언으로 대한민국이 건립된 날로부터 26년이 흐른 뒤 우리 민족은 손병희 선생의 생각과는 다른 방향으로 흘렀다. 1945년 일본의 손아귀에서 벗어난 대한민국은 광복의 기쁨을 맛보기도 전에 미·소 등 강대국의 이해타산에 의해 남과 북으로 분단되는 아픔을 겪어야 했다. 단일민족이던 우리 민족이 둘로 쪼개지고, 5년 후인 1950년에 동족상잔이란 비극을 겪어야 했다.

100년 전에도 나라와 민족의 역사·문화적 역량이 부족해서 나라를 빼앗긴 것이 아니다. 시운에 맞게 세계정세를 살피고 삼정(三政)을 준비하는 국가경영적인 안목이 부족했고, 조선의 국정 지도자 대부분이 외세에 결탁하여 자신들의 일신만을 도모했기 때문에 망국의 서러움을 겪게 된 것이다. 국제 정세가 좋아지기를 기다려 부국강병을 도모하기에는 이미 일본과 서구 열강의 힘이 너무 세져서 당할 수가 없는 지경에 이르게 되었다. 천하대국이라고 하던 중국도 우리나라와 마찬가지 상황이었다. 최제우 선생께서는 이를 순망치한이라 하지 않았던가.

요즘 대한민국 상황을 들여다보자. 경제력으로는 무역 규모 세계 10위, 수출만 계량하면 세계 7위 이내에 들어 있다고 말한다. 그러나 급격한 개발 성장 정책에 따라 심각한 부의 양극화로 대부분 국민들의 삶은 힘들고 미래는 불투명하다. 게다가 분단된 남북의 평화통일이란 목표는 시간이 갈수록 요원해지고 있다. 더욱 진취적이고 능동적인 자세로 평화통일의 꿈을 실현하려는 정치가도 거의 없는 실정이다. 각 정당은 진영논리에 빠져 한참 철이 지난 허무적인 이념 공세로 이기적인 논리만 내세우며 이전투구를 하고 있는 꼴이다. 세계 평화를 지향하여야 할 종교인들은 외세의 힘에 의존해서 성장한 탓에 이기적이고 기형적인 집단으로 변했을 뿐만 아니라 자신들의 안위만을 내세우는 무책임한 껍데기로 변했다. 이러다간 언젠가는 종교전쟁이 일어날지 아무도 예측 못하는 급박한 시점이다.

100년 전이나 지금이나 대한민국은 달라진 게 없다. 백성을 하늘처럼 섬기는 리더십을 잃은 조선왕조의 지배층처럼 집단이기주의만이 횡행할 뿐이다. 대한민국과 대한국인은 민주적이고 평화로운 삶을 살 권리가 있다는 선열들의 가르침과는 동떨어진 길을 가면서 그저 자기 자신과 자기 식구들만 챙기기에 급급하다.

1919년 삼일독립운동 소식에 감동한 인도의 마하트마 간디가 평화를 상징하는 비폭력·불복종 운동으로 인도의 정신을 세웠듯이, 이 시대를 사는 우리와 우리의 정치 지도자들은 소통과 화합을 위한 일원화, 민주와 평등을 지향하는 대중화, 평화를 상징하는 비폭력화의 삼일독립정신으로 남북의 평화통일을 달성하기 위해 불철주야 매진해야 한다.

의암 손병희 선생은 경영전략적인 준비 없이 무력투쟁으로 시작한 동학혁명의 최고 책임자의 한 사람으로서 대업의 실패를 거울삼아 민주공화국가, 자주독립국가인 대한민국의 건설에 일평생을 바치셨다. 삼전론인 재전, 언전, 도전으로 삼일독립선언과 운동을 준비하고 실천한 결과, 대한민국의 기초를 닦고 자신의 목숨은 겨레의 영전에 바치셨다. 손병희 선생은 5000년 한민족의 역사에서 유일하게 전 국민을 통합하여 새로운 민주국가의 초석을 다진 성공한 국가경영인이었다.

대한민국의 앞날이 어둡기는 100년 전이나 오늘이나 마찬가지다. 타락한 종교와 사상들에 의해 사분오열 갈기갈기 찢어져서 암흑세계라고 말해도 지나치지 않음은 어찌 된 일이란 말인가.

선진국 문턱에서 더 이상 도약을 못하고, 각자위심(各自爲心)의 자아만 꿈꾸는 사람들만 가득한 오늘을 맞이하여 의암 손병희 선생과 함께하신 선열들의 국가경영 철학을 배우는 일이야말로 일등 대한민국으로 가는 비밀의 문을 여는 것이라고 생각한다. 이에 의암손병희선생기념사업회와 의암경영연구소를 만들어 의암정신을 실천하고자 한다. 우리는 정치가도 아니고, 경제 전문가도 아니다. 역사학자는 더욱 아니다. 단지 우리 연구소는 회원들의 힘을 모아 주류역사학자들이 외면하는 대한민국 성립 과정의 비밀을 낱낱이 밝히고자 할 뿐이다. 그 길만이 수백만의 위대한 선열들이 뿌린 피와 땀에 보답하는 길이라고 생각한다.

부족한 사람들이 바른 마음만으로 시작한 일이라 역량이 모자란 부분이 많이 있을 것이다. 의리를 아는 분들의 채찍도 수용할 준비가 되어 있다. 우리 연구소의 역사관을 탐탁해하지 않는 사람들의 비판 가운데 귀담아 들을 내용이 있다면 새겨듣도록 하겠다. 더 이상은 외세에 의해 농락당하지 않는 통일 대한민국의 진정한 민주시민이 되고자 수심정기하는 마음으로 순국선열들의 회초리를 피하지 않고자 한다. 매일매일 새로워지기를 바랄 뿐이다.

《긴급명령, 국부 손병희를 살려내라》는 손병희 선생께서 동학을 천도교로 대고천하하신 현도기념일(12월 1일)에 맞춰 서둘러 1부 내용만으로 세상에 선을 보였다. 그 후 한 달에 걸쳐 부족한 내용을 보완하여 개정보증판을 내게 되었다.

2012년 겨울

의암손병희선생기념사업회 준비위원장 손윤 심고(心告)

제1부

지워진 역사,
왜곡된 역사의 진실을 밝히다

한 번도 가 보지 않은 길

이창희　안녕하세요? 저는 이번에 '긴급명령, 국부 손병희를 살려 내라'의 대담을 진행하게 된 시나리오 작가 이창희입니다. 위원장님과 함께 의암 손병희 선생을 기리는 책을 출간하게 돼서 매우 기쁘고 또한 영광입니다.

손 윤　안녕하세요? 저는 의암손병희선생기념사업회 준비위원장인 손윤입니다. 세무법인 '오늘'의 CEO와 법무법인 '오늘로'의 상임고문을 맡고 있습니다. 역사 바로 세우기 차원에서 비밀에 싸인 대한민국의 문을 여는 대담을 이 작가님과 함께하게 되어 기쁩니다. 우리 한번 멋지게 해 봅시다. (악수)

이창희　〈법륜 스님의 희망 편지〉 중에는 결혼과 출가 사이에서 고

민하는 사람의 얘기가 있습니다. 그분의 고민에 대해 스님께서는 "결혼했다가 다시 출가하는 건 어렵지만 출가를 했다가 결혼을 하는 것은 쉽잖아요?" 하고 반문하시고는 곧바로 두 가지 길 사이에서 방설여질 때는 쉬운 쪽을 먼저 해 봐서 좋으면 가고 아니면 포기해 버림으로써 선택을 분명히 할 수 있다고 대답하십니다. 누구나 알고 있고 누구나 할 수 있는 말이지만 고민과 맞닥뜨리는 순간이 있었기에 깨달음의 불꽃이 튈 수 있었던 게지요.

제가 알기로 손 위원장은 오랫동안 공직에 계셨습니다. 그런데 무슨 까닭에서 편한 길을 놔두고 의암 손병희 선생을 기리는 힘들고 어려운 길을 선택하게 되셨는지요? 다른 사람들이 가는 쉬운 길을 선택하셨다면 되돌아가기도 쉬울 텐데 명예퇴직까지 하면서 일부러 어려운 길을 택하신 이유가 궁금합니다. 어떤 남다른 이유가 있으신지요?

손 윤   편한 길과 어려운 길이 무엇을 의미하는지는 잘 모르겠습니다만 어린 시절 할아버지의 이야기를 오랫동안 마음속에 품고 살았다는 이유 말고 다른 특별한 이유는 없습니다. 저는 국세청에서 35년 근속했고, 부이사관으로 명예퇴직했습니다. 정년까지는 6년 정도 남았지요. 남은 6년 동안 직급이 더 높아지고, 월급도 더 많아질는지 모르겠지만 마음이 불편합니다. 그래서 오랫동안 마음속에 품고 살아왔던 할아버지의 가르침을 실천에 옮기기로 다짐하고 의암손병희선생기념사업회와 의암경영연구소 일에 투신하기로 결심을 굳혔지요.

저처럼 오랫동안 세무 공무원으로 일하다가 퇴직하면 대부분 세무사 사무실을 개업해 일하면서 남은 생을 즐깁니다. 그 이유는 세무 공무원이 흔히 말하는 철밥통 공무원이 아니라는 의미지요. 대체로 세무 공무원들은 현업에 있을 때 힘들게 일합니다. 저도 야근과 철야를 밥 먹듯 하며 35년을 일했습니다. 특히 기업들을 상대해야 하는 조사국은 전쟁터나 다름없습니다.

이창희　어린 시절에 할아버지로부터 무슨 이야기를 들으셨기에 40년이 넘는 세월 속에서도 그 불꽃이 사그라지지 않았는지 궁금합니다. 할아버님은 어떤 분이셨는지요?

손 윤　저의 할아버지는 삼일독립운동 당시에 영동과 옥천 지역을 책임지셨던 천도교의 교구장이셨습니다. 영동과 옥천 지역에서 삼일독립운동을 주도하시고 독립선언서를 배포하는 데 앞장섰던 할아버지께서는 삼일독립운동이 일제의 탄압에 의해 좌절된 후에 일제 경찰에 끌려가서 심한 고문을 당하셨습니다. 그로 인해 평생 아픈 허리를 껴안고 사셨지요. 늘그막까지 할머니로부터 구박을 많이 받으셨는데, 그 이유 중에 하나는 대대로 내려오던 가산을 팔아 독립운동을 하셨다는 것입니다. 그리고 또 다른 하나는 허리가 아파서 남자 구실을 제대로 못한다는 거였지 않았나 생각합니다.

제가 손병희 선생에 대해 처음 알게 된 때는 아마도 초등학교 4·5학년 무렵이었을 겁니다. 할아버지께서 이승만 대통령이 손병희 선생의 옥새—상해임시정부의 대통령이란 직함을 그렇게 표현하셨지

2012년 12월 1일 의암손병희선생기념사업회를 발족한 후 의암 손병희 선생의 묘소를 찾은 손 윤 준비위원장.

요.—를 훔쳐서 외교적으로 써먹었고, 나중에는 대통령까지 되었는데 김구 선생께서 그 사실을 알고 있기 때문에 죽였다고 말씀하셨어요. 그러시면서 저보고 천도교 근처엔 얼씬도 하지 말고, 할아버지가 독립운동을 했다는 말도 어디 가서 하면 안 된다고 당부하셨어요.

그래서인지 모르겠으나 할아버지는 이승만 대통령이 주겠다고 하는 건국훈장도 거부하셨습니다. 그래서 제가 어렸을 때는 충청북도 도지사를 비롯해 군수들이 여러 번 저희 집을 찾아와서는 할아버지께 이승만 대통령이 수여하는 훈장을 받으시라고 조르다 못해 윽박지르기까지 했던 걸로 기억합니다. 하지만 끝내 받지 않으셨어요. 나중에 영동에 삼일운동기념탑이 세워질 때, 감사장을 받는 걸로 마무리하시곤 곧바로 낙향하셨습니다. 제가 중학교 2학년일 때였는데 기념식장의 정중앙에 앉아 계신 할아버지의 모습을 보고는 깜짝 놀랐지요. 전 그때까지 할아버지께서 하시는 말씀의 참뜻을 알지 못했거든요.

그 이후로 김구 선생에 대해 관심을 갖게 되었고, 김구 선생께서 존경하는 손병희 선생에 대해서도 관심을 갖게 되었습니다. 그 관심이 나이가 들면서는 존경심으로 바뀌어 갔지요.

이창희　심산 김창숙 선생처럼 지조 있는 독립운동가의 후손이시군요. 할아버님의 함자가 어떻게 되시는지요?

손　윤　밀양 손씨에 석 자 구 자를 쓰셨습니다. 손병희 선생의 초명이 응 자 구 자였으니까 아마도 먼 친척이셨나 봅니다. 손병희 선생보다 연배가 28년이나 아래이셨기 때문에 손병희 선생을 아버지처럼, 스승처럼 좇으셨다고 합니다.

이창희　혹시 밀양 손씨이기 때문에 의암손병희선생기념사업회를 하시겠다는 건 아니신지요? 우리나라에 그런 분들이 많잖습니까? 조선시대 정승이었던 아무개의 몇 대손이라며 조상을 팔아먹는 사람들 말입니다.

손 윤　의암 손병희 선생은 밀양 손씨 차원에서 기념하고 추모해야 하는 분이 아닙니다. 그분을 기리고 추모하는 일은 최소한 나라가 나서서 해야 하는 일이라고 생각합니다. 손병희 선생과 삼일독립운동이 없었다면 오늘날의 대한민국은 없다고 해도 과언이 아니지요. 그렇기 때문에 손병희 선생의 정신을 계승하고, 그분의 국가관을 본받는 일은 나라가 앞장서서 해야 하는 일입니다. 그런데 나라가 그 일을 하지 않습니다. 탑골공원에 동상 하나 세워 놓은 게 전부고, 아주 오래전에 '이달의 독립운동가'에 이름을 올렸을 뿐입니다. 그러니 할 수 없이 저처럼 이름 없는 사람이 나서게 되는 거지요.

이창희　의암손병희선생기념사업회 준비위원장을 떠밀려서 하는 셈이시네요.

손 윤　그런 셈이네요. (웃음) 독립운동가들을 형식적으로만 기리는 나라 덕분에 팔자에 없는 준비위원장이 되었습니다.

이창희   그 원인이 어디 있다고 보시는지요?

손 윤   우리나라가 일본의 식민지로부터는 해방되었지만 일본의 식민 사관으로부터는 벗어나지 못했기 때문입니다. 일제 총독부 산하의 조선사편수회가 국사편찬위원회로 이름만 바뀌었지 그 명맥은 그대로 유지되고 있다고 봅니다.

이창희   우리나라 역사가 일제 식민 사관으로부터 벗어나지 못하고 있다는 얘기는 어제 오늘의 얘기가 아니니 그 해결책은 역사학자들의 몫으로 남겨 두고, 위원장님과는 의암 손병희 선생의 얘기에 집중했으면 합니다.

손 윤   그러지요. 저는 역사학자가 아니고 경영학을 전공한 사람이니까요.

이창희   손병희 선생의 얘기를 본격적으로 시작하기에 앞서 사사로운 질문을 하나 하겠습니다. 요즘 경제가 참 어렵습니다. '88만원 세대'니 '삼포 세대'니 하는 말이 나올 정도고, 중소기업을 하는 분들이 운영자금을 조달하지 못해 전전긍긍하다가 부도를 내고 길거리로 나앉고, '하우스푸어'라는 새로운 계층이 나타나고 있습니다. 그런 상황에서 안정된 급여가 보장되는 자리를 박차고 나와 의암손병희선생기념사업회와 의암경영연구소를 하겠다고 하셨을 때, 가족들의 반대가 만만치 않았을 것 같은데 어떠셨는지요?

손 윤　세무 공무원을 그만두고 의암손병희선생기념사업회를 하면 당장에라도 밥을 굶을 것처럼 말씀하시는데 그렇지 않습니다. 35년 동안 세무 공무원으로 일한 덕분에 적지 않은 공무원 연금이 나옵니다. 또한 의암손병희선생기념사업회는 저 혼자서 하는 일이 아닐 뿐더러 혼자 할 수 있는 일도 아니라고 봅니다. 직장을 그만두었다고 생계가 막막해지는 그런 일은 과거 국가경제 규모가 작았던 시절에나 있었던 일이지요.

우리나라의 무역 규모가 1조 달러에 접어들었습니다. 이미 선진국이 된 나라들이 그랬던 것처럼 앞으로의 우리 사회는 과거처럼 앞만 보고 달릴 수가 없다고 봅니다. 나라와 사회가 발전하는 과정에서 알게 모르게 혜택을 받은 사람일수록 사회적인 책임을 더 많이 져야 하는 세상이 오고 있다고 봅니다. 사회 구성원 간에 불신이 팽배해지면서 신뢰가 무너지고 있는 작금의 상황으로 미루어 볼 때, 이미 왔는지도 모릅니다. 그걸 노블레스 오블리주라고 부르는지 정확히는 모르겠습니다만 저와 같은 사람들이 해야 할 일이 많아졌다고 봅니다. 공정한 사회를 위해서 뿐만 아니라 함께 사는 세상을 위해서 말이지요.

저는 그 일 가운데 일제와 이승만 정부에 의해 역사에서 지워진 손병희 선생의 정신과 삼전론[*]을 알리는 마중물의 역할을 선택한 것입니다.

이창희　국세청을 그만두고 나오셔서 스스로 의암손병희선생기념사업회 준비위원장에 취임하는 일을 가족들에게 어떻게 설명하셨냐고 묻는데 자꾸 딴 이야기만 하시는 게 어째 좀 수상합니다. 혹시 아직 말씀하지 않으신 건가요?

손 윤　명예퇴직을 신청했고, 세무법인의 대표로 가게 되었다는 얘기는 했습니다만 스스로 의암손병희선생기념사업회 준비위원장에 취임할 거라는 얘기는 아직 못했습니다.

이창희　왜 못하신 거죠? 스스로 생각하기에도 의암손병희선생기념사업회를 비롯해 독립운동가를 기리는 일이 쉬운 길은 아니라고 생각하셨나 봅니다.

손 윤　그런 면이 없지 않습니다만, 그것보다는 의암손병희선생기념사업회를 세우는 일이 저 혼자만의 일이 아니라고 생각한 면이 더 큽니다. 저는 의암경영연구소를 통해 의암손병희선생기념사업회의 인큐베이터 역할을 하고자 하는 것이지 직접 의암손병희선생기념사업회를 세워서 운영하겠다는 것은 아닙니다. 저보다 더 훌륭하신 분이 나서서 의암손병희선생기념사업회를 이끌어 주실 거라

● 　삼전론(三戰論); 천도교의 제3대 대도주 손병희 선생이 1903년 일본에 머무르면서 지은 글. 삼전(三戰)이란 도전(道戰)·재전(財戰)·언전(言戰)을 말한다. 손병희 선생은 일본과 러시아라는 강국 사이에 있는 조선이 위기에 처해 있다고 보고, 국민이 합심단결하여 위기를 극복할 수 있도록 대책을 세워야 한다고 주장하면서, 세 가지 할 일을 제시한 것이 바로 이 삼전론이다.

는 믿음을 갖고 있지요. 그래서 가족들에겐 아직까지 얘기하지 못했습니다. 정확히 표현하자면 얘기하지 않은 게 아니라 얘기할 시간이 없었다고 해야 할 것 같습니다.

만일 2012년 10월 3일 진암 박영인 선생께서 돌아가지 않으셨다면 저는 몇 년간은 더 현업에 있으려 했습니다. 하지만 박영인 선생께서 킬리만자로에 오르셨다가 심장마비로 환원하시는 바람에 의암손병희선생기념사업회를 더 이상 미룰 수 없게 되었습니다. 나이에 비해 건강하셨던 분께서 하루아침에 그리 될 줄 누가 알았겠습니까? 그 일로 인해 저는 엄청난 충격을 받았고, 의암손병희선생기념사업회의 추진체인 의암경영연구소는 정신적 지주를 잃게 되었습니다. 저마저 미적미적하다간 의암손병희선생기념사업회는 첫걸음도 떼지 못한 채 사라질 수 있다는 위기감을 느꼈습니다. 그래서 정신없이 일을 진행시켰지요. 그러다 보니 막상 가족들에겐 저의 생각을 자세히 얘기하지 못했습니다. 조만간 저의 생각과 계획에 대해 가족들에게 얘기해야겠지요. 하지만 그 전에 의암손병희선생기념사업회를 이끌어 나갈 덕망 있는 분이 나타나서 저의 어깨에 얹어진 짐을 덜어 주셨으면 하는 바람도 없지 않습니다.

이창희　왜 12월 1일인가요? 특별한 이유가 있나요?

손　윤　그렇습니다. 아주 특별한 날입니다. 그날은 1905년 11월 17일에 을사늑약이 맺어지자 손병희 선생께서 대한제국 정부의 탄압을 피해 은둔해 있던 동학을 천도교로 대고천하˙하신 날입니다.

그날이 오기 전에 식구들을 앉혀 놓고 설명하려고 합니다. 내가 알려 주지 않아도 언론을 통해 알게 될 테니까요.

이창희 위원장님께서도 손병희 선생처럼 대고천하를 하시는 거군요. (웃음) 조금 전에 "저와 같은 사람들이 해야 할 일이 많아졌다."고 말씀하셨는데요. 위원장님과 같은 분이라는 말이 어떤 사람을 일컫는 건지 몹시 궁금합니다. 설마 '강남좌파'를 의미하는 건 아니시겠죠?

손 윤 강남좌파요? 저 같은 사람은 근본적으로 좌파가 될 수 없습니다. 왜냐면 말발이 약하거든요. 그것도 아주 많이요. (웃음) 저는 말보다는 행동으로 옮기는 걸 좋아하는 편입니다. 굳이 얘기한다면 저는 상식의 강남우파지요. 하지만 세상일을 좌파와 우파로 나눠 바라보는 건 아주 낡은 틀인 동시에 21세기에는 더 이상 생명력을 지닐 수 없는 용어라고 봅니다.

이창희 그렇다 하더라도 의암손병희선생기념사업회를 추진하는 일이 생각만큼 쉽지 않을 겁니다. 그동안 우리나라의 주류 사학자들은 독립운동사나 해방전후사를 언급하는 사람들을 색안경을 끼고 바라보면서 '좌빨'이란 딱지를 붙여 왔기 때문이지요. 앞으로 의

● 대고천하(大告天下); 1905년 12월 1일을 기해 손병희 선생이 그동안 '동학'이라고 불리던 교단을 '천도교'란 근대적인 이름으로 세상에 선포한 일을 일컫는 말이다. 다시 말하면 지하에서 포교하던 동학을 바깥세상으로 드러내겠다는 결심을 선포한 것이다.

암손병희선생기념사업회가 발족하게 되면 위원장님께도 그런 비난이 쇄도할 겁니다. 그에 맞설 위원장님의 각오를 듣고 싶습니다. 가시밭길을 헤쳐 나가셔야 할 테니까요.

손 윤　새삼 각오라고 할 것도 없습니다. 일제가 왜곡하고 지워 버린 독립운동사를 제대로 정리하여 숨겨진 사실을 바로잡고, 독립운동가들의 명예를 회복시키는 일을 어떻게 좌빨로 몰아붙인단 말입니까? 이승만 대통령을 지지하지 않으면 다 좌빨입니까? 그 동안은 반공 이데올로기 아래에서의 국가 폭력 때문에 많은 사람들이 좌빨이란 딱지를 무서워할 수밖에 없었겠지만 앞으로 다가오는 시대는 그런 꼼수와 폭력이 통하지 않을 거라고 봅니다. 일제를 미화하고 이승만 대통령을 국부로 찬양하는 세력은 국가를 통치할 자격을 상실해 가고 있습니다. 물론 그들이 순순히 물러나진 않겠지요. 하지만 저는 독립운동을 하다가 돌아가신 200만 선열들이 지금도 두 눈을 부릅뜨고 대한민국을 지켜보고 계시다는 믿음을 갖고 있습니다. 그래서 가시밭길이라고 생각하지 않습니다.

이창희　현실은 그렇지 않습니다. 그래서 제가 가시밭길이란 표현을 쓴 겁니다. 누구에게나 인생은 한 번도 가 보지 않은 길의 연속이긴 하지만 그래도 다수의 사람들이 살아가는 길을 따라가면 큰 과오를 범하지 않습니다. 지금이라도 발길을 되돌릴 생각은 없으신지요?

손 윤　지금의 제 심정은 자신이 건너온 다리를 불태워 버린 장량

과도 같습니다. 지금 우리나라는 수운 최제우 선생께서 보국안민의 계책으로 동학을 창제하셨던 구한말처럼 내우외환의 위기에 봉착해 있습니다. 세계경제가 대공황에 버금가는 침체 국면에 들어섰고 사회복지와 경제민주화에 대한 국민들의 요구는 날로 거세지고 있기 때문입니다. 손병희 선생께서 주창하신 삼전론이 아니면 이 위기에서 벗어날 길이 없습니다. 삼전론을 기초로 대한민국의 국가경영 계획을 다시 짜지 않으면 대한민국은 누가 대통령이 되어도 국운이 쇠락하게 됩니다. 제가 발길을 돌린다고 살 수 없습니다. 저는 물론이고 제 자식도 죽을 수 있는 위기가 닥쳐오고 있는데 어떻게 발길을 돌리겠습니까? 엄두가 나지 않습니다. 양심 있는 많은 분들의 동참을 호소하면서 묵묵히 저의 길을 걸어갈 수밖에 없다고 봅니다. 다른 길이 보이지 않습니다. 저는 앞으로 어떤 시련이 있어도 의암손병희선생기념사업회를 발족시켜 삼전론을 널리 알릴 것입니다. 그것만이 우리나라가 사는 길이고, 저와 제 가족이 사는 길이라고 믿기 때문입니다.

이창희　위원장님께서 왜 지금까지 살아온 인생과는 전혀 다른 삶, 다시 말해 한 번도 가 보지 않은 길을 선택하셨는지 어렴풋하나마 그 이유를 알 것 같습니다. 그만큼 우리나라의 상황이 절박하다는 뜻으로 이해하겠습니다. 손병희 선생께서 주창하신 삼전론에는 어떤 내용이 담겨 있는지요?

손　윤　삼전론을 제대로 이해하려면 손병희 선생께서 사셨던, 망국부터 삼일독립선언까지의 전 과정을 이해해야만 합니다. 그렇지 않은 상태에서 삼전론을 알게 되면 알맹이는 버리고 껍데기만 취하게 됩니다. 껍데기만으로는 아무 일도 할 수 없습니다. 선무당이 사람 잡는다는 소리도 있잖습니까?

이창희 위원장님의 말씀을 들으니까 손병희 선생에 대해 본격적으로 공부해 보고 싶다는 생각이 듭니다. 학창 시절에 읽었던 독립운동사를 다시 읽어 보고 싶다는 열망이 마음속 깊은 곳에서 꿈틀대는군요.

손 윤 안타깝게도 독립운동사 안에서 손병희 선생의 활동과 업적에 대한 실증 사료를 찾는 게 그리 쉽지 않습니다. 독립운동사와 천도교의 교회사를 비교하면서 공부해야만 그 의미를 제대로 파악할 수 있습니다. 제가 그 퍼즐을 푸는 데 40년이 넘게 걸렸다면 믿으시겠습니까?

이창희 그럼 할 수 없네요. 위원장님께서 생선에서 가시를 발라내어 자식을 먹이는 어미의 심정으로 손병희 선생에 대해 독자들에게 알려 주시는 방법 외에는 다른 방법이 없을 것 같습니다. 제가 지금부터 위원장님과 똑같은 실력으로 공부한다고 해도 백 살이 넘어야 공부를 마치게 될 테니까요. (웃음)

손 윤 이 작가께서 학창 시절에 공부하셨던 내용을 토대로 질문하시면, 실증 사료가 있든 없든 저의 역사관으로 손병희 선생과 얽힌 여러 사건을 해석해서 설명하겠습니다. 역사는 실증인 동시에 해석의 학문이기도 하니까요.

이창희　좋습니다. 그렇게 해서라도 손병희 선생의 진면목을 알면 좋은 일이지요.

손 윤　그렇습니다. 손병희 선생을 삼일독립선언을 한 민족 대표 33인 가운데 한 분으로만 아는 것은 장님이 코끼리를 만지는 격입니다.

손병희 선생이 진짜 국부다

이창희 위원장님께서는 대한민국의 진짜 국부는 이승만 대통령이 아니라 손병희 선생이라고 주장하신다고 들었습니다. 그렇게 말씀하시는 이유가 무엇인지 궁금합니다.

손 윤 어릴 때 이야기로 다시 돌아가겠습니다. 제가 초등학교 4·5학년이었던 어느 날 할아버지께 "이승만 대통령은 어떤 분입니까?" 하고 물었습니다. 그러자 할아버지께서는 정색을 하시면서 "이승만은 살인마다."라고 하셨어요. 그래서 제가 다시 물었죠. "그게 무슨 말씀이세요? 학교에선 이승만 대통령을 훌륭한 사람이라고 하는 걸요." 하고요. 할아버지께서는 이승만 대통령이 손병희 선생과 천도교에 행한 잘못들을 자세히 말씀하셨어요. 그 얘기를 하시면서 할아버지는 한숨을 토하며 눈물을 흘리셨습니다. 한이 맺히셨던 거지요. 그래서 저는 할아버지가 하시는 말씀을 열심히 들어드리려고 노력했습니다.

그러다가 나이가 들면서 역사책에 실린 내용이 할아버지로부터 들은 내용과 너무 다르다는 걸 알게 되었습니다. 당연히 의문이 생기지 않겠습니까? 우리 할아버지는 충청북도에서 알아주는 한학자이신데 손자에게 거짓말을 하실 리가 없다는 생각이 들었지요. 저는 역사학도가 아닌 경영학도였지만 역사책을 뒤적이며 혼자서라도 그 문제를 풀려고 나름 노력했습니다. 하지만 일하면서 공부해야 하는 처지였으므로 그 문제에만 몰두할 수가 없었습니다. 뭔가 알 만하면 책을 놓아야 했지요. 그러다가 할아버지께서 돌아가신 지 한참이 지난 뒤에야 그 말씀의 참뜻을 알게 되었습니다. 삼일독립운동은 손병희 선생께서 천도교를 중심으로 10년이나 준비한 일이었던 반면에 당시 이승만 박사는 아무 일도 하지 않았습니다. 그러면서도 영어를 잘한다는 이유 하나만으로, 미국 사람들과 직접 의사소통이 된다는 이유만으로 독립운동가들 사이에서 평판이 높았지요. 특히 국내에 있던 기독교계 독립운동가들 사이에서 그랬습니다.

이창희 그랬군요. 그래서 삼일독립운동 이후에 만들어진 여러 임시정부 조각 명단에 이승만 박사의 이름이 빠지지 않고 올랐던 거군요.

손 윤 맞습니다. 그 과정에서 기독교계 독립운동 진영에 의해 상해로 파견된 현순 목사가 이승만 박사를 대한민국임시정부의 대통

"이승만, 3·1운동 외면하고 신탁청원"

임시정부 구미위원장 현순 문건서 밝혀져

파리평화회의 영향 둘러싸고 학계논란 예상

우남 이승만이 미국에 신탁통치를 요청한 날짜가 지금까지 알려진 것과는 달리 3·1운동 이후였음이 밝혀졌다. 이에 따라 상해임시정부가 같은 해 5월12일 파리평화회의에 김규식을 통해 제출한 '독립청원서'가 채택되지 않은 것에 이승만의 신탁 청원이 어떤 영향을 주었는지가 학계의 규명거리로 떠오를 것으로 보인다.

이승만의 신탁 요청은 그가 1925년 임시정부 대통령직에서 해임되는 데 결정적 원인이었지만, 지금까지는 3·1운동 직전인 2월 25일 이루어진 것으로 알려져 있었다.

이런 사실은 20년 당시 구미위원부 위원장 서리를 지낸 현순(1880~1968·사진)의 자서전 등의 문건이 국내에 처음 공개됨에 따라 밝혀졌다. 현순의 둘째아들 데이비드 현(84)이 상해임시정부 수립 80돌을 앞두고 공개한 1천여쪽에 이르는 '현순 문건'은 상

해임시정부 탄생 배경, 미국에서의 이승만·서재필 행적, 외교노선을 둘러싼 당시 독립운동진영 내부의 갈등 등을 담고 있다.

이번에 공개된 '현순 문건' 중 가장 관심을 끄는 것은 이승만이 미국에 신탁통치를 요청한 시점이 3·1운동 이후임을 명확하게 밝혔다는 것이다. 이승만은 대한민국 임시정부 안에서 신탁통치 요청이 문제가 되자 한결같이 '3·1운동 이전인 1919년 2월25일 일이었다'고 주장했다. 하지만 현순 문건 중 '워싱턴 외교실록'에 포함된 워싱턴발 연합통신(당시 미국 통신사) 기사는 그 날짜가 같은해 3월16일임을 못박고 있다. '한국이 일본으로부터 자유를 얻기 위해 윌슨에게 호소함'이라는 제목의 기사는 "대한국민회(총대 이승만)에서 윌슨 대통령에게 한국독립의 장래를 위하여 파리 평화회의에서 한국이 장래 독립정부를 건설하기에 적당함

을 국제연맹에서 인정하여 줄 때까지 미국의 지도를 받는 위임통치국이 될 것"이라는 내용을 담고 있다. 연합통신 기사는 또 청원서가 "한국에서 독립운동이 일어나 일본이 한국사람 1천인을 체포했다는 내용이 담겨 있다"고 보도해 이 청원이 3·1운동 이후 이루어진 것임을 명확히 하고 있다.

'현순 문건'은 또 당시 구미위원부 위원장 대리인 현순과 상해임시정부 대통령이었던 이승만이 미국에서의 외교방식을 놓고 심각하게 대립했음을 보여준다. 즉 현순은 20년 당시 구미위원부를 해체하고 대한민국 임시정부의 정식 공관을 만들 것을 이승만에게 요청했다. 대한민국이 임시정부를 꾸리고 있으므로 국가를 대표하는 외교공관이 위상에 맞는다는 취지다.

그러나 이승만이 현순에게 보낸 전보들에 의하면, 이승만은 현순을 전권대사로 임명했다가(20년 10월6일, 21년 4월4일), 허락없이 공관설립을 시도했다는 이유로 사직을 명하는(21년 4월17일) 이중적 태도를 보이고 있다.

현순 문건은 해방 이후 50년 동안 로스앤젤레스의 '한국독립역사협회'가 ─다. 현순 문건은 그동안 여러 차례 개가 시도됐으나, 현순의 장녀 엘리─월북 뒤 49년 스파이 혐의로 처형되─가족사 문제가 불거지면서 공개가 ○─지 않았다.　　　　　　　　　　　　　김

● 현순은 누구인가

목사이기도 한 현순은 상해 임시정부 초대 외무차장, 구미위원부 위원장 서리 등을 지낸 독립투사로서 지난 63년 건국훈장 국민장을 받았다.

현순은 1919년 3·1운동에 주도적으로 참여한 뒤 4월13일 상해로 건너가 손정도 등 29인과 함께 제1회 임시의정원을 열고

구미위원부 위원장 서리로 추대됐은 구미위원부 시절 이승만과 독립선을 둘러싸고 갈등을 빚었으며, 겼만에 의해 해임됐다.

1천여쪽에 이르는 '현순 문건'은에서 이승만과 오갔던 전보, 구미내부 문건 등으로 이루어져 있다.

■

한겨레신문 1999년 4월 10일자에 실린 '이승만 박사가 삼일독립운동을 외면하고 위임 청원했다는 현순 목사의 비망록' 기사.

령으로 둔갑시키는 데 혁혁한 공을 세웠습니다. 나중에 현순 목사
는 그것이 조작된 거짓이라고 스스로 폭로했지요. 현순 목사가 타
계하자 그 아들이 한겨레신문(1999년 4월 10일자)에 현 목사의 비망
록을 제보했는데, 그 비망록에 이승만 박사가 대한민국임시정부의
대통령을 어떻게 사칭했는지 그 과정이 자세히 기술되어 있다고 합
니다.

이창희　　현순 목사가 어떻게 이승만 박사를 대한민국임시정부의 대
통령으로 둔갑시켰다는 말씀인지요?

손　윤　　이승만 박사는 1919년 3월 1일 전후에 국내에서 무슨 일이
일어나고 있는지도 몰랐습니다. 당시는 요즘처럼 통신이 원활하지
못했으니까 당연한 일이지요. 상해로 파견된 현순 목사를 통해 국
내에서 삼일독립운동이 일어났다는 사실을 전해 들은 서재필 박사
가 삼일독립선언에 호응하기 위해 필라델피아에서 제1차 한인연합
회의(The First Korean Congress)를 소집한 날이 4월 13일입니다.
그리고 이승만과 정한경이 워싱턴에서 기자회견을 열어 자신들이
윌슨 대통령에 보낸 '한국 위임통치 청원서'를 각 신문에 보도케 한
날이 3월 16일입니다. 따라서 이승만 박사는 3월 중순까지는 국내
사정이 어떻게 돌아가는지 정확히 알지 못했다고 봐야 합니다. 그
렇지 않고서야 어떻게 국내 동포들이 피를 흘리며 쓰러지고 있는데
위임통치 청원*을 할 수 있겠습니까? 인면수심이 아니고서야 어려
운 일이지요.

이승만 박사의 이름이 여러 임시정부의 각료 명단에 등장하는 시기는 대한국민의회(노령임시정부)가 설립된 1919년 3월 21일부터 시작해서 국내 경인 지역에 뿌리를 둔 기독교 계열의 독립운동가들이 한성임시정부를 설립한 1919년 4월 23일까지입니다. 그런데 이 중에서 가장 심각한 문제를 야기하는 건 이승만 박사를 집정관총재로 추대한 한성임시정부입니다. 저는 한성임시정부는 '종이정부(Paper Government)'에 불과하다고 봅니다. 그 이유는 이승만 박사가 워싱턴 D.C.에 집정관총재 사무실을 열고 대외적으로 대통령 행세를 한 시점이 한성임시정부 수립 바로 그 무렵이라는 사실과 함께 1919년에 이승만이 작성한 영어 문서의 내용이 다분히 가공적이기 때문입니다. 한마디로 말해 이승만 박사가 자주 사용하는 '선점 전술'이라고 봅니다. 아주 고도의 전술이죠.

이승만 박사가 1919년에 직접 작성했다는 영어 문서를 보면, 대한민국임시정부가 수립되는 과정과 자기 자신이 국무총리 내지는 집정관총재로 추대되는 과정이 상세하게 기술되어 있습니다. 그런데 그 내용들이 당시 유혈 사태가 벌어지고 있는 국내 상황을 감안할 때 도무지 믿을 수 없는 일들이라는 겁니다. 이들 내용 가운데 가장 가관인 것은 "1919년 3월 1일 한국 서울에서 개최된 '대한민국 의정원 회의(The Korean National Council at Convention)'에서 자기가 대한민국임시정부의 국무총리에 임명되었고, 대한민국 의정원

은 한국의 13도에서 합법적으로 선출된 대의원으로 구성된, 전 국민을 대표하는 기구"라는 내용입니다. 또 다른 문서에는 "1919년 3월 1일에 300여 장소에서 공개적으로 봉독·선포된 독립선언서 및 대의원 선출 요구서에 따라 13도에서 각각 대의원이 선출되었고, 이렇게 선출된 대의원들이 1919년 4월 23일에 서울에서 회동하여 그날로 헌법을 채택하고 대한민국 정부를 수립했다."라고 기술되어 있습니다.

위 내용을 읽는 순간, 저는 한성임시정부는 종이정부이고, 집정관 총재 이승만은 가짜라는 확신을 갖게 되었지요. 그렇기 때문에 이승만 박사는 국부가 될 수 없을 뿐만 아니라 국부로 불려서도 안 된다고 주장하는 겁니다. 국부의 의미가 뭡니까? 국부란 그 나라의 정신과 얼을 세우는 데 공이 큰 사람으로 온 국민에게 존경받는 정치 지도자를 일컫는 말 아닙니까? 미국의 워싱턴 대통령이나 중국의 쑨원 대총통 정도는 되어야 국부라는 칭호를 쓸 수 있다고 봅니다. 이승만 박사가 대한민국의 정신과 얼을 세우는 데 공이 큰 사람입니까? 아니면 온 국민이 존경하는 정치 지도자입니까? 둘 다 아닙니다.

반면에 손병희 선생은 삼일독립선언을 통해 대한민국의 정신과 얼을 세우셨습니다. 대한민국은 삼일독립운동으로 건립된 대한민국 임시정부의 법통을 계승한다고 헌법 전문에도 나와 있지 않습니까? 그래서 저는 손병희 선생만이 대한민국의 국부로 추앙받을 수 있는 유일한 분이시라고 생각하는 겁니다.

이창희　위원장님 말씀 잘 들었습니다. 그렇다면 누가 한성임시정부를 만들어 이승만 박사를 도왔으며, 그 이유는 무엇이었을까요?

손　윤　한성임시정부는 1919년 4월 23일에 서울에서 설립되었습니다. 상해임시정부의 이승만 외교독립 노선을 지지하기 위한 수단이자 경인 지역 기독교계 독립운동가들이 주축이 되어 삼일독립운동의 중심에 서 있던 천도교를 견제하기 위한 목적으로 세워졌다고 봐도 무방합니다. 한마디로 꼼수였던 거지요. 그들을 대표하는 사람 가운데 한 사람이 월남 이상재 선생이었다는 사실이 몹시 가슴 아픕니다.

이창희　그게 정말입니까? 월남 이상재 선생은 천도교에서 운영했던 동덕여자대학의 초대 후원회장까지 하셨습니다. 그런 분이 종교적인 편향으로 인해 천도교를 견제하기 위한 꼼수를 사용 또는 묵인하셨을 거라는 말은 어째 믿어지지 않습니다.

손　윤　삼일독립운동 이후 백가쟁명의 혼란기에 일어난 일이니까 그럴 수도 있었다고 봅니다. 문제는 의정원 중심의 내각책임제로 상해임시정부가 출범했는데도 이승만 박사가 상해임시정부를 부인하고 한성임시정부의 정통성을 주장하면서 대통령 행세를 했다는 것이지요. 이승만 박사와 한성임시정부에 대한 저의 추론은, 여러 사람의 구술 증언과 문자화된 기록의 퍼즐 조각을 맞춰 나가다 보면 그런 해석이 가능하다는 거지요. 제 생각이 100퍼센트 옳다는 뜻은 아닙니다.

이창희　경인 지역 기독교 계열의 독립운동가들, 좀 더 좁혀서 말하면 월남 이상재 선생이 그렇게 행동한 이유가 뭐라고 보시는지요?

손 윤　손병희 선생께서 월남 이상재 선생을 찾아가 앞으로 있을 독립운동에 대해 소상히 설명하고, 삼일독립선언에 민족 대표로 서명할 것을 권유했다는 구술 증언의 앞뒤 맥락을 살펴보면 그 이유를 분명히 알 수 있습니다. 손병희 선생의 권유에 이상재 선생은 잘못하면 폭동이 일어나 많은 사람이 다칠 것이니 일제 총독부에 '독립청원서'를 내는 데 그치자며 서명을 거부하십니다. 그런데 천도교가 중심이 된 삼일운동이 어떻게 진행되었습니까? 이상재 선생의 예상과는 달리 비폭력 평화운동으로 전개되었고, 아시아 여러 피압박 민족에 큰 영향을 주었습니다. 인도의 시인 타고르에 의해 '아시아의 등불, 코리아여!'라고 칭송되기도 하지 않았습니까? 또한 1919년 5월 4일 중국에서 새로운 혁명 사상이 깃든 철저한 반제(反帝)·반봉건(反封建)의 5·4운동(五四運動)이 일어나는 계기를 만들어 주지 않았습니까? 그러니 경인 지역에 뿌리를 둔 기독교 계열의 독립운동가들이 긴장하지 않을 수 없었겠죠. 자칫 잘못하다간 미주를 중심으로 하는 외교독립 노선이 독립운동의 주도권을 상실하는 건 물론이려니와 국내에서의 선교 활동에도 막대한 지장을 초래할 거라고 내다봤던 것이지요.

당시 독립운동 세력의 대세는 국내의 천도교 세력과 결합한 만주의 무장항쟁 노선이었다고 봅니다. 신흥무관학교*를 세우신 이회영 선생과 천도교 중앙대교당을 세우신 손병희 선생의 행적을 보면 너무 유사한 점이 많습니다. 이는 이회영 선생의 만주의 독립운동 세력과 손병희 선생의 천도교 세력이 이미 삼일독립운동 이전부터 손을 잡고 있었다는 추론을 가능케 합니다. 삼일운동 이후에 일어난 홍범도 장군의 봉오동 전투와 그 3개월 후에 일어난 김좌진 장군의 청산리 전투에서 승리할 수 있었던 원동력도 손병희 선생이 마련해 놓은 엄청난 금액의 독립운동 자금에 있다고 봅니다. 여러 정황들의 퍼즐 조각을 맞춰 나가다 보면 짐작 가는 대목이 있기 때문에 이렇게 애기할 수 있는 겁니다.

이창희　　경인 지역 기독교 계열의 독립운동가들이 그렇게 생각하고 행동했다 하더라도 월남 이상재 선생을 중심으로 하는 YMCA청년회의 학생들은 대거 삼일독립운동에 참여하지 않았습니까? 그 일로 인해 이상재 선생은 일제 경찰에 연행되어 고초를 겪기도 하셨습니다.

손 윤　　그러셨지요. 제 말뜻은 월남 이상재 선생께서 천도교를 견제하기 위해 한성임시정부를 직접 만들었다기보다는 경인 지역에

46

삼일독립운동을 앞둔 손병희 선생의 모습.

뿌리를 둔 기독교 계열의 독립운동가들 사이에 알게 모르게 그런 기운이 팽배했다는 것이지요. 그런 기운이 팽배해 있었기 때문에 현순 목사가 상해임시정부가 만들어지기도 전에 미국에 있는 이승만 박사에게 전문을 보낼 수 있었던 것입니다. 그 전문 하나가 이승만 박사를 미주 지역 독립운동의 중심에 설 수 있도록 만들었고, 위임통치론과 맞물려 나중에 상해임시정부가 분열하는 원인을 제공했기에 그 죄과가 크다는 것이지요.

이창희　　어떤 사건을 계기로 월남 이상재 선생과 이승만 박사가 그렇게 가까워졌는지 아시나요?

손　윤　　요즘으로 말하면 멘토와 멘티의 관계였다고 말할 수 있겠는데, 이상재 선생이 이승만 박사보다 25살이나 위입니다. 이승만 박사는 독립협회의 민중 계몽기인 만민공동회*에서 가장 치열하게 운동한 청년이자 제일 인기 있는 대중 연설가였다고 합니다. 1898년 11월 5일에 익명의 투서사건이 발생합니다. 아마도 그 배후는 황국협회였을 겁니다만 독립협회가 군주제를 폐지하고 공화정을 도입하려 했다는 혐의를 받으면서, 간부인 이상재, 남궁억 등 17인이 체포됩니다. 그러자 이승만은 배재학당의 학생과 대중을 동원하여 경무청과 최고법원인 평리원 앞에서 철야농성을 벌여 독립협회 간부

● 　만민공동회; 1898년에 독립협회 주최로 서울 종로 네거리에서 열린 민중 대회. 외세의 배격과 언론, 집회의 자유를 주장하는 따위의 민족주의·민주주의 운동을 제창하였다.

들을 석방시키는 데 성공합니다.

요즘으로 말하면 언론에 주목을 받는 스타 운동권 학생이었습니다. 이때부터 이승만은 서재필, 이상재, 윤치호를 자주 만나면서 세 사람 모두로부터 총애를 받았습니다. 이상재 선생은 이승만의 정치 스승이 될 정도로 가까웠고, 서재필은 이승만에게 미국 유학을 적극 권할 정도였으며, 윤치호는 이승만이 우리나라 최초의 일간지인 〈매일신문〉을 만들 수 있도록 엄청난 액수의 돈을 지원했다고 합니다. 또 이상재 선생은 청년 이승만이 전달한 성서를 읽고 감옥에서 기독교인이 되기로 결심했다고도 하니 세 사람의 관계는 특별했다고 볼 수 있습니다.

이창희　　서재필, 이상재, 윤치호 모두 기독교인이라는 점이 흥미롭네요. 윤치호는 삼일독립운동을 순진한 애국심에 기초한 민족주의자들의 무모한 행동으로 파악했을 뿐만 아니라 자신들은 죽을 용기도 없으면서 다른 순진한 사람들을 죽음의 골짜기로 몰고 가는 악마와 같은 존재들이라고 비난했습니다. 그런데 윤치호의 이런 비난이 손병희 선생의 천도교를 중심으로 한 삼일독립운동이 순조롭게 비폭력적으로 진행되었기 때문이라는 설이 있습니다. 이런 해석에 대해 위원장님의 생각은 어떠신지요?

손　윤　　일리 있는 해석이라고 봅니다. 지금이야 기독교가 천도교보다 몇 십 배 이상 큰 종교로 발전했지만 당시에는 천도교인이 300만이었던 것에 비해 기독교인은 10만에 불과했습니다. 그러니

YMCA청년회의 총무와 회장을 역임한 바 있는 윤치호 입장에선 그렇게 말했었을 수도 있다고 봅니다. 그런 어투의 비판은 조금도 이상한 일이 아닙니다. 인간의 본성 가운데 하나인 질투심이 작동하였을 테니까요. 자신들의 후원자인 선교사들 보기에도 미안했을 겁니다. 자연스런 감정의 발로라고 봅니다.

이창희   한마디로 말해 나라와 민족보다 자신이 믿는 종교의 세를 먼저 생각했다는 거네요. 이 사실을 오늘날의 천도교 지도자들은 어떻게 받아들여야 할까요?

손 윤   글쎄요. 딱히 뭐라고 대답할 수 없는 질문이네요. 하지만 해월 최시형 선생의 말 속에 그 해답이 있다고 봅니다. 제자 가운데 한 사람이 해월 최시형 선생께 "언제가 후천개벽의 세상입니까?" 하고 묻자 선생께서 중국을 포덕하는 날이 후천개벽의 세상이라고 대답하셨답니다. 그 말에서 중국이 의미하는 바를 오늘날의 말로 풀어서 얘기하자면 '천도교의 세계화'라고 할 수 있겠지요. 솔직히 말해 저는 천도교의 지도자들이 '천도교의 세계화'를 위해 좀 더 분발해 주셨으면 하는 바람을 갖고 있습니다. 그 과정을 통해 손병희 선생의 삼전론이 널리 퍼지면 더욱 좋고요.

대한민국 건국일은 3월 1일이다

이창희　위원장님 말씀을 듣다 보니 '대한민국의 건국일은 언제일까?' 하는 생각이 들었습니다. 이승만 대통령이 국부가 아닌 것은 확실한데 대한민국의 건국일은 1948년 8월 15일이 맞는 것 같다는 생각이 듭니다. 이 점에 대해 위원장님의 생각을 듣고 싶습니다.

손 윤　영국의 식민지였던 미국의 건국일이 언제입니까? 미국 정부가 수립된 날입니까? 아니면 1776년 7월 4일 독립선언(美國獨立宣言, The Declaration of Independence)이 있었던 날입니까? 미국인은 어느 날을 자신들의 건국일로 생각하고 기념합니까? 답은 간단합니다. 대한민국의 건국일은 삼일독립선언이 있었던 1919년 3월 1일입니다. 우리는 그날을 건국일로 지정하고 기념해야 하는 것입니다. 그런데 우리는 이승만 대통령이 정부를 수립한 1948년 8월

15일을 건국일이라고 비판 없이 받아들이는 우를 범하고 있습니다. 큰일 날 일입니다. 이 또한 식민사관의 연장인 동시에 일제가 남긴 잔재에서 허우적대는 꼴입니다. 저는 단호히 주장합니다. 대한민국의 건국일은 삼일독립선언이 있었던 1919년 3월 1일이라고.

이창희　　그렇다면 이승만 대통령은 초대 대통령이 아니겠네요?

손 윤　　정치학자나 법학자들 입장에서 보면 이승만 박사가 초대 대통령인 것은 맞겠지요. 하지만 1919년 3월 1일을 건국일로 보는 제 입장에선 아닙니다. 저는 대한민국의 초대 대통령은 손병희 선생이고, 2대 대통령은 박은식 선생이라고 생각합니다. 논란의 여지는 있겠지만 임시정부의 주석이셨던 김구 선생도 대한민국 대통령 가운데 한 분으로 봐도 무방하다고 봅니다. 헌법 전문에서 대한민국임시정부의 법통을 계승한다는 문구가 빠지지 않는 한 말이죠.

이창희　　그렇다고 하더라도 이승만 박사는 1919년 9월 11일 상해임시정부 의정원에서 대통령으로 선출되었고, 1922년의 임시정부 제3기 구성에서도 대통령에 유임되었습니다. 이런 사실로 비추어 볼 때, 손병희 선생이 초대 대통령이라는 주장은 좀 무리인 것 같습니다. 위원장님의 논리대로 하자면 미국 독립선언을 기초한 벤저민 프랭클린이나 로저 셔먼도 미국의 대통령이었다고 말할 수 있지 않을까요?

삼일독립운동 당시 만세 부르는 모습을 그린 그림. 〈독립기념관 자료 제공〉

손 윤 그렇지 않습니다. 벤저민 프랭클린이나 로저 셔먼은 미국의 독립을 선언한 이후에 감옥에 갇히지 않았습니다. 반면에 손병희 선생은 삼일독립선언 이후 곧바로 일제 경찰에 의해 서대문교도소에 수감되었습니다. 감옥에 수감되어 있는 사람이 어떻게 대통령 직무를 수행하겠다고 나설 수 있겠습니까? 설사 추대되었다 하더라도 취임하기 어려웠을 겁니다. 그럼에도 불구하고 현순 목사가 미주로 보낸 신한민보에 실린 대한공화국임시정부(노령임시정부)의 조각 명단에는 손병희 선생을 대통령으로, 박영효를 부통령으로, 이승만 박사는 국무총리로 명시하고 있습니다. 따라서 손병희 선생이 대한민국임시정부의 초대 대통령이라고 해도 무방하다고 봅니다.

이창희 하지만 대한민국 헌법 전문에 나와 있는 대한민국임시정부는 상해임시정부를 의미하는 것 아니겠는지요? 그렇다면 비록 의정원에서 간접선거로 선출되었다고는 하지만 이승만 박사가 대한민국임시정부의 초대 대통령 아니겠습니까?

손 윤 그렇지 않습니다. 상해임시정부에는 애초부터 대통령이란 직제가 없었고, 이승만 박사는 상해임시정부의 의정원에서 대통령이 아니라 국무총리로 선출되었습니다. 그런데 어느 날부턴가 이승만 박사는 자신을 국무총리로 선출한 상해임시정부를 부인하고 한성임시정부의 집정관총재를 대한민국의 대통령으로 오역하여 대통령 행세를 했습니다. 상해임시정부를 부정하던 이승만 박사는 상해임시정부가 국내외 독립운동가들의 폭넓은 지지를 받아 정통성을 가지게 되자 대통령 직함을 전제로 상해로 건너가 부임합니다. 그 모든 과정을 살펴보면 이승만 박사가 상해(통합)임시정부의 대통령으로 취임할 수 있었던 것은 억지춘향인 동시에 위인설관의 완결판입니다. 그 과정엔 도산 안창호 선생의 역할도 적지 않았다고 봅니다.

이창희　도산 안창호 선생께서는 상해(통합)임시정부의 대통령인 이승만을 탄핵하는 일에 앞장서신 것으로 알고 있는데 그게 아닌가 보죠?

손 윤　삼일독립선언 이전에 안창호 선생이 회장이었던 대한인국민회 중앙총회에서 이승만 박사가 파리강화회의와 미국의 월슨 대통령에게 보내겠다는 '위임통치 청원서'를 검토하여 시행토록 했기 때문인지 도산 안창호 선생도 처음에는 크게 문제 삼지 않았습니다. 이동휘 선생과 신채호 선생이 이승만 박사의 위임통치 청원서 제출을 성토하며 이승만 박사의 대통령 취임을 맹렬히 반대했을 때, 도산 안창호 선생은 자신의 '대공주의'에 입각하여 이승만 박사를 감싸 주었지만 나중에는 이승만 박사를 가리켜 정신병자라 하며 진저리를 쳤지요. 당시 의정원에서 있었던 신채호 선생, 이동휘 선생, 이승만 박사 사이에 진행된 대화를 재구성해 보면 위임통치 청원서를 둘러싼 진실의 단초를 엿볼 수 있습니다.

　신채호: 없는 나라를 팔아먹으려는 것은 있는 나라를 팔아먹은 이완

용보다 더한 역적이다.

이동휘: 대통령이 위임통치를 건의하는 바람에 정부 대표로 가 있는 김규식 특사가 어려움을 겪고 있어요. 위임통치를 요청하려면 뭐 하러 파리까지 왔느냐는 것이지요. 그러니 불필요한 오해를 낳는 위임통치 청원을 철회한다는 성명서를 내시는 게 어떻겠습니까?

이승만: 대통령을 비난하는 것은 도리에 어긋난다. 위임통치 건은 지나간 일이니 철회할 의사가 없다.

이승만 박사의 '위임통치 청원 성명서' 철회 거부 논리는 참으로 이상합니다. 마치 자신이 한 나라의 국왕인 듯이 오만하게 말하고 있죠? 저는 이승만 박사가 진짜로 서구의 민권사상을 알고 독립협회 활동을 했는지 의심스럽습니다. 왕이 되고 싶었던 속마음을 감추고 고종을 비판하는 반정부 활동에 나서다 보니 개화사상가인 양 연설하고 행동했던 게 아닐까요?

장준하 선생은 이런 이승만 박사를 가리켜 '희대의 협잡꾼이자 정치적 악한'이라고 말했습니다. 저는 장준하 선생의 의견에 전적으로 동의합니다. 당시 대통령 행세를 하고 다니던 이승만 박사의 행동이 얼마나 가관이었는지는 안창호 선생이 이승만 박사에게 보낸 편지와 그의 답신에 잘 나타나 있습니다. 제가 읽어 보겠습니다.

임시정부는 국무총리 제도이고 한성정부는 집정관총재 제도이며 어느 정부에나 대통령 직명이 없으므로 각하는 대통령이 아닙니다……

(이하 생략)…… 헌법을 개정하지 않고 대통령 행세를 하시면 이는 헌법 위반이며, 정부를 통괄하는 신조를 배반하는 것이니 대통령 행사를 하지 마시오.

– 1919년 8월 25일 안창호의 서신에서 발췌

만일 우리끼리 떠들어서 행동이 일치하지 못한 소문이 세상에 전파되면 독립운동에 큰 방해가 있을 것이며 그 책임이 당신들에게 돌아갈 것이니 언급하지 마시오.

– 1919년 8월 26일 이승만의 답신에서 발췌

이 정도면 이승만 박사를 초대 대통령이라 부를 수 없다는 제 주장에 설득력이 있지 않습니까?

이창희　이승만 박사는 왜 그렇게 대통령이란 직위에 연연했을까요?

손 윤　아마도 그것은 공채 발행과 관련이 있는 듯합니다. 당시 미국에서는 공채 발행 권한을 대통령이 갖고 있었다고 합니다. 이승만 박사가 상해(통합)임시정부를 대표하는 대통령이 아니고선 공채 발행을 신청할 수 없었으니까 대통령이란 호칭에 목숨을 걸 정도로 연연했다고 봅니다.

이창희　공채를 발행하여 들어온 돈으로 독립운동을 하면 좋은 일 아닌가요? 그 정도 이유라면 이승만 박사에게 대통령이란 호칭을 사용하도록 허락해 줄 수도 있는 것 아닌가요?

손 윤　그 돈이 상해임시정부로 건너가고, 다시 만주로 건너갈 수만 있다면 대통령 아니라 왕대통령이란 호칭도 사용할 수 있죠. 문제는 그 돈이 미국의 구미외교위원회* 안에서 아이스크림 녹듯이 사라졌다는 것입니다. 구미외교위원회는 이승만 박사의 측근들로 꽉 차 있었거든요. 상해임시정부 이름으로 모금해서 자신들이 맘대로 썼죠, 외교독립 운동을 한다는 명목하에. 요즘으로 말하면 공금횡령이자 배임에 해당하는 죄를 아무 거리낌 없이 저질렀던 것이지요.

이창회　지금까지 위원장님의 얘기를 종합해 보면 이승만 박사의 외교독립 노선은 잘못된 노선이라는 생각이 들지만 당시 일본의 국력을 감안해 볼 때 무장항쟁 노선으로 독립을 쟁취하는 것도 쉬운 일은 아니었을 거라는 생각이 듭니다. 이 점에 대해 위원장님의 생각을 듣고 싶습니다.

손 윤　당시의 많은 독립운동가들, 특히 미국 선교사들의 영향을 받은 기독교 계열의 독립운동가들은 미국을 과도하게 신뢰하고 있었어요. 하지만 그 당시 미국은 이미 가쓰라-태프트 밀약** 에 의해 우리나라의 독립 따위는 안중에도 없었습니다. 그런 미국에 기대어 독립운동을 전개했다는 것은 삼전론의 입장에서 보면 언전을 모르는 무지한 소치이고, 지도자로서 자질을 의심케 하는 일이죠.

이창희　가쓰라-태프트 밀약이 공개된 것이 1924년의 일이니까 좀 너그럽게 생각할 수도 있지 않습니까?

손　윤　그런 일이 민족의 운명과 나라의 명운을 좌우하는 일이 아니라면 이해해 줄 수 있는 일이지요. 하지만 자신의 민족과 나라의 일을 외세에 의존하여 해결하려 한 점은 고종과 하나도 다르지 않습니다. 그런 면에서 다른 나라의 독립운동가들과 비교되지요.

손병희 선생께서 말씀하신 삼전론 가운데 언전의 입장에서 외교 전략을 구사하는 것과 이승만 박사의 위임통치론은 근본부터 다르다고 봅니다. 전자는 국가 개조의 원동력을 일반 백성, 다시 말하면 국민에게서 찾으려 했다면 후자는 외세에 의존해서라도 정부체제 내지는 지도자만 바꾸면 된다는 것이지요. 인조반정 이후 300년 동안 조선을 지배하다가 일제에게 나라를 팔아먹은 노론들을 몰아내기만 하면 된다는 다분히 반민중적 독립운동관이라고 봅니다. 외세에 의존했다는 면에서 보면 이승만 박사도 노론의 후예라 할 수 있겠지요. 서구의 근대화 과정을 살펴보더라도 민중의 힘을 배제하고선 근대국가로의 발전에 모두 실패했습니다.

저는 당시 독립운동가들이 민중의 힘을 기반으로 하는 독립운동을 전개하면서 열강의 힘을 빌렸어야 한다고 봅니다. 그런 점에서 이

● 　구미외교위원회; 1919년 상해임시정부가 대미외교 업무를 수행하기 위하여 미국 워싱턴에 설치한 외교담당기관. 정식 명칭은 대한민국임시정부 구미외교위원부다.

●● 　가쓰라-태프트 밀약; 1905년 7월 29일 미국의 제26대 대통령 시어도어 루스벨트의 특사인 육군장관 윌리엄 하워드 태프트와 일본의 총리 가쓰라 다로가 도쿄에서 은밀하게 맺은 협정. 미국이 일본의 한국 지배를 묵인하는 대신, 일본은 필리핀을 침략하지 않겠다고 하는 약속이었다.

승만 박사의 외교독립론은 허구에 불과합니다. 미국의 외교사학자 타일러 데넷에 의해 가쓰라-태프트 밀약이 밝혀지자 이승만 박사를 중심으로 하던 미주의 독립운동이 시들해지고 김구 선생을 중심으로 하는 상해임시정부의 독립운동이 상대적으로 활발해진 것이 이승만 박사의 외교독립론이 얼마나 허구인지를 반증하는 것 아니겠습니까? 저는 앞으로 우리나라의 외교는 손병희 선생의 삼전론 가운데 언전에 입각하여 전개되어야 한다고 생각합니다.

이창희　　그렇다면 만주에 기반을 둔 무장항쟁 노선, 다시 말하면 러시아혁명 이후 레닌의 지원을 받으며 일제와 싸우는 것이 올바른 노선이었다고 생각하시는지요?

손 윤　　그렇지 않습니다. 외세에 의존해서 독립을 얻을 수 있다고 생각하는 건 다 잘못입니다. 그것은 만주에서 활동하던 무장항쟁 세력을 일시에 소멸시킨 자유시참변˙이 왜 일어났고, 어떻게 전개되었고, 그 결과가 얼마나 참혹했는지 살펴보면 금방 알 수 있습니다. 모든 나라는 자신의 이익을 위해 움직입니다. 어느 강대국이 가슴에 천사표를 달고 다른 민족, 다른 나라를 위해 움직여 줄 것이라는 기대는 착각입니다. 민족자결은 민족자립이 선결되어야 합니다.

● 　자유시참변 ; 러시아령 자유시(알렉셰프스크)에서 3마일 떨어진 수라셰프카에 주둔 중인 한인 부대인 사할린의용대를 러시아 적군 제29연대와 한인보병자유대대가 무장해제시키는 과정에서 서로 충돌, 다수의 사상자를 낸 사건. 이르쿠츠크파 고려공산당과 상해파 고려공산당의 파쟁이 불러일으킨 한국 무장 독립전사상 최대의 비극적 사건으로, 흑하사변이라고도 한다.

천도교 중앙대교당과 함께 완공을 눈앞에 두고 있는 천도교 중앙총부 건물.

스스로 일어서지 못하는 민족이 어떻게 자신의 문제를 해결하겠습니까?

손병희 선생은 독립운동을 준비하고 이끌어 가시면서 국내에서는 일원화, 대중화, 비폭력화의 원칙을 고수하셨지만, 밖에서의 무장 항쟁을 위해서는 은밀히 군자금을 모으셨습니다. 이 얼마나 탁월한 전략가이자 국가경영 지도자의 면모입니까? 저는 손병희 선생에 대해 공부하면 공부할수록 선생을 흠모하게 됩니다. 김구 선생께서는 "천도교 중앙대교당이 없었으면 삼일독립운동이 없었고, 삼일독립운동이 없었으면 상해임시정부가 없었고, 상해임시정부가 없었으면 대한민국이 없다."고 말씀하셨습니다. 이 말 속에 국가경영 지도자로서 손병희 선생의 모든 게 들어 있다고 생각합니다. 또 김구 선생의 말씀 속에는 천도교 중앙대교당을 짓는 과정에서 조달한 엄청난 독립운동 자금이 상해임시정부와 만주의 무장 독립군들에게 전달되었다는 의미가 내포되어 있다고 생각합니다. 그래서 저는 김구 선생의 말씀에다가 "동학혁명이 없었다면 천도교 중앙대교당이 없었다."는 말을 덧붙이고 싶습니다.

손병희 선생은 동학혁명의 지도자다

이창희　손병희 선생께서 전략가이자 국가경영 지도자로서의 면모가 그 정도였는지 몰랐습니다. 지금까지 저는 손병희 선생은 삼일 독립선언을 주도하신 민족 대표 33인 중 한 분 정도로만 알고 있었지요. 손병희 선생에 대해 좀 더 자세히 알기 위해선 동학혁명의 시기로 돌아가야 할 것 같습니다. 손병희 선생이 걸으신 역사의 가시밭길에 대해 좀 더 자세한 설명을 부탁드립니다.

손 윤　그러지요. 그에 앞서 일제가 왜 손병희 선생을 민족 대표 33인에 묶어 두고 선생의 진면목을 애써 은폐하려 했는지에 대해 먼저 말씀드리겠습니다.

이창희　일제의 입장에서 손병희 선생이 무서웠나 보죠?

손 윤　그렇습니다. 삼일독립선언으로 한 방 크게 얻어터진 일제의 입장에선 손병희 선생과 같은 국가경영 지도자가 조선에 또 다시 나타나는 것을 두려워했습니다. 그래서 손병희 선생을 어떻게든 격하시키려 했고, 천도교의 힘을 내분으로 약화시키려 했습니다. 그래서 서대문형무소에서 뇌출혈로 쓰러지셨는데도 병보석을 허락하지 않고 식물인간이 되도록 방치했다가 거의 죽음이 임박하자 형집행정지로 풀어 주었지요.

그 후로는 손병희 선생에 대한 기록을 깨끗이 지우는 작업에 착수했습니다. 앞으로 손병희 선생께서 걸으신 길에 대해 얘기하다 보면 일제가 왜 손병희 선생을 그렇게 두려워했는지 각각의 사건 안에서 밝혀질 것입니다. 한마디로 물처럼 작은 틈으로 스며들어 힘을 비축했다가 불처럼 일시에 타오르는 국가경영 지도자는 손병희 선생밖에 없었기 때문입니다. 일제와 조선사편수회는 손병희 선생의 국가경영 지도자로서의 모습을 지우기 위해 여러 곳에서 역사를 왜곡하고 날조했습니다. 동학혁명에서도 예외는 아닙니다.

이창희　어떻게 일제가 동학혁명에서의 손병희 선생 업적을 지워 버렸나요?

손 윤　그 방법은 의외로 간단합니다. 동학군을 남접과 북접으로 나누고, 녹두장군 전봉준을 동학혁명의 중심인물로 부각시켜 자연스럽게 손병희 선생을 지워 버리는 방법을 썼습니다. 그러나 '낭중지추'란 말이 있듯이 국가경영 지도자로서의 면모는 반드시 드러나

게 마련입니다. 저는 손병희 선생이 동학혁명 과정에서 보여준 전략적 지도자로서의 면모가 가장 잘 드러난 것이 삼일독립선언이라고 봅니다. 그 정신과 그 실천력을 우리가 제대로 계승하지 못했다는 것이 가슴 아프고 부끄러울 뿐입니다. 그 책임 가운데 많은 부분이 친일 청산은 제대로 하지 않고 거꾸로 독립운동가와 그 후손들을 탄압한 이승만 대통령에게 있다는 게 저의 생각이고요.

이창희　　알겠습니다. 앞으로 잘하려면 손병희 선생에 대해 좀 더 많은 걸 알아야 할 테니 동학혁명 당시에 손병희 선생의 활약상에 대해 말씀해 주시죠.

손 윤　　동학군의 군령이 남접과 북접으로 나뉘어 있었던 것처럼 말하는 역사 기술 방식과 전봉준의 영웅화 과정으로 인해 동학혁명에 대한 역사적 의의가 고부민란에서 발발한 농민반란 정도로 폄하되었습니다. 그러다가 박정희 대통령 시절에 동학혁명으로 승격되었습니다. 아이러니한 일이죠. 박정희 대통령의 아버지 박성빈이 경상북도 고령의 동학 접주였는데 동학혁명이 좌절되자 고령에서 더 이상 살 수 없어 구미로 이사를 간 거지요.

동학혁명은 전봉준 장군 한 사람이 중심이 되어 움직였던, 농민반란이 발전하여 혁명이 된 우발적인 사건이 아닐 뿐더러 군 통수권이 남접과 북접으로 나뉘어 있지도 않았습니다. 그래서 저는 남접과 북접이란 말보다 북부군과 남부군이란 표현이 더 맞다고 생각합니다. 그것은 동학군의 편제와 소속을 구분하는 정도에 국한되어야지 어느 쪽이 더 혁명적이었느냐, 어느 쪽이 더 열심히 싸웠느냐를 가르는 기준이 되어서는 안 된다고 보기 때문이지요.

동학혁명은 전봉준 장군이 중심이 된 호남 지역에서만 준비되었던 것이 아니라 전국 각지에 산재해 있던 동학교도를 중심으로 팝콘 터지듯이 진행되고 있었습니다. 그렇게 봐야만 동학혁명이 사상적으로나 정치적으로나 조선 후기 사회의 봉건 지배층이 역사의 무대에서 퇴장해야 함을 알리는 경종이자 전환점이었다는 평가가 가능하지 않겠습니까? 그렇지 않고 녹두장군 전봉준 미화에 너무 몰두하면 반란의 수괴인 전봉준을 중심으로 하는 실패한 농민전쟁에 불과한 것이 되지요.

이창희　역사학자처럼 말씀하지 마시고 동학혁명 당시에 손병희 선생의 구체적인 활약상을 예로 들어가면서 말씀해주시지요.

손 윤　손병희 선생은 동학의 2세 교주이셨던 해월 선생으로부터 "지금은 앉아서 죽음을 당하기보다 일어나 일체로 용진할 때라."는 유시문과 도첩을 직접 받아 동학군을 이끈 통령이셨습니다. 명실상부한 군 통수권자이셨지요. 그 사실을 알고부터 손병희 선생을 김구 선생보다 더 존경하게 되었습니다. '더'라는 말이 좀 어폐가 있습니다만 알기 쉽게 말해 그렇다는 거지요. (웃음)

군령권자로서 손병희 선생의 진면목은 공주성이나 우금치 전투에 있지 않습니다. 제 생각으로는 퇴각하는 과정에 있다고 봅니다. 손병희 선생의 지휘·통솔 아래 병력을 유지하면서 퇴각하지 않았다면 용산 전투에서 승리는 불가능했을 것입니다. 명지전문대 채길순 교수가 쓴 《새로 쓰는 동학기행 1》을 보면 용산 전투에 대해 자세히 기록되어 있습니다. 조금만 발췌, 인용해 보겠습니다.

"공주 전투에서 패한 뒤 남원까지 후퇴했던 북접 동학군은 남원 새목 터에서 최시형과 합류하여, 관군과 일본군이 추격하기 용이한 평야지 대를 피해 소백산맥 줄기를 타고 북상하면서 18차례에 걸친 크고 작은 전투를 치른다. 이들은 장수와 무주 관아를 점령하고, 영동의 관문인 달밭재(월전리)에서 관군과 전투를 벌여 승리한다. 이 시기에 상주 소모영장 김석중은 무주와 10여 리 떨어진 영동 고관리에서 동학 두령 정윤서를 체포하여 포살했는데, 7000여 북접 동학군이 밀려온다는 급보를 받고 황급히 철군한다. 1894년 12월 11일 아침, 청주영 군사와 용산 장터에 진을 치고 있던 북접 동학군이 먼저 치열한 전투를 벌인다. 상주 소모영장 김석중은 세작을 보내 전투 상황을 보고받고 용산 후곡(後谷)으로 들어가 협공하지만 산 위까지 진을 치고 있던 북접 동학군은 상주 유격병이 사방이 산으로 둘러싸인 골짜기 깊숙이 공격해 들어오자 반격을 가한다. 북접 동학군은 대열을 흩어뜨리지 않고 서서히 후퇴했다가 다시 조직적으로 포위하여 공격하는 전략으로 크게 이긴다. 급기야 다음 날(12일) 아침에는 전직 군수 박정빈이 주도하는 옥천의 민보군, 청주병, 상주 소모군이 협공하여 다시 공격을 해 왔지만 북접 동학군의 포위망이 느슨해진 틈에 청주 옥천병이 밤재를 넘어 청산 방면으로 달아나기 시작한다. 북접 동학군이 이를 계속 추격, 문바위와 한곡리를 거쳐 내쳐 청산 관아까지 점령한다."

군을 통솔하는 지휘 능력은 앞으로 나가는 전진에 있지 않고 뒤로 물러서는 후퇴에 있습니다. 군대를 다녀온 대부분의 남자들은 아는 내용이지요. 후퇴할 때 병력을 얼마나 유지하느냐가 진열 정비의 관건이지요. 만일 손병희 선생이 남원에 집결했을 때 소백산맥을 타고 이동하지 않고 평야로 나갔다면 기관총으로 무장한 일본군과 훈련된 관군에게 포위되어 몰살당했을 겁니다. 하지만 소백산맥을 타고 후퇴함으로써 두 가지 관점에서 실리를 획득합니다. 그 첫 번째가 2세 교주인 최시형 선생의 신변 안전을 확보했다는 점입니다. 만일 최시형 선생께서 전봉준 장군처럼 동학혁명이 좌절된 시점에서 피체되셨다면 후일 천도교는 없었을 겁니다. 앞에서도 말씀드렸지만 천도교가 없었다면 천도교 중앙대교당을 건축할 이유가 없었을 테고, 그랬다면 삼일독립운동도 일어나지 않았을 겁니다. 손병희 선생께서 소백산맥을 타고 영동으로 후퇴하신 것을 경영학의 관점에서 바라보면 '위기관리 능력'이라 할 수 있습니다. 저는 대학원에서 공부할 때 국가경영 지도자는 모름지기 위기관리 능력이 출중해야 한다고 배웠습니다.

두 번째는 비록 전투에서는 패했지만 동학혁명은 대의를 앞세운 거병이었다는 자부심만은 잃어버리지 않았다는 점입니다. 전투에서 지고 뿔뿔이 흩어지는 것과 패잔병일망정 최초 집결지에 모여 해산하는 건 하늘과 땅 차이입니다. 동학군이 용산 전투에서 승리하고 최초 집결지인 보은에 들어와 해산함으로써 최후까지 살아남은 동학교도들이 일말의 자부심은 유지할 수 있었다고 봅니다. 그것이 훗날 동학을 재건하여 천도교로 발전시킬 수 있었던 원동력이 되었다고 봅니다.

이창희 그런 일이 있었군요. 하지만 지금까지 위원장님이 하신 말씀을 종합해 보면 녹두장군 전봉준의 위상이 상대적으로 평가절하된다는 느낌이 듭니다. 제가 알기로 당시 동학은 남접과 북접으로 나뉘어 있었고, 전봉준 장군이 이끄는 남접은 반봉건 반외세의 기치를 높이 쳐들었던 것에 비해 해월 최시형 선생을 축으로 하는 북접은 교조신원운동에만 주력한 것으로 알고 있습니다. 위원장님은 손병희 선생을 드러내어 기리려다 보니 무의식적으로 동학혁명에서 전봉준 장군의 위상과 역할을 과소평가하는 건 아니신지요?

손 윤 그렇지 않습니다. 우선 제가 전봉준 장군의 위상을 평가절하하는 게 아니라는 점을 분명히 해놓고 동학혁명에 대한 저의 역사관을 말씀드리도록 하겠습니다. 그동안 동학군이 남접과 북접으로 나뉘어 서로 반목하고 갈등했다는 주장이나 학설은 일제에 의한 역사 왜곡입니다. 전봉준 영웅화 과정에서 전봉준 장군의 위상과 역할을 강조하려다 보니 일제에 의해 왜곡된 역사를 그냥 받아들인 결과지요. 오랫동안 동학군의 전적지를 답사하고 연구해 온 명지전문대 채길순 교수에 의하면 당시 동학군은 남접과 북접으로 나뉘어 있지 않았습니다. 수많은 사람의 목숨이 왔다 갔다 하는 전투 상황에서 군령이 둘로 나뉘어 있었다는 건 군사학적으로나 상식적으로나 말이 안 됩니다. 구한말의 역사를 좀 더 면밀하게 입체적으로 고찰하고 분석해 본다면 동학군이 남접과 북접으로 나뉘어서 움직였다는 건 일제에 의해 조작된 허구라는 사실을 알 수 있습니다. 그럼에도 불구하고 "전봉준의 동학혁명만이 진짜다."라고 주장하시는 분이 있다면 그분은 일신의 안위를 위해 일제가 만든 천박한 역사 인식 속에서 허우적대는 불쌍한 사람으로 남게 될 것입니다.

동학혁명이 단일한 군령 계통에 의해 일사분란하게 움직였다는 사실은 조금만 생각해 보면 금방 알 수 있습니다. 동학군은 밥도 안 먹고 싸우는 로보캅이 아닌 이상 군량미를 조달해야 하는 것은 필수입니다. 그 일을 후방에서 진두지휘한 사람이 누구겠습니까? 손병희를 통령으로 임명하고 남원에 머물렀던 해월 선생이셨을 겁니다. 요즘으로 말하면 육군참모총장에 해당하는 해월 선생께서 손병희 선생이 이끄는 북부군에게는 군량미를 보내고, 전봉준 장군이 이끄는 남부군에게는 군량미를 보내 주지 않으셨을 리가 없습니다. 그래서 저는 남접과 북접이 다른 노선을 취했다는 기존 학설을 받아들이지 않습니다.

이창희　위원장님의 말씀을 듣다 보니 제가 동학혁명에 한창 관심을 갖던 1990년대 초에 개봉되었던 영화 〈개벽〉이 생각납니다. 그 영화를 보면 해월 최시형 선생께서는 동학혁명에 매우 미온적인 태도를 취하면서 반대하다가 전봉준 장군이 우금치 전투에서 패하고 순창에서 잡혀 서울로 압송되고 있다는 소식을 듣고는 마치 그럴 줄 알았다는 듯 한숨을 내쉬며 한탄하는 걸로 나옵니다. 저는 그 영화를 보는 내내 씁쓸하기도 했지만 뭔가 이상하다고 느꼈습니다. 동학혁명의 불길이 꺾인 이유가 당시 일본군의 독일제 기관총 때문이 아니라 동학군 내부의 갈등 때문인 것처럼 묘사되어 있는 것 같아 서였지요.

손 윤 동학혁명 과정에서 일어난 여러 전투 상황을 살펴보면 적어도 우금치 전투에서 패해 논산으로 후퇴하기 전까지는 하나의 명령 체계에서 움직였다는 걸 알 수 있습니다. 다만 퇴각하는 과정에서 명령 체계가 이원화될 수는 있습니다. 그 이유에 대해 채길순 교수는 호남의 지리를 잘 아는 남부군과 그렇지 못한 북부군의 차이라고 말합니다. 다시 말하면 논산으로 후퇴한 남부군은 뿔뿔이 흩어져 제 갈 길로 가다가 오히려 민보군과 관군에 잡혀 주살된 숫자가 많은 반면에 북부분은 대오를 유지하면서 퇴각하는 바람에 전투에서 전사한 사람이 많았다고 합니다.

이창희 동학혁명 당시에 최시형 선생께서 "호랑이가 물러 들어오면 가만히 앉아 죽을까. 참나무 몽둥이라도 들고 나서서 싸워야지."라고 말씀하셨다고는 하지만 전체적인 정황을 고려하면 다소 미온적이었다는 주장이 허무맹랑한 이야기로만 들리진 않습니다. 반증할 만한 자료가 있으신지요?

손 윤 해월 최시형 선생께서 동학군의 기포에 대해 미온적이지 않았다는 것을 객관적인 사료로 논증하기란 쉽지 않습니다. 하지만 사료를 찾아 연구하는 역사학도의 관점이 아닌 일반인들의 상식으로 판단해 보면 답은 의외로 간단하고 분명합니다. 예를 들어 보지요.

조선이란 마을에 의로운 아들을 여러 명 둔 아버지가 있었습니다. 그 마을에는 술만 먹고 행패를 일삼는 것도 모자라 탐욕스럽기까지 한 '민씨 일파'라는 깡패들도 살고 있었습니다. 그 아들 가운데 누구보다도 의협심이 강한 한 아들이 아버지를 찾아와 민씨 일파를 응징하겠노라고 나섭니다. 온갖 탄압을 피해 가며 '동학'을 일궈온 아버지는 젊은 아들을 타이릅니다. 아직은 때가 이르지 않았고 세상은 의협심만 가지곤 살아지는 게 아니라고 말입니다.

아들은 아버지의 말을 듣고 일단 자신의 집으로 돌아갑니다만 자신이 집을 비운 사이에 민씨 일파의 졸자인 조병갑이 자신의 집에 몰려와 식솔들을 때리고 얼마 남지 않은 양식마저 빼앗아 갔다는 사실을 알게 됩니다. 그뿐만 아니라 조병갑은 말도 안 되는 '자릿세'까지 걷겠다고 설쳐댑니다. 할 수 없이 아들은 자신을 따르는 사람들과 힘을 합쳐 민씨 일파의 졸자인 조병갑을 응징합니다. 깡패인 민씨 일파는 깜짝 놀랍니다. 이대로 있다간 동학의 세력이 널리 퍼져서 큰일 나겠다 싶었던 거지요. 민씨 일파는 자신들보다 더 힘이 센 중국 깡패에게 구원을 요청합니다.

상황이 위급하게 돌아간다는 걸 안 아버지는 자신의 아들들을 불러들여 대책을 숙의합니다. 그러는 사이에 중국 깡패가 조선 마을에서 영향력을 키워 가는 것을 못마땅하게 여긴 일본 깡패가 중국 깡패를 기습하여 전쟁을 일으킵니다. 중국 깡패를 조선 마을에서 몰아낸 일본 깡패들에게 있어 동학의 실세인 아버지를 따르는 사람들은 눈엣가시입니다. 어떻게든지 동학을 믿고 따르는 사람들의 씨를 말려야겠다고 작심하지요. 중국 깡패들보다 더 악질인 일본 깡패들은 칼잡이를 시켜 동학을 믿고 따르는 사람들을 은밀하게 죽이기 시작합니다.

아버지는 이대로 있다가는 동학의 가르침을 믿고 따르는 사람들 모두가 죽어 나갈 수도 있겠다 싶어 마침내 결단을 내립니다. 아버지는 의협심이 강한 아들들을 불러 모아 일본 깡패들을 조선 마을에서 몰아내라고 명령합니다. 아들들이 일본 깡패를 몰아내기 위해 분연히 일어서지만 안타깝게도 독일제 기관총을 들고 나타난 일본 깡패들에게 지고 맙니다. 억울하지만 물리적인 힘의 열세는 어쩔 수 없었던 거지요. 저는 이것이 동학혁명 전후의 상황에 대한 올바른 인식이라고 봅니다.

역사를 통해 교훈을 얻고자 하는 사람들이라면 아버지의 미온적인 태도 때문에 동학혁명이 실패했다고 말할 수는 없다고 봅니다. 그 싸움은 동학을 믿고 따르는 사람들 전체의 의로운 투쟁이었지 아버지 또는 아들 그 어느 한 사람만의 싸움은 아니었기 때문입니다. 그러나 동학농민전쟁을 폄하하려는, 폄하해야만 하는 일본 식민 사관에 물든 역사학자들은 아버지와 아들을 갈라서 서로 반목하게 만들려고 했지요. 거기서 나온 얘기가 남접이니 북접이니 하는 단어들일 거라고 저는 봅니다. 수운 최제우 선생께서 해월 최시형 선생에게 도첩을 내리실 때 사용하신 북접은 지금 학자들이 사용하는 북접이란 뜻과는 사뭇 달랐기 때문에 그렇게 보아도 큰 문제는 없을 거라고 봅니다.

이창희　　애초에 수운 최제우 선생께서 사용하신 북접은 어떤 뜻이었나요?

손 윤   원래 북접이란 단어는 포덕의 방향성을 가리키는 말이었다고 합니다. 수운 최제우 선생께서 해월 최시형 선생에게 내리신 도첩에 '북접대도주'란 말이 나오는데요. 그 말은 동학이 경주에서 발원했기 때문에 포덕천하의 뜻을 이루려면 북쪽으로 포교 활동을 펼쳐 나가라는 뜻이었다고 합니다. '고비원주(高飛遠走)'란 말과 함께 생각해 보면 뜻이 명확해집니다. 당시의 사람들 생각으로는 왕이 있는 한양으로, 더 나가서는 청나라인 중국으로까지 나가 무극대도의 원리를 포교해야만 광제창생의 길이 열린다고 생각했을 거 아니겠습니까? 경주에서 바라볼 때 중국이나 한양은 북쪽이니까요.
또 그 당시 중국의 군벌 가운데 리훙장을 북양대신이라고 불렀고, 그가 만든 함대를 북양함대라고 불렀던 사실에 비추어 보면 북접대도주란 말은 포교의 방향성을 가리키는 말이었지 남접과 북접을 가르는 기준은 아니었을 거라고 확신합니다. 최제우 선생께서 30년 후에나 일어날 동학혁명을 예측하고 경기, 강원, 충청의 동학군은 최시형의 휘하에 두고, 호남의 동학군은 전봉준의 휘하에 둔다는 것을 의미하진 않았을 테니까요. 상식적으로 봐도 그렇지 않겠습니까?

이창희   아! 그렇군요. 앞으로는 남접이니 북접이니 하는 말을 함부로 사용하면 안 될 것 같네요. 역사에는 가정법을 쓸 수 없다고 하지만 올바른 역사의 교훈을 얻는 차원에서 역설적인 질문을 하나 드려볼까 합니다.

손 윤　역설적인 질문이라고 하니까 왠지 모르게 긴장이 되네요. (웃음)

이창희　너무 긴장하지 않으셔도 돼요. (웃음) 해월 최시형 선생께서 좀 더 빨리, 그러니까 1892년 11월의 삼례집회와 1893년 3월의 보은취회를 건너뛰고 바로 동학교도들에게 통유문을 돌려 기포를 명했거나 삼례집회와 보은취회에서 해산 명령을 내리지 않고 바로 한양을 향해 쳐 올라왔다면 청나라와 일본이 개입하기 전에 부패하고 무능했던 조선을 멸하고 새로운 나라를 세울 수 있지 않았을까 생각해 보는데요. 위원장님의 생각은 어떠세요?

손 윤　학계의 이론들이 서구의 영향을 과도하게 받은 것 같아요. 역사학도 예외는 아닌 것 같습니다. 동학혁명을 서구의 잣대로 해석해서 프랑스대혁명이나 러시아혁명과 같은 계급 혁명으로만 바라보면 그 의미가 퇴색되지 않을 수 없다고 봅니다. 엄밀히 말하면 동학혁명은 서구의 혁명과는 다릅니다. 그것은 광화문 앞에서의 교조신원운동, 삼례집회, 보은취회 그리고 고부에서의 기포를 따로따로 보지 않고 하나의 선상에서 일어난 사건으로 보면 금방 이해가 됩니다.

이창희　그 과정을 위원장님의 역사관으로 일목요연하게 설명해 주시죠.

손 윤　1892년 12월에 해월 최시형 선생과 동학 지도부는 동학에 대한 탄압을 풀어 달라고 소원하는 글을 올립니다. 그러나 세상이 어떻게 변해 가고 있는지 어찌 돌아가는지 모르는 조정은 아무런 반응을 보이지 않습니다. 1893년 정월까지 정부의 반응을 기다리던 해월 최시형 선생과 동학 지도부는 마침내 직접 행동에 나서기로 결심합니다. 서울에 올라가 직접 소원하는 길밖에 없다고 판단한 거지요. 청암 권병덕 선생께서 쓰신 《나의 일생》과 《이건전란사(李乾戰亂史)》에는 당시의 상황과 모습이 생생하게 기록되어 있습니다.

"포덕 34년(1893) 정월에 봉소도소(奉疏都所)를 청원군 송산리 손천민의 집에 설(設)하였고, 손천민은 1월에 제소 문안을 서둘러 마무리하였다. 그리고 20일경에는 해월 신사의 이름으로 전국 접주들에게 각 포 접주들은 도인들을 동원하여 정부를 상대로 한 대선생 신원을 부르짖기 위한 운동에 참여하도록 2월 10일까지 서울에 모이라고 경통(敬通)을 보냈다. 음력 2월 8일은 왕세자가 탄신한 날이라 정부는 경축 별시(別試)를 치르기로 하였는 바, 동학도들도 과거 보러 가는 유생 차림으로 줄지어 상경하였다. 2월 1일부터 도소 최창한(崔昌漢)의 집에는 선발대가 올라와 만반의 준비를 하고 있었다. 1893년 음력 2월 10일에는 광화문 앞뜰에 나가 복소(伏疏)할 아홉 명의 대표가 선정되었다. 소두(疏頭) 박광호(朴光浩), 제소(製疏) 손천민(孫天民), 서소(書疏) 남홍원(南弘源), 봉소(奉疏) 박석규(朴錫奎), 임규호(任奎鎬), 손병희(孫秉熙), 김낙봉(金洛鳳), 권병덕(權秉悳), 박원칠(朴元

七), 김석도(金錫道) 등이 뽑혔다. 이들은 10일 저녁에 봉고식(奉告式)을 올렸다. 목숨을 걸고 호소하는 일이라 모두의 얼굴에는 긴장감이 돌았다. 11일 아침 일찍 주의(周衣)로 차려입은 봉소 대표 아홉 명은 광화문으로 향했다. 문 앞 길가에 자리를 깔고 늘어앉았다. 붉은 보자기에 싼 상소문은 소반에 단정히 놓여 있었다. 9인이 각기 수주(手珠)를 집(執)하고 주문을 송하니 관람 제인(諸人)이 운집 사위(四圍)하는지라, 수문군(守門軍)이 잡인을 금하고 진력 보호하며 궐내에 입시하는 대관이 조복을 착하고 내문하며 외국인도 내문하더라."

신원운동이 시작된 지 사흘째 되던 날인 13일 오후에 사령이 나타나 임금의 칙령이라며 "집으로 돌아가면 소원을 베풀어 주리라."는 한 마디만 던지고 사라집니다. 참으로 어리석은 조치 아닙니까? 그 말을 들은 동학 지도부는 많은 고민 끝에 일단 해산하고 보은 장내리에 설치한 도소로 돌아옵니다. 다시 청암 권병덕 선생의 글을 읽어 보겠습니다.

"서울로 올라온 도인 수는 수천에 이르렀다. 당시 〈일본(日本)〉이란 신문은 1893년 음력 2월 28일자 기사로 '올라온 동학당이 4000천 명이 넘는다.'고 보도하였다. 적게 잡아도 3000명은 되었을 것이다. 당시 한양 거리는 과거 보러 온 유생들과 그 종자(從者), 그리고 세자 탄신을 축하하기 위해 올라온 각 고을의 관원들로 붐볐다. 관원들과 시민들의 눈에는 모두가 동학도로 보였을 것이다."

동학혁명 당시 전라북도 백산에 집결한 동학혁명군.

참으로 대단한 기세였고 엄청난 장관이었을 겁니다. 가끔 광화문 서울광장에 가서 눈을 감고 있으면 그 모습이 눈앞에 선하게 펼쳐집니다. 지도부와 함께 광화문 앞에서의 교조신원운동을 끝내고 고향으로 돌아온 동학교도들은 지방관아와 토호들의 탄압으로 가산을 정리하고 다시 떠날 수밖에 없게 됩니다. 옛 선사들의 구전에 의하면 도저히 살 수가 없었다고 하네요. 또 그해는 유달리 토호들의 착취와 수탈이 심해 유랑민이 엄청 늘어났다고 하는군요. 이들의 참상을 전해 들은 많은 동학도들은 머지않아 자신들도 같은 신세로 전락할지 모른다는 위기감에 휩싸이게 되지요.

그러다 보니 딱히 오갈 데 없는 강원도, 충청도, 경기도 남부의 도인들은 도소가 있는 보은 장내리로, 전라도 도인들은 도인들이 많이 모여 사는 삼례와 원평으로 모이게 되었습니다. 이것이 삼례집회와 보은취회의 시작입니다. 그 시작이 서구의 혁명과는 다릅니다. 종교 탄압을 피하기 위한 매우 자연스런 현상이지요.

두 집회의 시작은 그렇게 탄압을 피해 모여든 사람들로부터 시작되었지만 결과는 정치 집회의 성격을 띠고 끝을 맺게 됩니다. 그만큼 당시의 조정이 무능했습니다. 그런 대규모 평화 집회를 꿈에도 생각할 수 없었던 조정은 긴장하지 않을 수 없었겠지요. 그러나 지방관들과 결탁한 토호들의 입장은 중앙과 같을 수가 없었습니다. 그들은 민보군이라는 걸 조직해서 자발적으로 동학교도들을 탄압하기 시작합니다. 조정은 누가 이기나 눈치를 보며 가시적인 조치를 미룹니다. 전형적인 기회주의자들의 모습이지요. 국가 지도자와 지배 계층이 기회주의 성격을 띠면 그 나라는 틀림없이 망합니다. 역사가 그렇게 가르쳐 주고 있잖습니까? 중앙에서 눈치를 보면 볼수록 토호들과 지방관들은 더욱 농민들을 수탈하고 동학교도들을 탄압했지요.

그 울분이 제일 먼저 전라북도 고부에서 터져 호남 일대로 들불처럼 번져 나간 것이 바로 동학혁명입니다. 그래서 동학혁명이란 말을 사용하기 이전에는 동학농민전쟁이라고 불렀지요. 그러니 서구의 근대화 이론에 의해 규정된 프랑스대혁명이나 러시아혁명과는 그 성격이 다를 수밖에 없지요. 만일 당시 조정이 민심이 어디에 있는지를 정확히 알아서 동학교도들에 대한 탄압을 중지했다면 아마도 우리 대한민국의 역사와 모습이 지금과는 많이 달라졌을 거라고 봅니다.

이창희　위원장님의 말씀 잘 들었습니다. 특히 조정이 민심이 어디에 있는지를 정확히 알아 대처했다면 우리 대한민국의 역사와 모습이 많이 달라졌을 거라는 말씀이 가슴에 깊이 와 닿습니다.

손 윤　감사합니다. 이 작가께서 그렇게 말씀하시니까 의암경영연구소가 주류 사학자들이 여기저기 깔아 놓은 지뢰를 잘 피해서 의암손병희선생기념사업회를 훌륭하게 자리매김할 수 있겠다는 용기가 생깁니다. 새로운 힘이 솟네요.

이창희　위원장님께서 지금까지 하신 말씀을 들어 보니 그 동안 피상적으로만 알았던 동학혁명을 넘어서 민중들이 참여했던 각각의 전투에 대해서도 조금 더 알고 싶다는 열망이 일지만 잠시 뒤로 미루고 해월 최시형 선생과 얽힌 얘기를 하나 더 여쭙겠습니다. 해월 최시형 선생께서 보은취회 이후에 전국적인 기포에 신중하셨던, 가급적이면 온건한 방법으로 동학을 합법화하고자 했던 이유가 1871년에 경상북도 영해·영덕 일대에서 일어났던 이필제의 난˙에 연루되었던 경험에서 비롯되었다고 말하는 역사학자들도 있는데 이에 대한 위원장님의 생각은 어떠신지요?

손 윤   제가 역사를 전공한 사람은 아니니까 '맞다', '아니다'를 딱 부러지게 말씀드리기는 어렵지만 아마도 조금은 영향을 받으셨던 것 같습니다. 해월 선생께서는 이필제의 난을 경험하신 이후에 사인여천 사상을 중심으로 평화적인 전교와 함께 정치 문제에는 간섭하지 않는다는 원칙을 세우셨다고 하니까요.

천도교 기록에 의하면 해월 선생께서는 이필제의 난에 적극적으로 참여하자는 주변 동학교도들의 의견을 처음에는 꺼려하시면서 난에 참여하기를 주장하는 주변인을 물리치셨다고 합니다. 하지만 다수의 동학교도들이 참여를 강하게 주장하고, 자신이 진인임을 내세우는 이필제에게 설득되어 끝내는 동학교도들의 참여를 수락하셨다고 합니다. 하지만 기대와는 달리 이필제의 난은 처참한 실패로 끝나고 맙니다. 93명의 동학교도가 체포되어 45명이 처형되는 일

●   이필제의 난; 1871년 3월 10일(음력) 동학교도인 이필제가 영해에서 봉기한 사건. 이필제의 난은 다른 병란들과 함께 대내외적 위기가 고조되던 현실에 불만을 품은 몰락 양반, 빈곤한 지식인 계층이 지배층에 저항하는 양식의 한 형태였다.

이 일어나지요. 해월 선생 입장에서는 하늘이 무너지는 심정이었을 겁니다.

수운 선생께서 참변을 당하신 이후에 7년 동안 각고의 노력으로 영해·영덕·경주·상주 등지의 동학교도들을 하나로 묶는 데 성공했는데 일순간에 물거품이 되니 얼마나 참담했겠습니까? 직접 보지 않아도 알 수 있는 일이지요. 당국의 심한 탄압이 나날이 옥죄어 오는 상황에서 한탄만 하고 있을 수는 없다고 생각하신 해월 선생께서는 소백산 암굴에 피신해 있다가 결국 태백산으로 들어가시게 됩니다. 그 피난 생활이 얼마나 고달팠으면 함께 도피하던 동덕의 손을 맞잡고 절벽에서 떨어질 생각을 다 하셨겠습니까?

그 후로도 해월 선생의 삶은 끝없는 도피 생활의 연속이었지요. 그 와중에 부인과 헤어져 한동안 생사를 모르고 지내셨답니다. 그러니 기포에 신중할 수밖에 없었겠지요. 아마도 이때 얻은 경험과 깨달음으로 '도는 때에 따라 나아가야 한다'는 용시용활을 설파하시게 된 게 아닌지 미루어 짐작해 봅니다.

이창희　　그래서 이름마저도 때를 따라 순응한다는 뜻의 시형(時亨)으로 바꾸셨나 봅니다.

손 윤　　해월 선생께서 용시용활 못지않게 강조하신 말씀이 있는데

●　　용시용활(用時用活) ; 뱀처럼 추운 겨울에는 땅속에서 똬리를 틀고 무념무상으로 있다가 봄이 오면 헌 껍질을 벗고 새 껍질을 입고서 다시 활동을 시작하는 것처럼 때를 맞춰 나가고, 멈추고, 물러서고, 다시 나가는 것을 알아야 한다는 천도교의 가르침.

바로 우·묵·눌이라고 합니다. 무슨 일을 할 때마다 어리석은 것처럼 하고, 말없이 신중하게 하고, 어눌하게 해야 한다는 뜻이라고 합니다.

이창희 현대를 살아가는 사람들이 가슴에 깊이 새겨야 할 말씀이란 생각이 듭니다.

손 윤 그렇습니다. 현대인들은 무슨 일이든지 단번에 끝장을 보려 하기 때문에 더 많이 실패한다는 통계가 나와 있더군요.

이창희 제가 어느 분께 들은 이야기인데요, 핸드폰이 나온 이후로 남녀 간의 일에도 그 속도가 더 빨라지고 있답니다. 옛날에는 남녀가 연애를 하다가 싸우더라도 통신수단이 마땅치 않아 갈등하고 고민하는 동안 스스로 화해의 길을 찾았다고 합니다. 그런데 핸드폰이 나온 이후로 남녀가 헤어지는 속도가 빨라진 것은 기분이 나쁘다고 곧바로 문자를 보내 자신의 감정을 표현하기 때문이라네요. 백년해로를 지향하는 남녀 관계가 이렇다면 모든 인간관계가 그렇겠지요. 그런 면에서 최시형 선생의 우·묵·눌이 현대인에게 주는 교훈은 특별하다고 생각합니다.

손 윤 기술 문명의 발달이 항상 좋은 것은 아니라는 생각이 듭니다. 최시형 선생의 가르침을 하나 더 소개하지요. 선생께서는 "화와 복은 결코 외물에 있는 것이 아니요, 자심으로 자조하는 것이니, 고로 마음은 화복의 기틀이다."고 말씀하셨습니다.

이창희　지금부터는 민중의 한이 녹아 있는, 허망하게 무너진 열망의 동학혁명 전적지들을 답사해 보는 시간을 갖도록 하겠습니다. 위원장님께 안내를 부탁드립니다.

손 윤　제가 알고 있는 건 전부 명지전문대의 채길순 교수께서 쓰신 《새로 쓰는 동학기행 1》의 내용이라는 걸 먼저 말씀드리고, 제 생각에 의미 있는 두 곳의 전적지를 소개하겠습니다. 첫 번째 전적지는 오늘날의 충남 서산·예산·당진 지역에 해당하는 내포 지역입니다. 이 지역의 동학군은 천도교 4세 교주인 춘암 박인호 선생의 지휘 아래 있었다고 합니다. 내포 지역 동학군은 혁명 초기에 의미 있는 전투에서 두 번 연거푸 승리합니다. 그 하나가 승전곡 전투이고, 다른 하나가 관작리 전투입니다. 승전곡 전투는 동학군이 신무기인 무라타 스나이더로 무장한 일본군을 섬멸한 곳인데, 싸움은 1894년 10월 24일 오후부터 시작되었다고 합니다. 동학군이 해미 승전곡에 이르렀을 때 미리 잠복해 있던 관군 500명, 유회군 수천 명, 일본군 400명과 마주치자 잠시 후퇴하여 골짜기로 이들을 유인한 뒤에 치열한 접전을 벌여 대승을 거두었다고 합니다.
채길순 교수께서 쓰신 《새로 쓰는 동학기행 1》에 나와 있는 승전곡 전투 상황을 발췌, 인용해 보겠습니다.

"산상에 포진하고 있던 2만여 동학농민군과 계곡으로 공격해 들어오

던 80여 명 정도의 일본군이 12시 30분부터 3시 30분까지 약 3시간
에 걸쳐 공방을 거듭했다. 신식 무기로 무장한 일본군은 동학농민군을
얕잡아 보고 좁고 깊은 계곡을 따라 공격하여 들어왔다. 일본군이 능
선 아래 계곡에 있던 동학농민군은 쉽게 물리칠 수 있었으나 산상에
배치된 동학농민군을 당해 낼 수가 없었다. 일본군은 동학농민군의 집
중 공격을 받게 되자 장비까지 버려두고 면천읍으로 달아났다. 동학농
민군이 맹렬하게 추격하자 합덕으로 퇴진했다가 26일에 홍주성으로
후퇴했다."

승전곡 전투는 동학군이 산세를 이용하여 신식 무기로 무장한 일본
군을 물리친 유일한 전투라고 합니다. 승전곡에서 승리한 동학군은
기세당당하게 신례원 관작리 들판에 진을 치고, 이곳에서 또 다시
승리를 거두었다고 합니다.

이창희　　관작리 전투에서는 관군의 대포에서 물이 나왔다는 전설이
있다지요?

손 윤　　그런 이야기가 전해 내려오기는 합니다만 그것은 어디까지
나 전설일 겁니다. 당시 홍주성에서 출발한 1000명의 관군과 일본
군은 예산·대흥 지역에서 모인 유회군과 합류하여 사오천 명의 군
진을 형성했다고 합니다. 26일 아침부터 관군과 일본군은 신례원
얼음재 상봉에 대포를 설치하고 동학군을 향해 사격을 가해 왔는
데, 동학군은 흩어졌다 모이는 전술로 적의 화력을 분산시키면서

한나절 동안 치열한 공방전을 펼친 끝에 예산·대흥 지역에서 모인 유회군 진영을 붕괴시켰답니다. 이에 놀란 관군과 일본군이 무기와 장비를 두고 도망치기에 급급했는데 관군 측의 기록인 〈양호선봉일지〉를 보면 관군은 100여 명이 전사했다고 기록되어 있습니다. 이 관작리 전투는 내포 지역에서 기포한 동학군의 최대 승전으로 평가된답니다.

이창희　그렇게 연전연승을 하던 동학군이 자신들의 열망을 허망하게 접은 분수령이 된 전투가 있었을 것 같은데요. 그곳은 어디입니까?

손　윤　채길순 교수께서 쓰신 《새로 쓰는 동학기행 1》에 의하면 홍주성 전투라고 합니다. 당시 홍주성은 동학군이나 관군 모두에게 중요한 전략 요충지였답니다. 동학군의 입장에서 보면 공주성을 방어하러 내려오는 관군과 일본군의 전력을 분산시킬 수 있을 뿐만 아니라 장차 남과 북의 동학 연합군이 서울로 올라갈 때 후방 교두보가 되기 때문이었지요. 당시 덕포 대접주였던 박인호는 관작리 전투로 관군의 전력이 크게 약화되었다고 판단하고 곧장 홍주성으로 진격해서, 관작리 전투에서 노획한 일본군 신무기로 총공격을 개시했으나 화약 냄새가 코를 찌를 정도로 팽팽한 공방전 끝에 탄약이 떨어져 눈물을 머금고 후퇴하지 않을 수 없었다고 합니다. 역시 채길순 교수께서 쓰신 《새로 쓰는 동학기행 1》에 나와 있는 홍주성 전투 상황을 발췌, 인용해 보겠습니다.

"동학농민군이 덕산 가도 좌측의 고지를 점령하고, 그중 한 부대가 빙고치(현재의 홍성읍)를 향해 전진하고 있었다. 동학군이 빙고치에서 400미터 정도 떨어진 밭두둑에 이르렀을 때 일본군이 집중 사격을 가해 동학농민군 수 명이 쓰러졌다. 동학농민군이 일시 주춤하다가 다시 전진했다. 빙고치의 일본군은 중과부적으로 서문 좌측으로 후퇴하여 접근해 오는 동학농민군을 향해 조준 사격을 했다. 북문의 일본군이 덕산 가도 서쪽에서 접근해 오는 동학농민군을 향해 3회에 걸쳐 집중 사격을 가했다. (중략) 동학농민군의 한 부대가 동문 전방 600미터쯤 떨어진 숲속에서 전진해 오며 방화하니 불길이 치솟았다. 동학농민군이 성문 밖 100미터까지 접근하자 일본군이 온 병력을 동문으로 집결하여 응전하였다. 밤이 되자 동학농민군은 성문 밖 40미터까지 대포를 끌고 와서 더욱 맹렬하게 공격했다. 격전이 지속되다가 7시 30분쯤 포성이 멎었다."

위의 상황을 종합해 보면 동학농민군은 몇 차례 승전으로 사기가 올랐으나 신무기를 갖추고 체계적으로 훈련된 일본군과 관군을 끝까지 몰아붙이지 못하고 물러났던 것으로 보입니다.

이창희   주요 전적지에 대한 위원장님의 말씀 잘 들었습니다. 다시 손병희 선생의 이야기로 돌아가겠습니다. 위원장님께서는 학창 시절에는 김구 선생을 가장 존경했는데 어느 날부터 손병희 선생에게, 요즘 말로 하면 필이 꽂히셨습니다. 그렇게 된 특별한 계기가 있었나요?

손 윤　아마도 군대를 다녀온 후에 동학혁명에 대해 공부하면서 그렇게 된 것 같습니다. 군대를 다녀오니까 명령 지휘 계통에 대한 인식이 생기게 되었죠. 손병희 선생은 요즘으로 말하면 야전군 사령관이었고, 황해도의 소접주인 김구 선생은 요즘으로 말하면 대대장 정도였다고 봅니다. 그러니까 자연스럽게 손병희 선생에 대해 관심이 가더라고요. 또 세금과 관련된 직장을 다니면서 경영학을 공부하게 되니까 손병희 선생의 삼전론에 대해서도 관심을 갖지 않을 수 없었습니다. 만일 손병희 선생께서 삼일독립운동을 주도하지 않으셨다면 아마도 계속해서 김구 선생만을 존경했을 겁니다.

이창희　그러니까 경영학을 공부하면서 국가경영 지도자로서 손병희 선생의 진면목을 발견하게 되셨다는 말씀인가요?

손 윤　그런 셈이지요. 손병희 선생은 일제로부터 나라를 되찾으면 어떤 나라를 만들겠다는 복안을 갖고 계셨습니다. 손병희 선생께서 쓰신 《준비시대》라는 책을 보면 '향자치'라는 말이 나오는데요. 그 말은 지금으로 하면 지방자치입니다. 100년 전에 지방자치를 생각하셨다면 대단한 선각자 아니겠습니까?

손병희 선생은 사회 개혁의 선구자다

이창희　위원장님께서는 손병희 선생께서 일본으로 망명해서 충청도 부호 이상헌으로 위장하여 활동하신 이유가 세계 문명의 사조와 국제 정세를 알아보기 위한 전술 행동이라고 말씀하셨습니다. 또 일본에서 문명개화파 지식인들인 권동진, 오세창 등과 사귄 것은 동학을 근대적인 종교로 발전시키려는 노력의 일환이었다고 말씀하셨습니다. 그렇게 일본에서 고위층 인사만 만나면서 잠행을 하시던 분이 어느 날 갑자기 밀통을 보내 국내에 있는 동학교도들에게 상투를 자르고 흑의를 입으라는 갑진개혁운동을 시작하셨습니다. 그 이유는 무엇인지요?

손 윤　제 생각에는 일본에 머물면서 세계 사조의 흐름을 파악하신 선생께서 이러다간 나라를 잃고 동학도 잃겠다는 위기감을 느끼신 것 같아요. 친러내각의 등장과 함께 갑오개혁을 퇴조시키는 무능하고 부패한 조정에 대해 화도 나신 것 같습니다. 일본은 정한론을 근거로 우리나라를 병탄하려고 하니 우리도 빨리 삼정론*으로 문명을 개화해야겠다고 생각하셨던 거지요. 그래서 도사 이인숙으로 하여금 의정대신 윤용선과 법부대신 이윤용에게 '비정혁신안'을 제출하셨는데, 조정은 거꾸로 이인숙을 잡아서 죽이려 했습니다. 그래서 더는 안 되겠다고 생각하시고 수구 세력이 지배하는 조선이 아닌 새로운 국가를 만들어야겠다고 생각하셨지요.

그 일환으로 노동하는 데 불편한 백의를 벗고 흑의로 갈아입으라 하신 거라고 봅니다. 또 봉건왕조 국가의 상징인 상투를 잘라 만민이 평등하다는 것을 보이려 하셨습니다. 그것이 세계 사조이기도 했고요. 당시 손병희 선생께서 직접 동학교도들에게 전한 유시문을 인용해 보겠습니다.

"단발은 세계 문명에 참여하는 표준이며, 우리 동학도인들이 단발을 하지 않으면 독실한 뜻을 증험할 수 없고 세계적으로 공본된 인허를 받을 수 없으므로 일제히 단발을 하는 것이 옳다."

선생의 이 한 마디에 20만에 가까운 동학교도들이 단발을 했으니 세상의 이목이 집중될 수밖에요. 오죽하면 일본 신문이 호외까지

발행했겠습니까? 참 대단한 일이지요. 국가를 경영하겠다고 국민 앞에 나선 지도자라면 적어도 이 정도의 힘은 갖고 있어야 한다고 봅니다.

이창희　　갑진개혁운동은 중립회와 진보회로 이어지면서 다분히 정치색이 짙은 운동이었던 것 같은데요. 동학혁명이 좌절된 후에 시급히 해야 할 일은 동학을 재건하는 일이라고 생각하시면서 정치에서는 한 발 물러서 계셨던 손병희 선생께서 갑자기 민주적인 민회를 결성하려 하셨습니다. 왜 그런 결정을 내리셨던 것일까요?

손　윤　　일본에 머무시면서 곧 러시아와 일본 간에 전쟁이 일어날 거라는 것을 아셨지요. 그리고 전쟁이 일어나면 일본이 이길 거라는 것도 아셨습니다. 그런데 국내에서는 거꾸로 을미사변으로 인한 반일 감정에 편승해서 친러내각이 등장해 있었지요. 그들은 동학혁명의 부산물로 시행된 갑오개혁마저도 퇴조시키는 수구반동 세력이었습니다. 심지어는 춘생문사건을 빌미로 아관파천*까지 일으킵니다. 앞서도 말했지만 손병희 선생께서는 양반 사대부를 근간으로 하는, 좀 더 정확히 말하면 노론이 지배하는 조선은 이제 끝났다고 보시고 서양식 입헌군주제로의 새로운 국가를 만들어야겠다고 생각하셨지요. 그래서 진보회를 중심으로 하는 민회 설립에 박차를 가하

●　　아관파천(俄館播遷); 1896년 2월 11일부터 1897년 2월 20일까지 친러 세력에 의하여 고종과 세자가 러시아공사관으로 옮겨서 거처한 사건. 일본 세력에 대한 친러 세력의 반발로 일어난 사건으로, 이로 말미암아 친일내각이 붕괴되었으며 각종 경제적 이권이 러시아로 넘어갔다.

셨던 것입니다.

이창희 그런데 왜 진보회가 민회로 결성되지 못하고 일진회와 합병하게 되는 거죠?

손 윤 거기에는 크게 네 가지 이유가 있습니다. 첫째는 고종 임금과 조정 대신의 무지몽매함이 원인으로 작용했지요. 고종은 진보회를 동학의 잔당으로 규정하고 옥죄어 왔습니다. 그로 인해 진보회에 참례하고자 하는 많은 백성과 동학교도들이 관에 끌려가 참살되는 비극이 일어났습니다. 둘째는 일본이 진보회가 결성되어 활동하는 것이 자국의 이익에 반한다고 보고 이중적인 태도를 취하면서 감시를 늦추지 않았습니다. 셋째는 손병희 선생의 진보회 결성을 '유사갑오지거동(類似甲午之擧動)'으로 파악한 이용구가 손병희 선생을 배신하고 친일파 송병준의 꼬임에 넘어가 진보회와 일진회를 합병하고 말지요. 넷째는 러일전쟁이 일어나면서 국내 정세가 어수선해지고 백성들의 삶이 피폐해집니다. 이로 인해 진보회는 민회 결성의 정치 운동으로 발전하지 못하고 흑의단발의 사회개혁 운동에서 멈춥니다. 안타까운 일이지요.

이창희 만일 고종 임금이 진보회를 동학의 잔당으로 규정하지 않고 민회를 통한 입헌군주제로의 정부 개혁을 단행했다면 어떻게 되었을까요?

손 윤 앞서도 말했지만 대한민국의 모습이 지금과는 많이 달랐을 것입니다. 민의를 내세워 외세의 간섭을 어느 정도 배격할 수 있었을 것이고요. 그랬다면 일제의 식민지가 되지 않았을 수도 있고요. 일제의 식민지가 되지 않았다면 오늘날의 남북 분단도 없었을 것입니다. 그렇게 되었다면 우리나라는 벌써 선진국이 되었을 겁니다. 그 당시 고종 임금이 취한 태도를 보면서 국가경영 지도자의 덕목이 중요함을 뼈저리게 느낍니다. 당시 손병희 선생께서 제자들을 위로 하셨던 말씀을 인용해 선생의 심정을 헤아려 보도록 하겠습니다.

"나라를 다스리는 자들이 저렇게 귀가 어둡고 눈이 어두운 것을 보니 이 나라의 운명이 경각에 달려 있는 듯하네. 얼마 안 가 나라를 빼앗기는 사태가 벌어질지도 몰라. 그러나 그렇다고 우리까지 실망해서는 안 되네. (중략) 궁극적으로 보국안민을 실현하기 위하여 우리 동학교인은 현재 그 밑거름의 사명을 다하여야 하네. 사람이 하늘을 속이지 않는 한 하늘도 사람을 속이지 않는 법이야."

저는 손병희 선생의 이 말씀을 오심즉여심(吾心卽汝心)으로 받아들여 현재 우리나라를 이끌어가는 정치인 및 기업인들에게 손병희 선생의 삼전론을 더욱 알리고자 발 벗고 나선 겁니다.

이창희 위원장님의 말씀을 들으면 손병희 선생께서는 수운 선생의 수심정기와 해월 선생의 용시용활을 현실 문제에 잘 접목하여 그때마다 국가 개조의 계책을 잘 세우셨다는 생각이 듭니다. 단지 어리석은 고종 임금이 손병희 선생의 진의를 모르고 항상 반대되는 길로 나가는 바람에 결실을 보지 못했지만 말이죠. 손병희 선생께서는 정치와 종교의 관계를 어떻게 보셨나요?

손 윤　선생께서는 "정치와 도덕은 인생 문제의 근저에서 결코 분리되는 것이 아니요, 유일이 인내천 생활의 표현에서 제도적으로 나타날 때는 정(政)이 되고 교화로 나타날 때는 교(敎)가 된다."고 말씀하셨지요. 이와 같은 논리에 의해 대한제국에 대한 정치적 변혁이 요구될 때에는 교정일치를 주창하셨고, 일진회와 같은 친일단체와의 관계를 청산하고자 하실 때에는 교정분리를 적용하셨습니다. 이는 요즘의 좌파 지식인들이 좋아하는 변증법적 논리를 용시용활 차원에서 한 단계 높이신 거라고 할 수 있습니다.

이창희　그렇군요. 위원장님께서 용시용활과 변증법을 연결시켜 설명하실 줄은 미처 몰랐습니다. (웃음) 일군의 정치학자들 가운데는 갑진개혁운동의 흑의단발을 일종의 정치 퍼포먼스로 보는 분들도 있습니다. 이에 대해 위원장님의 생각은 어떠신지요?

손 윤　그렇게 볼 수 있는 여지가 많다고 봅니다. 앞에서도 말씀드렸지만 이인숙을 통해 삼정론에 입각한 '비정혁신안'을 친러내각이 받아들이지 않자 '단발령 폐지'에 대한 항의 표시를 조직적으로 할 필요를 느끼셨을 겁니다. 갑오개혁과 을미개혁을 폐지한 친러내각의 등장은 당시 민중들의 요구와는 동떨어진 수구보수반동으로의 퇴조였거든요. 또 권동진, 오세창 같은 개화파들에게 선생의 지도력과 동학의 조직력을 보여줄 필요도 있었습니다. 그래서 국내에 있던 이용구를 일본으로 불러들여 상투를 자르고 흑의를 입는 행위로 근대화 의사를 드러내는 갑진개혁운동을 전개하라고 지시하셨던 게지요. 요즘으로 말하면 입헌군주제로의 전환을 주장하기 위한 실력 과시라고 할 수 있습니다. 보수반동으로 회귀한 친러내각을 압박하기 위한 치밀한 전술 행동이었지요. 당시는 러시아와 일본이 첨예하게 대립하면서 한반도에 전운이 감돌던 시기였는데, 선생께서는 친러내각을 개편할 요량으로 오늘날의 국회와 같은 민회를 기반으로 하는 입헌군주제로의 정치 개혁을 추진하셨던 겁니다.

이창희   왜 그런 전술 행동이 필요했던 것일까요?

손 윤   손병희 선생께서는 만일 일본과 러시아가 전쟁을 시작하면 일본이 이길 거라고 내다보셨습니다. 그런데 조정이 친러내각으로 짜여 있어서 나중에 일본이 승리했을 때는 정치적으로 곤궁한 입장에 처하게 될 거라고 보셨지요. 이는 국운뿐만 아니라 일반 백성들의 삶 측면에서도 올바른 정치가 아니라고 보셨고, 러일전쟁을 막을 수 있다면 막아야 하지만 여의치 못하면 전승국 지위에 설 수 있도록 일본을 도와야 한다고 보셨습니다. 그래서 민의를 들끓도록 만들어 이완용과 이범진이 중심인 친러내각을 무너뜨릴 필요성을 느끼셨던 게지요.
하지만 단순히 그런 이유에서만 단발흑의를 지시하셨던 것은 아닙니다. 앞에서도 말했지만 당시에 단발은 문명개화와 근대화의 징표이기도 했습니다. 손병희 선생의 과감한 결단으로 한꺼번에 20만에 가까운 동학교도들이 단발하는 것을 직접 목격한 권동진과 오세창이 선생의 지도력에 감응하여 천도교에 입도하였고, 후일 삼일독립운동을 이끈 주역이 되었다는 점에서 인재 발굴과 육성의 표본이라 할 수 있겠네요. 선생의 지시를 따라 전국에 있는 동학교도들이 연이어 대동회, 중립회, 진보회를 설립하여 민회 운동에 나서도록 만들었으니 이 또한 역사적으로 의의가 크다 하겠습니다. 당시 손병희 선생께서 이용구를 통해 제자들에게 전하셨다는 말씀을 살펴보면, 선생께서는 오늘날의 시민혁명을 염두에 두고 계셨음을 알 수 있습니다.

"일거에 10만 교도를 한성에 집결시켜 3개월 안에 정부 개혁을 단행토록 촉구하되 고종황제가 불응할 경우에는 폐혼입명* 까지도 주저하지 말라."

이창희　　선생께서는 무슨 이유로 러일전쟁에서 일본의 승리를 예측하셨던 것일까요? 고종 임금이 은근히 러시아의 승리를 기대하고 있는 상황에서 말이죠.

손 윤　　선생께서는, 첫째로는 러시아가 일본보다 지리적으로 불리

• 　폐혼입명(廢昏立明); 혼매한 임금을 폐하고 명철한 임금을 세우는 것.

하고, 둘째로는 러시아는 극동에서 한 개의 부동항을 얻고자 하는 것이지만 일본은 국운을 걸고 전쟁을 할 것이니 정신 면에서 강하고, 셋째로는 일본은 미국과 영국의 지원을 받아 새로운 무기체계를 갖추었을 뿐만 아니라 독일로부터 전술을 배운 탓에 청일전쟁 때와는 전투력에 있어 엄청난 발전을 이루었기 때문이라고 하셨지요. 그런 반면에 어리석은 고종황제는 러시아의 200만 대군을 맹신하면서 일본의 패전 소식이 들려오길 기다렸지요. 하지만 결과는 정반대였습니다. 이 사례를 통해 우리는 국가경영 지도자에게 국제정세를 읽는 눈이 없으면 나라가 어떤 위기에 봉착하는지를 배워야 합니다.

이창희　일본의 명성황후 시해사건 이후 조선 민중의 정서는 기본적으로 반일이었던 것 같습니다. 오늘날의 국무총리라고 할 수 있는 김홍집이 광화문 앞에서 군중들에게 타살되는 일까지 일어났으니까요. 그런 상황에서 손병희 선생께서는 일본 육군성에 군자금 1만 원(요즘으로 환산하면 15억 내지는 20억 원)을 보내셨으니 친일세력으로 오해받을 만했다고 봅니다. 일본에서 이상헌으로 살아가던 손병희 선생을 암살하려 했던 청년도 있었다고 들었습니다. 위원장님은 이런 손병희 선생의 행동을 어떻게 보시는지요?

손　윤　저는 손병희 선생께서 동학혁명 당시에 일본군의 기관총에 쓰러져 간 동지들의 원혼을 잊어버리고, 일본 육군성에 군자금을 헌납하셨다고는 보지 않습니다. 일본의 승리가 예견되는 상황에서 과거의 원한에 사로잡혀 분별력을 잃고 러시아 편을 들었다면 제가 손병희 선생을 탁월한 국가경영 지도자의 반열에 올려놓았겠습니까? 저는 선생께서 와신상담하는 마음으로 그 원한을 가슴에 묻고 일본을 지원했다고 봅니다. 바람 앞에 등불 같은 국가의 명운을 좀 더 연장시켜 보려 했던 전술적 행동이 아니었나 생각합니다. 그렇기 때문에 한편으로는 일본을 지원하면서도 다른 한편으로는 이인숙으로 하여금 조정의 의정대신과 법부대신에게 비정혁신안을 제출하는 상호모순적인 행동을 할 수 있었던 거지요. 선생께서 송병준과 같은 단순한 친일파였다면 그랬을 리가 없었겠지요.

이창희　당시 조정이 비정혁신안을 받아들이지 않았겠지요?

손 윤　정말 어리석은 사람들이 정치를 하면서 사리사욕에 눈이 멀어 있었지요. 그들은 거꾸로 일본의 힘을 빌려 진보회를 탄압했습니다. 러시아와 당장 개전을 할 수 없었던 일본은 한편으로는 동학교도가 중심이 된 진보회를 이용해 친러내각을 견제하면서 다른 한편으로는 토호세력과 결탁한 관리의 편을 들어 진보회를 탄압하는 이중정책을 폈지요.

당시에 조정은 진보회를 개화된 동학당, 동학여당 또는 동학비적으로 지목하면서 대대적인 탄압을 가했다고 합니다. 평안도 태천에서는 진보회에 참례하기 위해 고치강을 건너던 동학교도들이 뒤쫓는 관원들과 일본군을 피해 수백 명이 물에 빠져 죽는 참사가 있었다네요. 어리석을 뿐만 아니라 백성을 철저히 기만하는 이중적인 국가

권력의 작태입니다. 그럼에도 불구하고 진보회를 중심으로 하는 민회 설립운동은 나날이 그 세력이 커져 갔지요.

이창희 그렇다면 진보회가 송병준의 일진회와 합병해서 합동일진회를 만든 것은 손병희 선생과는 무관한가요?

손 윤 앞에서도 말했다시피 그렇습니다. 그 일은 손병희 선생과는 전혀 무관한 일입니다. 그 사건은 이용구의 배신으로 일어난 일입니다. 그 사건의 진상을 알려면 이용구라는 인물에 대해서도 알아야 하지만 송병준이 만든 일진회에 대해서도 알아야 합니다. 우선 송병준의 일진회에 대해 알아보기로 하지요.

러일전쟁이 일어나자 일본군 통역으로 귀국한 송병준은 1904년 8월 18일에 일본군과 일본 낭인 단체인 흑룡회의 지원을 받아 '유신회'를 조직합니다. 이때 대한제국 정부에서는 칙령으로 유신회의 해산을 명령하였으나, 오히려 일본 헌병들이 칙령이 집행되는 걸 막았고 경무청 순검을 위협하여 그들의 회합을 비호하였다고 합니다. 그러다가 8월 20일에 이르러 다시 '일진회'로 회명을 개칭하고, 그해 9월에는 동학의 잔존 세력을 조직한 이용구의 진보회를 매수하여 합동일진회로 개편합니다.

반면에 이용구는 23세 때 동학에 입도하여 해월 최시형 선생에게 배워서 한때는 손병희 선생과 함께 동학혁명의 중심에 섰던 인물입니다. 우금치 전투에서의 패배로 동학혁명이 좌절되자 조정의 탄압을 피해 손병희 선생과 함께 일본으로 망명할 정도로 교단 안에서는 중요한 인물인 동시에 선생의 심복이었다고 할 수 있지요. 러일 전쟁 직전에 손병희 선생의 지시를 받고 귀국하여 포교 활동에 종사하면서 동학교도를 중심으로 중립회(中立會)를 만들었으나 선생께서 중립회를 만드는 목적이 동학혁명 때와 비슷하다는 사실을 알고 중립회 설립 자체를 임의로 무효화하고, 전국에 진보회의 지회를 설립합니다. 그러다가 손병희 선생의 지시를 받아 일본군의 군수물자 수송에 협조하는 과정에서 송병준의 권고를 받아 진보회를 일진회와 합병하는 배신행위를 저지릅니다. 조직 운영의 관점에서 바라보자면, 이용구의 진보회는 일진회의 뒤에 숨어 정부의 탄압을 피해 보려 했고, 송병준의 일진회는 진보회의 전국 조직을 이용해 보려는 속셈이 있었다고 할 수 있을 것입니다만 근본적으로는 송병준의 돈에 이용구가 매수되었다는 설이 더 유력합니다.

한편 1905년 손병희 선생께서 동학의 전통을 이어 반일 사상을 가진 천도교를 설립하여 대고천하하자 이에 맞서 친일 사상을 가진 시천교를 창설하여 교주가 됩니다. 그 후로 이용구는 일진회 총위원장과 회장을 역임하면서 한일합방을 제창하는 동시에 고종과 총리대신 이완용, 소네 아라스케 통감 등에게 한일합방 건의서를 올리는 등 본격적인 친일 활동에 나섰다고 합니다.

이창희　손병희 선생께서는 이용구의 배신을 모르셨나 보네요.

손　윤　모르셨을 리가 없습니다. 하지만 용시용활 차원에서 때를 기다리신 거죠. 일본에 머물면서 이용구를 잘못 건드리면 조직 전체가 와해될 가능성도 있었고, 러일전쟁이 완전히 종전되지 않은 상황이었기 때문에 국제 정세를 좀 더 지켜볼 필요도 있었을 겁니다. 을사늑약이 체결되어 진보회에 대한 조정의 탄압이 수그러들자 환국을 결정하시면서 동학을 천도교로 대고천하하셨지요. 그러다가 일진회가 조선의 보호국화를 선언하자 더 이상 이용구의 친일 활동을 방치할 수 없다 판단하셨겠지요. 이용구 때문에 동학교도 전체가 친일 세력으로 매도되는 상황이 전개되었을 테니까요. 단호한 조치가 필요했을 겁니다. 그래서 진보회를 세우실 때와는 달리 교정분리의 원칙을 내세우셨던 게지요.

이창희　손병희 선생의 단호한 조치에 이용구가 가만있지 않았을 것 같은데요?

손 윤　물론 가만있지 않았습니다. 사실 진보회는 실질적으로 이용구가 이끌었던 조직이었던 만큼 반발이 심했지요. 선생께서는 마침내 몇 차례의 회유에도 불구하고 마음을 돌리지 않는 이용구를 비롯한 62명에게 종령을 발동하여 출교함으로써 일진회와는 명백하게 단절하였다는 것을 만인들에게 선포하셨습니다. 이로 인해 동학교단의 재건을 통해 민회를 설립하고 정부를 혁신하는 민족운동을 전개하려고 하셨던 선생의 계획에 큰 차질이 생겼다고 봅니다. 그 이유는 천도교의 풍부했던 인적·물적 기반이 와해되었기 때문이지요. 하지만 이용구를 출교한 지 1년도 채 안 돼서 이용구를 따라갔던 교인의 과반수가 다시 돌아와 교세를 되찾는 데는 그리 오래 걸리지 않았다고 합니다.

이창희　그렇다면 손병희 선생의 대고천하는 송병준과 이용구의 합동 일진회를 와해시키려는 고도의 전술로도 볼 수 있겠네요. 위원장님께서는 어떻게 보시는지요?

손 윤　글쎄요. '닭이 먼저냐 달걀이 먼저냐' 같은 질문이네요. 삼전론의 관점에서 볼 때, 천도교가 도전에 해당하는 조직이라면 진보회는 언전을 위한 조직이라고 할 수 있지요. 어쩌면 수레의 바퀴가 두 개인 것처럼 상호 보완적인 요소가 더 많았다고 봅니다. 저는 이용구가 손병희 선생을 배신하지 않았더라도 천도교를 대고천하하는 일에는 변함이 없었을 거라고 봅니다. 진보회의 친일 행위와 천도교로의 현도는 단지 시점이 일치한 정도의 오비이락이라고 봐야겠지요.

이창희　일본에서 손병희 선생을 암살하려고 했던 청년은 누구고, 그 후에 어찌되었나요?

손 윤　그 청년에 대한 정확한 기록이 없으니 알 수가 없지요. 다만 선생의 말씀으로 짐작하건대 똑똑한 청년이었던 것만은 틀림없는 것 같습니다. 그렇지 않고는 선생께서 일본 육군성에 군자금을 헌금한 이유가 러일전쟁이 끝난 후에 일본의 동맹국으로써의 지위를 확보해 꺼져 가는 국운을 되살려 보려는 고육지책이었다는 말을 알아듣지 못했을 테니까요. 선생을 암살하려다가 무릎을 꿇고 용서를 빌었다고 하니 후일 삼일독립운동에 앞장섰던 사람들 가운데 한 사람이 되었는지도 모르죠.

이창희　일설에 의하면 그 젊은이가 손병희 선생을 암살하려고 했던 이유가 선생께서 일본에서 호화 생활을 하며 요정 출입이 잦았기 때문이라고 합니다.

손 윤　그렇게 말하는 사람들은 작은 일에 연연하여 큰일을 보지 못하는 겁니다. '007' 같은 첩보영화를 보면 주인공이 적진에 들어가 정보를 빼오기 위해 팔색조로 변신하지 않습니까? 그러다 보니 나온 말이 본드걸이잖아요. 손병희 선생도 마찬가지라고 봅니다. 1902년에 러시아가 마산항을 침범하고 용암포에 군대를 주둔하겠다고 조선정부에 요구해 왔을 때, 일본 육군성의 다무라 대장이 일본은 아직 러시아와 교전할 준비가 되어 있지 않다며 전전긍긍했다고 합니다. 선생께서 조희연과 함께 다무라를 만나 조선이 입헌군주제로 나가는 일에 일본이 반대하지 않는다면 동학교도와 독립협회를 움직여 민당(民黨)을 만들고, 민당의 힘으로 러시아의 요구를 물리쳐 주겠다고 제안합니다. 이것을 삼전론으로 말하면 언전(외교전)입니다. 이런 밀담을 어디서 나누겠습니까? 당시의 상황으로는 요정밖에 더 있겠습니까?
저는 손병희 선생께서 일본에서 호화 생활을 하며 향락에 빠져 있었다고 비난하는 것도 '손병희 죽이기'의 일환이라고 봅니다. 그것이 일제의 은밀한 술책인 줄은 모르고 그 말에 부화뇌동해서 여기 저기 옮기고 다니는 사람이야말로 어리석은 자죠.

이창희 위원장님이 '손병희 죽이기'라는 말을 하시니까 갑자기 전북대 강준만 교수가 생각납니다. 강 교수가 쓴 책 가운데《김대중 죽이기》와《노무현 죽이기》가 있거든요. 손병희 선생께서 대고천하를 하고 환국하실 때 환영 인파가 대단했다고 합니다. 그에 대해 위원장님이 알고 계신 게 있으신지요?

손 윤 제가 특별히 아는 것은 없습니다. 다 책에서 읽은 거지요. 하지만 이왕 말이 나왔으니 조금만 언급해 보겠습니다. 손병희 선생께서 환국하실 때 당시의 모든 언론들이 대단한 관심을 보였습니다. 요즘 말로 하면 '뉴스메이커'였지요. 부산에서 한성(서울)까지 환영을 나온 인파가 8만이라는 기록도 있으니까요. 을사늑약이 체결되자 장지연 선생의 '시일야방성대곡'을 게재했다가 정간당한 황성신문의 기사를 인용해서 당시의 분위기를 재구성해 보겠습니다.

"작일 귀국한 손병희 씨는 본대 호중인물로 재략이 특이하여 최법헌 이후 동학의 영수가 되어 전국에 동학하는 사람이 한 번 보지도 못한 자라도 앙모하여 감복치 않는 자가 없는지라. 일본에 건너간 지 여러 해에 학원 사오십 명을 데려다가 각항 학문을 교수하고 또 일아개전(러일전쟁) 초에 군비 5만 원(1만 원이란 말도 있음)을 일본 군용에 보조하고 이번 일진회에도 은연중 손 씨의 주선이라 하며, 이번 나오기는 천도교의 대교주로 그 교를 흥왕케 할 목적인 듯하더라. 세상 사람이 손 씨의 사정과 천도교의 근본이 동학인 줄 아는 자 없어 묻는 사람이 많기로 대강 설명하노라." —성주현 선생의 《천도교에서 민족 지도자의 길을 간 손병희》에서 재인용

손병희 선생은
인의예지신(仁義禮智信)의 화신이다

이창희　이번에는 손병희 선생의 인간미 있고 훈훈한 일화를 들려주셨으면 합니다. 우리에게 교훈을 주는 일화가 많이 있겠지만 사람이 항상 지켜야 할 5가지 도리, 즉 오상(仁義禮智信)의 관점에서 중요한 일화를 하나씩만 이야기해 주시지요. 먼저 인의 관점에서 손병희 선생과 얽혀 있는 일화를 들어보고 싶습니다.

손 윤　유학에서 인(仁)이란 측은지심(惻隱之心)을 일컫습니다. 측은지심이란 불쌍한 것을 보면 가엾게 여겨 정을 나누고자 하는 마음이지요. 선생의 형이 청주 지방의 풍속을 다스리는 관헌으로 있으셨는데, 음력으로 11월인 어느 날 선생께서는 형의 심부름으로 공금 40냥을 가지고 관가에 갈 일이 생겼다고 합니다. 선생께서 관가로 가는 길에 원통이란 작은 마을을 지나는데 마을 입구의 눈길에 인사불성인 사람이 쓰러져 있더랍니다. 선생께서는 즉시 쓰러져 있는 사람을 들쳐 업고 인근 주막으로 달려가서는 주인을 붙잡고 "이 사람이 다 죽어 가게 생겼으니 좀 돌봐 주셔야겠습니다. 그냥 두면 필경 얼어 죽고 말 겁니다." 이렇게 말씀하셨답니다.

선생께서는 주막 주인이 난색을 표명하자 갖고 있던 돈 가운데 30냥을 건네주며 사람부터 살려 놓고 보아야 하지 않겠느냐고 하셨답니다. 정신을 잃은 사람의 남루한 행색에 완강하게 거절하던 주인도 그 말에 감동을 받아, 요즘으로 말하면 노숙자인 그 사람을 받아들였다 합니다. 그리고 선생께서는 관가에 가서 남은 돈 10냥을 바치고 집으로 돌아와서는 형에게 관가에 가던 중에 있었던 일을 있는 그대로 말하고는 형의 처분을 기다렸다는 일화가 있습니다. 선생의 형도 겉으로는 공금을 함부로 사용했다고 호되게 꾸지람을 했지만 속으로는 흡족해했다고 합니다.

이창희 　전철을 타고 다니다 보면 승객들에게 도움을 청하는 사람들을 자주 만납니다. 그때마다 저는 잠자는 척하며 그들을 애써 외면했습니다. 앞으로는 500원짜리 동전 하나라도 보태 주려고 노력해야겠네요. 돈이 없는 게 아니라 마음이 없었다는 반성을 하게 됩니다. 다음은 불의를 부끄러워하고 악한 것은 미워하는 마음인 의(義)와 얽힌 일화를 들려주셨으면 합니다.

손 윤 　유학에서 의(義)라 함은 수오지심(羞惡之心)을 일컫는다고 하는데, 이와 관련해서는 약수로 유명한 초정리에서의 일화가 있습니다. 그 일화를 얘기하기 전에 초정약수가 어떤 물인지를 먼저 아셔야 할 것 같네요. 초정약수는 지하 100미터의 석회암 층에 고이는 물로 하루에 적은 양만 용출하는데, 혀를 찌를 듯 매콤하고 차가운 천연탄산수로 사람 몸에 좋은 각종 광물질을 포함하고 있답니다. 수질이 좋아 세종대왕께서 친히 행차하여 60일간 안질을 치료하고 돌아가셨다는 기록이 남아 있을 정도로 유명한 약수터이지요. 이런 약수터에 군수를 지냈다는 양반 두 사람이 나타나 약수를 독차지하고는 백성들은 얼씬도 못하게 했답니다. 약수를 마시러 왔다가 이를 알게 된 선생께서는 두 양반을 향해 "약수터에도 양반과 상놈의 차별이 있다더냐!" 하고 냅다 소리를 지르셨다는군요. 그러면서 "아무리 양반이라지만 이리도 염치가 없단 말이더냐." 하시면서 약수를 떠서 백성들에게 돌리셨다고 합니다.

그런 선생의 행동을 지켜보고 있던 두 양반이 혹여 봉변을 당할까봐 슬며시 자리를 뜨려고 하자 일부러 약수를 떠먹이면서 "나는 청주에서 온 상놈이오." 하며 몰지각한 양반들의 만행을 꾸짖었다는 일화가 있습니다.

이창희　지금 위원장님께서 말씀하신 초정약수가 통일교에서 소유하고 있고, 세상이 두 쪽 나는 한이 있어도 팔지 않겠다는 초정광천수인가요?

손　윤　맞습니다. (웃음)

이창희　　이번엔 예(禮)에 얽힌 일화를 들려주시죠.

손 윤　　유학에서 예란 자신을 낮추고 겸손하며 남을 위해 사양하고 배려할 줄 아는 사양지심(辭讓之心)을 일컫는다고 합니다. 그와 관련해서는 해월 최시형 선생과 얽힌 이야기가 있습니다. 기록에 의하면 1884년 늦은 가을이라고 합니다. 손병희 선생께선 스승이신 해월 선생과 충남 공주에 있는 가섭사에서 49일간의 수련에 들어가게 되셨답니다. 이때 해월 선생은 손병희 선생에게 잔심부름을 자주 시키셨는데, 하루는 해월 선생께서 손병희 선생을 불러 부엌에 있는 커다란 솥을 새로 걸라고 하셨답니다. 얼마 후에 선생께서 해월 선생께 일을 마쳤다고 하자 해월 선생은 샛문으로 슬쩍 확인한 후에 다시 솥을 걸라고 하셨답니다. 그러기를 무려 일곱 차례나 반복하였음에도 선생께서는 불평 한마디 없이 스승이 시키는 대로 하셨다는 일화가 있습니다. 이 일이 있은 후로 해월 선생께서는 손병희 선생에게서 지도자의 자질을 파악하시고 자신의 후계자로 키워나가셨다고 합니다.

이창희　　저 같으면 해월 선생에게 달려들어 "뭐가 잘못돼서 이러십니까?" 하고 대들었을 겁니다. 제가 인격 수양이 덜된 탓이겠지만요.

손 윤　　해월 선생은 이 작가에게 솥을 걸라는 명령은 하지 않으시죠. 절에 있는 무쇠 솥이 얼마나 무거운 줄 아십니까? 이 작가는 혼자 들지도 못합니다. (웃음)

이창희　그렇겠네요. 일전에 템플스테이를 하러 해인사를 찾은 적이 있는데 옛날에 썼다는 큰 가마솥을 볼 수 있었습니다. 꼬마들이 들어가서 수영해도 되겠더라고요. 이제 지(智)에 얽힌 일화를 들려주실 차례입니다.

손　윤　유학에서 지(智)는 옳고 그름을 가릴 줄 아는 마음으로 시비지심(是非之心)을 일컫는다고 합니다. 이와 관련해서는 선생의 부친과 얽힌 일화가 있습니다. 어느 날, 선생의 부친께서 "응구야!" 하고 선생을 부르셨답니다. 그러나 선생께서는 굳게 결심을 하고 대답하지 않으셨지요. 선생의 부친께서 "응구야!" 하고 다시 부르셨지만 역시 대답하지 않으셨습니다. 선생의 부친께서는 몹시 화가 나셨지만 마음을 진정시키고 "어째서 아버지가 부르는데도 대답이 없느냐?" 하시면서 선생을 나무라셨지요. 그러자 선생께서 "아버지, 제가 아버지의 아들인 것은 맞습니까? 같은 아버지를 두었는데도 하나는 아버지라 부르고, 하나는 아버지를 아버지라 부르지 못하다니 세상에 이렇게 잘못된 것이 어디 있습니까?" 하고 반문하셨답니다. 선생의 부친께서는 당황해하시면서도 "그건 나라의 법이니라." 하고 간단히 답변하셨지요. 그러자 선생께서는 "그러니까 저는 아버지를 아버지라 부르지 않겠습니다."고 하면서 조금도 물러서지 않으시는 바람에 종아리에 피멍이 드셨다고 하네요.

이창희　〈홍길동전〉에도 똑같은 대목이 있는데 조선시대에는 적서차별이 굉장히 심했나 봐요. 왜 그런 이상한 법이 만들어졌을까요?

손 윤   아마도 과거를 볼 수 있는 양반의 숫자는 자꾸 늘어 가는데 관직은 한정되어 있었기 때문이 아닐까요?

이창희   관직의 숫자를 늘리면 되죠.

손 윤   이 작가께서 관직을 늘리면 되지 않느냐고 말씀하시니까 갑자기 생각나네요. 제가 국세청 조사국에 근무할 때였습니다. 삼성전자가 반도체를 만들어 1조 매출을 달성해서 흑자가 3000억 정도 났을 때 삼성전자를 둘로 쪼개자는 시민단체가 있었습니다. 삼성전자가 너무 커지면 기업집중이 심화된다는 주장이었지요. 그러면서 세금 600억을 감면해 주는 걸 반대했습니다. 그때 삼성전자를 둘로 쪼갰다면 아마 지금처럼 국제 경쟁력을 갖춘 기업으로 성장하지도 못했을 거고, 100조 매출과 10조 이익도 달성하지 못했을 겁니다. 지금 삼성전자가 내는 세금이 조 단위입니다. 대단한 일이지요. 그래서 저는 기업을 쪼개는 것만이 능사는 아니라고 봅니다. 파이를 키울 수 있으면 키우는 쪽으로 생각해야 한다고 봅니다.

이창희   위원장님은 삼성 옹호론자시군요. (웃음)

손 윤   세상일을 놓고 가치판단을 할 때 흑백논리에 치우치면 진실을 놓칩니다. 제가 삼성그룹을 옹호하려고 그렇게 얘기하는 건 아닙니다. 삼성그룹이 불공정행위를 하지 못하도록 하는 문제와 기업을 쪼개는 문제는 별개라는 뜻입니다. 마찬가지로 동학혁명을 바라

볼 때 손병희 선생에 대해 왜곡된 부분을 밝혀내는 일이 전봉준 장군을 평가절하하는 게 아니라는 말씀입니다. 우리가 존경할 수 있는 사람이 많아지는 건 좋은 일입니다. 손병희 선생이 동학군의 통령이었다는 걸 인정하는 것이 전봉준 장군을 폄하하는 게 아니라고 봅니다. 전봉준 장군도 존경하고 손병희 선생도 존경하는 게 역사를 바로 보고 역사를 바로 세우는 일입니다.

독립운동가들을 사분오열시키고 내부 분열을 조장시키는 건 전형적인 일제의 식민지 통치 방식입니다. 자기 밥그릇을 위해 역사를 왜곡하는 행위는 식민 사관의 또 다른 면이지요. 그런 일이 반복되면 고무풍선에서 바람이 빠지듯 의로운 사람들의 힘이 약해집니다.

이창희 위원장님께서 무얼 말씀하시고자 하는지 충분히 이해하겠습니다. 이젠 마지막으로 신(信)에 얽힌 일화를 들려주시지요.

손 윤 유학에서 신(信)은 중심을 바르게 잡고 밝은 빛을 냄으로써 믿음을 주는 마음으로 광명지심(光名之心)을 일컫는다고 합니다. 이와 관련해서는 중국의 국부로 추앙받는 쑨원 대총통과 얽힌 일화가 있습니다. 해월 선생께서 순도하신 연후에 손병희 선생께서 잠시 중국에 머무셨을 때의 이야기입니다. 중국혁명의 지도자이며 삼민주의를 주창한 쑨원 대총통이 중국 각지에 흩어져 있는 애국지사를 초빙하여 손병희 선생이 머물고 있던 국제반점에서 연회를 베푸셨답니다. 이 소식을 들은 선생께서는 중국의 혁명 전략에 대한 정보를 얻고자 불청객으로 말석에 앉아 계셨지요. 그 연회에는 당대

중국의 최고 인물이라 할 수 있는 위안스카이(袁世凱), 왕자오밍(王兆銘), 량치차오(梁啓超) 등 50명이 넘는 중국의 정치 지도자들이 참석하였답니다. 연회가 시작되자 준비된 음식이 나왔답니다. 그런데 메뉴가 삶은 돼지다리와 독한 술로 변변치 않았다는군요. 그리고 식탁의 정중앙에는 삶은 돼지다리를 잘라 먹을 수 있는 식칼과 새우젓이 놓여 있었답니다. 사람들 앞에는 달랑 접시 하나만 놓여 있었고요.

쑨원 대총통이 일어나 "불원천리하고 이처럼 왕림해 주셔서 대단히 감사합니다. 변변치 않지만 한잔씩 드시면서 국난 타개에 대한 방책을 기탄없이 말씀해 주시기 바랍니다." 하고 자리에 앉으면서 식사를 권하였답니다. 쑨원의 초대인지라 산해진미를 기대했던 참석자들이 실망하며 웅성대기만 할 뿐 아무도 음식을 들지 않았답니다. 그때 손병희 선생께서 옷소매를 걷어붙이고 술 한 바가지를 듬뿍 떠서 쭉 들이키시고 칼을 번쩍 들어 돼지고기 한 점을 썰어 입에 넣으셨답니다. 그래도 어느 누구 하나 나서서 음식을 입에 대지 않았다네요. 선생께서 그렇게 술과 돼지고기 드시기를 세 번 정도 거듭하자 쑨원이 달려와 선생의 손을 굳게 잡고 인사를 나누면서 좌중을 향해 이렇게 말했다고 합니다.

"여러분, 여러분들은 우리나라에서 영웅호걸로 자부하는 분들이 아닙니까? 그런 여러분들이 삶은 돼지다리와 술그릇을 앞에 놓고 감히 어찌 할 바를 모르고 유약한 모습을 보인다면 어떻게 조수와 같이 밀어닥치는 외세를 물리치겠습니까?

(중략)

진정한 영웅은 조선에서 온 손병희 선생뿐이오. 우리 모두 손병희 선
    생의 기백과 용기를 배웁시다."

그러자 참석자들이 일제히 일어나서 손병희 선생에게 경의를 표하
였다는 일화가 있습니다.

이창희　가슴 뿌듯한 일화네요. 위원장님의 얘기를 듣고 있자니 손
병희 선생의 인품에 더욱 감동하게 되고 존경심이 깊어집니다.

손 윤　지금까지 선생께서 보여 주신 모습을 천도교의 교리로 압축
해서 말한다면 '수심정기'라 할 수 있지요. 마음을 지키고 기운을 바
르게 한다는 뜻입니다.

● 　수심정기(守心正氣) ; 항상 한울님의 마음을 잃지 않으며 도의 기운을 길러 천인합일에 이르고자
하는 수련 방법

손병희 선생,
동학을 천도교로 재창건하다

이창희 위원장님께서는 손병희 선생이 해월 최시형 선생 순도 이후에 동학의 수괴로, 요즘으로 말하면 국가변란죄로 지명수배를 당한 거나 마찬가지라고 말씀하셨습니다. 그런데 어떻게 1905년에 동학을 천도교로 재창건하고, 1906년 초에 수많은 사람들의 환영을 받으며 당당하게 환국하실 수 있었을까요? 1906년이면 아직 대한제국이 명맥은 유지하던 때인데 말이지요.

손 윤 그 이유를 한 가지로 이야긴하긴 어렵습니다. 여러 요인이 작용했다고 봐야 해요. 첫째는 1905년 말에서 1906년 초가 을사늑약이 체결되고 얼마 안 된 시점이라는 게 중요해요. 당시 대한제국은 껍데기만 남은 허수아비이고 실질적인 국가 통치권은 일본이 장악하고 있었다고 봐야 합니다. 명목상으로는 을사늑약으로 외교권만 뺏긴 것처럼 보이지만 그 정도 되면 국가 명령권이 작동하지 않습니다. 일본이 손병희 선생을 국가변란죄로 죽일 마음이나 명분이 없었다면 지명수배가 풀린 거나 다름없다고 봐야지요. 둘째는 진보회가 러일전쟁에서 기여한 바가 있었기 때문에 손병희 선생을 대놓고 죽이기가 어려웠다고 봐요. 뜨거운 감자였을 겁니다. 셋째는 삼전론 가운데 언전의 관점에서 손병희 선생의 외교술이 작동했을 겁니다. 러일전쟁 당시 군자금 5만 원을 지원한 사실, 진보회를 동원하여 군용철도 건설에 기여한 사실, 일본에 체류하면서 알게 모르게 맺은 일제 고위층들과의 교분 등을 십분 활용하여 환국 후의 안전을 보장받았을 거라고 봅니다. 아마도 당시 일제의 실력자(그것이 이토 히로부미라는 설이 있지만)에게 이렇게 말하지 않았을까요? "내가 조선으로 돌아가도 정치에는 간여하지 않고 종교 활동에만 전념할 테니 나의 신변 안전을 보장해다오."라고 말입니다. 그런 제의를 받았을 때 일제의 고위층이 강경론자가 아니고 온건론자였다면 심사숙고를 했을 겁니다. 손병희 선생을 죽여서 민중의 반일 정서에 기름을 부을 것이냐, 아니면 살려 두고 활용할 것이냐를 말이지요. 아마도 그 고위층은 후자를 선택했겠지요. 그랬으니까 환국을 하실 수 있었던 것이지요.

이창희 위원장님께서는 손병희 선생이 진보회 운영을 거의 이용구에게 위임하셨다고 말씀하셨습니다. 믿는 도끼에 발등 찍힌다는 말처럼 그 상황에서 이용구가 친일 매국노 송병준의 꼬임에 넘어가 진보회를 일진회에 팔아넘겼습니다. 환국하셔서 이용구를 조용히 불러(이런 장면은 〈대부〉 같은 영화를 보면 자주 나오잖아요.) 회심할 것을 종용하셨겠지요. 그런데 이용구가 말을 듣지 않고 진보회의 물적·인적 재산을 들고 나가 시천교를 만듭니다. 손병희 선생께서는 졸지에 빈털터리가 되신 거죠. 그런데도 거의 1년도 안 돼서 이용구를 따라갔던 교인의 반이 돌아오고, 교세가 날로 확장됩니다. 대단한 카리스마라고 하지 않을 수 없는데요. 위원장님께서는 이런 카리스마가 어디서 나온다고 보시는지요?

손 윤　제가 대학원에서 경영조직론을 공부할 때 느꼈던 것입니다. 카리스마는 하루아침에 생기지 않습니다. 조직이 당면한 문제 안에서 꾸준히 활동하면서 조직 구성원에게 신뢰를 쌓아야 생기는 거지요. 손병희 선생의 경우, 동학에 입도하는 순간부터 남다른 행동거지로 지도부뿐만 아니라 교도들에게도 신임을 쌓았습니다. 앉은자리에서 주문을 3만 독씩이나 하는 의지력도 의지력이지만 1893년에 있었던 광화문복합상소운동에서 자신의 맡은 바 소임을 다한 일, 동학혁명 당시에 보여준 군을 통솔하는 능력, 공주와 우금치 전투에서 패하고 소백산을 넘어 회군한 이후에 용산 전투에서 보여준 지략, 동학혁명이 좌절된 연후에 북쪽 지방에서의 포교 활동 등의 일이 쌓여 손병희만의 카리스마가 동학교도들 사이에 회자되고 구축된 것이라고 봅니다. 거기다가 해월 최시형 선생 순도 이후에 있은 '해월 선생 시신수습사건'이 손병희표 카리스마에 마침표를 찍지 않았나 생각합니다.

제3대 대도주인 의암 손병희 선생이 일본 망명 직전에 제4대 대도주인 춘암 박인호와 함께 찍은
사진(왼쪽에서 두 번째가 의암 손병희 선생).

이창희　　'해월 선생 시신수습사건'이란 게 뭔가요?

손 윤　　해월 최시형 선생은 요즘으로 말하면 국가변란을 획책한 수괴입니다. 현행 대한민국의 형법 제87조를 보면, 국토를 참절하거나 국헌을 문란할 목적으로 폭동한 자는 사형, 무기징역 또는 무기금고에 처한다고 되어 있지요. 또 국가변란을 획책한 자는 목숨을 빼앗고 장례도 제대로 치르지 못하게 합니다. 이런 것들은 지금이나 그 당시나 마찬가지였습니다.

배신자 송경인의 밀고로 1898년 4월 5일에 체포된 해월 최시형 선생은 1898년 6월 2일에 육군법원(좌포청이 있던 자리로, 지금으로 말하면 종로3가 단성사의 뒤)에서 좌도난정률이라는 죄목으로 참수를 당합니다. 흥미로운 사실은 해월 선생의 죄명이 대역반란죄가 아니라 스승인 수운 선생과 똑같은 좌도난정률이었다는 점입니다. 당시의 무능하고 부패한 조정이었지만 동학혁명이 국가 체제를 전복하려 하지 않았다는 사실은 알고 있었다는 뜻이지요. 동학군이 들고 다니는 깃발이 척왜양창의요, 보국안민인데 그걸 몰랐다면 말이 안 되죠. 자신들의 기득권을 생각하는 동시에 지방 토호들과의 이해득실을 따졌던 것이죠. 어쨌든 해월 선생을 대역반란죄로 처형하지 못하고 수운 최제우 선생과 마찬가지로 좌도난정률이란 해괴망측한 법으로 처형합니다. 대역반란죄로 처벌하기엔 뭔가 꺼림칙했겠지요.

해월 선생의 유해는 제대로 장례도 치르지 못한 채 수구문(광희문) 밖 어딘가에 헌 요에 싸서 버리듯 묻어 버립니다. 그러고는 팻말을 하나 박아 놓습니다. 이에 손병희 선생은 (당시 조선의 관습상 장례를 치르지 못하는 건 사람이 아니라는 뜻이므로) 스승인 해월 선생의 시신을 옮겨 매장하고자 결사대를 조직해 목숨을 건 비밀 작전에 돌입합니다. 손병희 선생은 해월 선생의 옥바라지를 했던 이종훈과 그의 의형제 김준식에게 상여꾼 두 사람을 붙여 수구문으로 보냅니다. 그리고 자신은 광나루(지금의 워커힐)를 건너 송파나루에 가서 춘암 박인호와 함께 기다립니다. 동학교도들이 해월 선생의 시신을 탈취해 갈지도 모른다고 우려한 조정은 광희문 근처에 삼엄한 경계망을 펼치지요. 그런 정보를 입수한 이종훈과 김준식은 동대문 쪽으로 돌아가서, 그것도 비가 억수같이 내리는 칠흑 같은 밤에 시체들을 버린 곳을 뒤집니다. 비가 쏟아지는 날에 포졸들이 시체가 쌓여 있는 곳까지 순찰을 돌리는 없잖습니까? 이종훈은 미리 준비한 쇠초롱 하나와 황초를 밝혀 마침내 '동학 괴수 최시형(東學魁首 崔時亨)'이라는 팻말을 찾아냅니다. 이종훈은 준비해 간 베로 해월 선생의 시신을 싸서 칠성판에 모시고 밤을 새워 광나루를 건넙니다. 송파나루에 나와 있던 손병희 선생은 해월 선생의 시신이 도착하자 구암 김연국을 만나 의논한 후에 송파에 있는 교인 이상하의 집 뒷산에 시신을 안장하는 데 성공합니다.

이 일이 있은 이후로 손병희 선생은 명실상부한 동학의 지도자로 해월 선생의 법통을 잇게 되었다고 합니다. 참으로 대담무쌍한 행동파 전략가의 모습이지요. 나중에 교인 이상하가 겁을 내며 해월 선생의 시신을 옮겨갈 것을 교단에 거듭 청원하자 부관참시를 우려한 선생께서는 산꼭대기에다 묘를 쓰는 기지를 발휘하시지요. 설마

산꼭대기에 묘를 쓰기야 하겠느냐는 조정의 뒤통수를 때리는 역발상인 셈이었지요.

이창희　위원장님의 얘기를 듣고 있자니 마치 한 편의 첩보 영화를 보는 것처럼 손에 땀이 나네요. 손병희 선생께서 환국하신 이후에 펼쳐 나가신 천도교 재창건과 교육 사업에 대해서도 말씀해 주세요.

손 윤　선생께서는 환국하시자마자 곧바로 교단을 정비하는 일에 착수하십니다. 제일 먼저 천도교가 천리인사에 부합하는, 인류 역사상 공인받은 종교임을 대외적으로 선포하십니다. 그 다음으로 교인들에게 진리 수련의 목적이 품행을 단정히 하고 생업에 종사하는 것임을 계도하십니다. 이어 중앙총부 임직원의 선임 기준을 제정하시고 교인의 입교식에 관한 절차를 밝히시는 동시에 교빙(일종의 교인 신분증)을 인쇄하여 배포하십니다. 마지막으로 천도교대헌을 공표하십니다. 이는 그동안 관습법에 의해 운영되어 왔던 교단을 성문법으로 운영하시겠다는 의지를 표명하신 거지요. 대헌은 오늘날로 말하면 교헌인데, 나랏일에 비교하면 헌법을 제정하신 것과 마찬가지입니다. 선생께서는 천도교대헌을 통해 앞으로 천도교가 중점적으로 해 나가야 할 일들에 대해 세세하게 규정해 놓으셨다고 합니다. 당시 교단의 관계자들이 선생의 주도면밀함에 경의를 표할 정도였다고 하네요.

이창희　기록을 보니까 선생께서는 그때부터 성미제도를 둬서 교단의 재정을 튼실하게 하는 동시에 운영을 체계화, 요즘 말로 하면 시스템화하셨다고 하는데요. 구체적으로 성미제도가 무엇입니까.

손 윤 요즘은 월 5000원을 내는 걸로 바뀌었습니다만, 제가 어렸을 때 저희 어머니가 하셨던 대로 설명하는 게 좋을 것 같습니다. 저희 어머니께서는 식구들의 끼니를 준비하실 때마다 밥 먹는 사람의 머릿수대로 쌀을 한 수저씩 덜어서 쌀독 옆에 놓인 작은 항아리에 모으셨습니다. 그렇게 모은 쌀은 한 달에 한 번 교구장에게 가져갔는데, 교구에서는 그 쌀을 시장에 내다 팔아 돈을 만들어 중앙교단으로 올렸다고 합니다. 한때는 기독교에서도 성미제도를 시행했던 걸로 알고 있습니다.

이제 천도교 얘기는 이쯤에서 그만하는 게 어떨까요? 앞으로 의암경영연구소가 해 나가야 할 일이 천도교의 역사를 편찬하는 일은 아니니까요.

이창희 좋습니다. 그럼 지금부터는 손병희 선생께서 펼치셨던 교육기관 설립 운동에 대해 질문을 드리겠습니다. 지금의 고려대학교, 그러니까 당시로는 보성전문학교를 천도교에서 운영했다는 기록이 나옵니다. 어떻게 해서 천도교가 보성전문학교를 운영하게 되었는지, 그리고 어떤 일을 계기로 그것이 지금의 재단법인 고려중앙학원으로 넘어가게 되었는지요?

손 윤 그것을 설명하려면 보성전문학교의 설립과 관련된 역사를

서울 경운동 중앙대교당을 가득 메운 천도교인들이 시일예배를 보는 모습.

말씀드리지 않을 수 없습니다. 현재의 고려대학교와 보성고등학교는 그 뿌리를 이용익에 두고 있습니다. 고종 임금의 왕실 내탕금을 관리하던 이용익이 고종의 후원을 받아 1905년 러시아어를 가르치던 아어학교(俄語學校), 지금의 조계사 자리에 사립 보성전문학교를 설립하면서 시작되었지요. 보성이란 교명도 '널리 인간성을 계발한다'는 뜻으로 고종이 직접 지었다고 합니다.

보성전문학교는 왕립학교처럼 교직원 봉급도 왕실의 내탕금으로 지급되던 것이 경술국치 이후에 이용익이 망명하고, 일본이 왕실 재산을 차지하면서 재정 파탄 위기에 처하게 됩니다. 이때 구원투수로 나선 분이 바로 손병희 선생입니다. 손병희 선생은 천도교도들이 모은 성미를 기반으로 보성전문학교 살리기에 나서지요. 새롭게 보성전문학교를 운영하게 된 천도교 교단은 1914년에 기존의 교사를 허물고 2층 목조 건물을 새로 세웁니다. 그리고 춘암 박인호 선생께서 이사장으로 취임합니다. 잠시 낙원동으로 이전했던 보성전문학교는 송현동으로 이전하여 그로부터 오랫동안 '국내의 고등 교육기관'으로서의 위상을 세워 나갑니다. 그러다 삼일독립운동으로 일제의 탄압을 받은 천도교의 재정 상태가 급격히 나빠지면서 보성전문과 보성학교로 분리됩니다.

그 후(대략 1921년쯤) 두 차례에 걸쳐 중앙학원으로 주인이 바뀝니다. 1921년 김기태·김원배 등 많은 독지가들이 모금한 기부금으로 재단법인 보성전문학교가 설립되었으며, 이듬해 교명을 보성전문학교(1915년 전문학교 시행규칙에 따라 교명을 보성법률상업학교로 변경했음)로 바꿉니다. 이때까지만 해도 천도교가 학교 운영에 어느 정도 관여하고 있었습니다만 세계경제를 강타한 대공항의 여파로 1932년 김성수가 설립한 재단법인 중앙학원으로 보성학교 재산 및 운영에 대한 모든 권한을 넘깁니다. 김성수의 중앙학원은 1934년에 이르러 덕성학원을 설립한 차미리사 선생에게 송현동 보성전문학교 학교 부지를 팔고 현재의 안암동으로 이전하지요. 그러다가 1944년 일제의 강압으로 교명이 경성척식경제전문학교로 바뀌었지만 1945년 해방을 맞아 교명을 보성전문학교로 환원하지요. 다시 1946년 8월, 정법대학·경상대학·문과대학의 3개 단과대학으로 구성된 종합대학으로 설립인가를 받으면서 교명을 고려대학교로 바꿉니다.

제가 여기서 얘기하고 싶은 요점은 일제가 삼일독립운동 직후에 천도교 중앙총부로부터 압수해 간 돈 130만 원(현재 가치로 2000억)만 제때 돌려줬어도 현재의 고려대학교는 천도교가 운영하고 있을 거라는 점이지요.

이창희   이제는 동덕여대 이야기로 넘어가 볼까요?

손 윤   지금의 동덕여자대학교는 춘강 조동식에 의해 1908년 4월 동덕여자의숙으로 출발했다가 1910년에 조동식이 재정난을 겪으면서 손병희 선생의 천도교로 운영권이 넘어옵니다. 그로부터 삼일독립운동 직전까지 손병희 선생께서는 매월 70원(현재 가치로 1000여만 원)씩을 동덕여자의숙 기숙사 운영에 후원하셨다는 기록이 동덕여자대학교 박물관에 남아 있습니다.

손병희 선생 영결식. 수많은 사람들이 의암 선생의 운구 행렬을 뒤따르고 있다.

동덕여자의숙은 이화학당과 함께 우리나라 근대 여성 교육에 많은 공헌을 합니다만, 역시 삼일독립운동 직후에 천도교의 재정 파탄으로 그 운영 및 소유권이 다시 조동식으로 넘어갑니다. 참고로 한 가지 더 알려드리면, 선생께서 일제의 고문 후유증으로 환원하셨을 때 당시 안국동에 있던 동덕여자의숙 기숙사에 있던 여학생들이 눈물을 뿌리며 만장을 들고 우이동까지 걸어갔다는 기록이 사진과 함께 남아 있습니다.

이런 사료들은 손병희 선생이 동덕여자의숙을 얼마나 각별하게 생각하셨는지를 알게 해 줍니다. 천도교인들 입장에서 그나마 위로를 받는다면 동덕여자대학교 홈페이지에서 '1911. 12. 설립자 손병희 선생, 교장 조동식 선생 취임'이란 문구를 볼 수 있다는 것 정도지요.

이창희　홈페이지에 '설립자 손병희'라고 글귀라도 남겨 놓았으니 얼마나 양심적입니까? 동덕여대에는 후원금을 많이 내는 것으로 만족하세요.

손 윤　그렇게 되도록 열심히 노력하겠습니다.

이창희　동덕여대 재단 이사장을 대신해서 감사드립니다. (웃음) 선생께서는 그 외에도 많은 학교를 후원하셨다는 기록이 있던데요?

손 윤　이봉창 의사께서 졸업하신 문창학교를 비롯해 경영난에 봉착해 있던 20여 개의 학교에 매달 일정 금액을 후원하셨다고 하는

데 안타깝게도 그에 관한 상세 기록은 남아 있지 않다고 하네요. 독립운동가이신 신숙 선생께서 1907년경에 청파동에 세우시고 이봉창 의사께서 졸업하셨다는 문창학교를 손병희 선생께서 매월 얼마씩 후원하셨는지에 대한 기록만이라도 찾았으면 좋겠어요.

이창희　　천도교 교단 안에도 의외로 자료가 없나 봅니다.

손 윤　　삼일독립운동 이후에 대부분 일제 경찰에 빼앗겼지요. 그 후엔 천도교교단 내부의 분열로 인해 많은 자료가 상실됐다고 합니다.

이창희　　그랬군요. 하지만 손병희 선생의 정신을 이어받은 천도교 교단이 내부 분열이 있었다니 믿어지지 않습니다.

손 윤　　우리 민족을 이간질로 분열시키는 것이 일제 식민지정책의 기본입니다. "사촌이 땅을 사면 배가 아프다."는 말도 알고 보면 일제 식민지 통치의 잔재거든요. 우리 민족은 원래 사촌이 땅을 사면 함께 기뻐하는 민족이지 배 아파하는 민족이 아닙니다. 그런 관점에서 영남과 호남 간의 갈등, 도시와 농촌 간의 갈등, 기업과 노동자 간의 갈등을 빨리 극복해야 합니다. 이 세상에 무극대도를 능가하는 절대 이념은 없다는 게 제 생각입니다.

이창희　　위원장님 말씀을 들으니까 저도 생각나는 게 하나 있습니다. 제가 어딘가에서 읽은 내용인데요. 맑은 물에는 고기가 살지 못한다는 말도 일제 식민지 통치의 잔재라고 하더라고요.

손 윤 맞습니다. 요즘 사람들이 좋아하는 고급 어종을 비롯해서 쏘가리나 은어는 다 맑은 물에 사는 고기들이잖습니까? 일제가 우리 민족에게 어느 정도의 부패는 용인될 수 있다는 의식을 심어 주기 위해 의도적으로 확산시킨 속담이지요. 또 일제는 조선시대에 없던 유곽과 공창을 만들어 우리 민족을 색으로 타락시켰습니다. 술자리에 여성을 동석시키는 현재의 잘못된 밤문화도 알고 보면 그 뿌리가 일제시대에 있습니다.

이창희 이제 손병희 선생께서 10년을 준비하신 삼일독립운동으로 넘어갈 때가 된 것 같습니다.

손 윤 그러시죠. 삼일독립운동 이야기가 시작되면 할 이야기, 하고 싶은 이야기가 많을 테니 물 한잔 마시고 시작하기로 하지요.

삼일독립운동의 최고 지도자는
손병희다

이창희　손병희 선생께서 준비하고 이끄신 삼일독립운동에 관한 이야기를 본격적으로 시작하려면 봉황각 이야기를 하지 않을 수가 없겠네요. 선생께서는 언제 무슨 일로 봉황각을 세우기로 결심하셨고, 봉황각을 통해 어떤 일을 하셨는지 위원장님의 설명을 듣고 싶군요.

손　윤　봉황각은 1912년 6월에 준공되었습니다. 선생께서는 잃어버린 나라를 되찾으려면 강습을 통한 교리 강화와 종교적인 심성 수련이 절대적으로 필요하다고 생각하셨지요. 1911년 8월경, 중앙 총부 임직원을 대동하고 우이동을 답사하다가 멀리 보이는 삼각산을 바라보시더니 즉각 우이동 일대의 밭과 임야를 가격의 많고 적음에 구애받지 말고 3만 평만 매입하라고 지시하셨답니다. 당시 임직원들은 이런 산골짜기에 땅을 살 필요가 있을까 하고 의아해했지만 선생께서는 일제의 감시를 피해 장차 삼일독립운동을 담당할 민족의 동량을 키우기 위한 포석으로 땅 구입을 지시하셨던 것이지요. 저는 이런 의사 결정, 다시 말해 적절한 때를 골라 적합한 결정을 하는 행위야말로 리더십의 핵심 요체라고 봅니다. 그것은 사람을 키우든 공장을 세우든 투자를 하든 마찬가지라고 봅니다. 삼성전자가 조세감면법에 의해 감면받은 세금으로 일본 기업과 합작해서 반도체 기술을 한층 더 개량할 수 있는 전기를 마련한 것도 바로 그런 리더십이 있기에 가능했던 것이지요. 당시에 수많은 시민 단체의 반대를 무릅쓰고 삼성전자에 대해 조세 감면을 결행한 대통령, 장관, 국세청장 모두 훌륭한 리더십의 소유자였다고 봅니다. 그 돈으로 일본 기업과 기술 합작을 한 이건희 회장의 탁월한 리더십은 두말할 나위도 없지만요. 그렇다고 해서 제가 이건희 회장이 모든 걸 다 잘했다는 뜻은 아니니까 오해하진 마세요.

이창회 알겠습니다. 위원장님의 진정성을 오해하지 않도록 조심하겠습니다. (웃음) 봉황각을 세우신 다음에 선생께서는 무슨 일을 하셨죠?

손 윤 전국에 산재해 있는 주요 교구의 교구장을 비롯한 간부들을 불러 올려 49일간 특별 기도회를 주관하시면서 심성 수련과 독립 의식을 강화시키셨지요. 선생께서 당시 교회 간부들에게 "1910년 8월에 일제가 우리나라를 강점했을 때 나는 10년 안에 나라를 되찾겠다고 다짐하면서, 국권 회복과 독립의 대업을 천도교가 떠맡아야 한다고 생각했습니다. 그러니 나를 믿고 따르세요."라고 말씀하셨다는 기록이 있습니다.

그렇게 봉황각을 거쳐 간 482명의 인재들이 각 지역으로 흩어져서 삼일독립운동을 이끌었습니다. 21명의 봉황각 1기 졸업생 중에 민족 대표 33인에 자신의 이름을 올린 사람이 4명이나 된다고 하니 참 대단하지 않습니까? 기독교 계열의 민족 대표는 어땠는지 모르지만 이신환성(以身換性)의 정신으로 무장한 천도교 계열의 민족 대표는 명단에 이름을 올리는 것이 죽으러 가는 길이라는 걸 익히 알았다고 합니다. 손병희 선생께서 늘 그렇게 정신 무장을 시켰으니까요.

이창희　조금 전에 이신환성이라고 말씀하셨는데요. 그 말이 뜻하는 바가 무엇인지요?

손 윤　글자 그대로입니다. 몸을 성령으로 바꾸라는 말입니다. 선생께서는 성령은 불생불멸이라고 말씀하셨답니다. 이것을 다시 해석하면 죽음을 두려워하지 말고 국권 회복과 독립운동에 나서라는 뜻이라고 하더군요. 이런 가르침 아래 정신 수양을 했으니 전북 이리의 문용기와 평북 정주의 최석일은 선두에서 왼손에는 태극기를 흔들고, 오른손에는 '독립'이라 쓴 깃발을 들고 시위를 주도하다가 일본 기마경찰이 휘두른 칼에 태극기를 든 왼손이 잘려나가자, 오른손으로 태극기를 집어서 흔들었고, 다시 일본 기마경찰이 오른팔

마저 칼로 내리쳐 태극기를 흔들 수 없자 얼른 무릎을 꿇어 땅에 떨어진 태극기를 입으로 물고 일어서며 자신의 머리를 흔듭니다. 그러자 기마경찰이 칼로 목을 치는 바람에 결국은 순국하셨다고 합니다.

이창희　　그러니까 이신환성을 다른 말로 하면 영생(永生)이자 부활이라 할 수 있겠네요.

손 윤　　그렇죠. 육신이 다시 살아나는 게 아니라 성령으로 부활하는 거지요.

이창희　　선생께서는 10년 동안 또 어떤 일을 준비하셨나요?

손 윤　　제가 알기로 인쇄소 운영과 출판업에 심혈을 기울이셨던 같습니다. 사실 삼일독립선언서도 천도교가 운영하던 보성사라는 인쇄소가 없었으면 불가능했지요. 그 당시 누가 불온 전단을 인쇄해 줄 수 있었겠습니까? 한두 장도 아니고 3만 5000장씩이나 말이지요. 선생의 인쇄소 운영과 관련해선 다음과 같은 일화가 있습니다.

교단 임원: 출판사의 손해가 막심하니 인쇄기를 팔아 버리는 게 낫겠습니다.

손병희 선생: 이보시게, 나라에서는 전쟁 때 한 번 써먹기 위하여 계속 군대를 유지하고 있지 않는가. 언젠가 한 번 요긴하게 쓰일 때가 있을 것이니 손해가 나더라도 출판사 운영은 포기할 수 없네. 머지않아

인쇄기가 필요할 날이 올 걸세.

이창희　　그러니까 선생께서는 삼일독립선언서 한 장 한 장을 총알로 생각하신 거네요.

손　윤　　그렇다고 볼 수 있지요. 여하튼 선생께서 활판 인쇄기를 세 번이나 팔았다가 (더 좋은 거로) 다시 사셨다고 합니다. 그 역사가 박문사에서 보문관을 거쳐 보성사로 이어지는 거지요. 보성사는 삼일독립운동 이후에 일제 경찰의 방화로 추정되는 화재에 의해 소실되고 맙니다. 당장이라도 일본에 손해배상을 청구하고 싶은 심정입니다만 애석하게도 물증이 없네요.

이창희　　그런 식으로 차근차근 10년을 준비해 오신 선생께서는 삼일독립선언을 앞두고 매국노 이완용을 찾아가셨다고 하는데요. 우리네 같은 범인들로서는 참으로 이해하기 어려운 일이라는 생각이 듭니다. 그러다가 이완용이 총독부나 일제 경찰에 밀고하면 10년 공든 탑이 도로아미타불이 될 텐데 말이죠.

손　윤　　그런 면이 선생께서 다른 독립운동가들과 다른 면목이죠. 아무리 매국노 이완용이지만 전 민족이 한날한시에 들고 일어나는 독립선언에 회심하고 참여할 기회마저 박탈할 수는 없다고 생각하셨던 거죠.

이창희　그래서 어떻게 되었나요? 이완용이 회개하고 참여했나요?

손 윤　그럴 리가 있겠습니까? 일말의 양심은 있었던지 밀고는 하지 않았다네요.

이창희　손병희 선생께서 삼일독립운동을 염두에 두시고 10년 동안 준비하시는 동안에 일제가 가만히 있진 않았을 텐데요.

손 윤　항상 감시의 눈초리를 떼지 않았지요. 경술국치(한일합병)가 있자 선생께서는 즉시, 요즘으로 말하면 성명서를 공표하시지요. 그 내용은 아래와 같습니다(《천도교에서 민족 지도자의 길을 간 손병희》에서 재인용).

"지금 우리나라의 형편은 마치 머리 없는 사람같이 되었다. 나라의 세 가지 요소는 주권과 토지와 인민이며, 이 세 가지를 합해서 나라라 하는데, 지금 우리나라는 주권이 없는 나라이니 머리 없는 사람과 마찬가지가 아니냐. 일본이 몇 해를 두고 우리나라를 보호한다고 하지만 보호한 것이 무엇이냐. 토지를 보호하였단 말인가. 재산을 보호하였단 말인가. 주권은 사법이요, 사법은 주체인데 사법을 보호하였단 말인가. 사농공상을 보호하였단 말인가. …… 내가 일본 사람에게 보호 사실을 질문한다면 한국의 토지를 보호한 것이 아니라 일본의 토지를 보호한 것이요, 한국의 주권과 인민을 보호한 것이 아니라 일본의 주권과 인민을 보호한 것이요, 한국의 농상공업을 보호한 것이 아니라

손병희 선생께서 천도교의 주요 당직자와 함께 삼일독립운동을 숙의하는 모습.

　　　　일본의 농상공업을 보호한 것이라 하리라.

손 윤　　선생께서 이런 성명서를 발표하자 조선총독부는 당장 성미를 걷지 못하게 하지요. 천도교를 외국에서 들어온 종교가 아니라는 이유로 유사종교로 분류해서 각종 탄압을 가합니다. 그럴수록 민중들은 더욱 천도교로 몰려 날로 교세가 확장되는 기현상이 일어납니다. 선생께서는 그 힘으로 중앙대교당을 건립하시게 되고, 그 과정에서 독립운동 자금을 비축하십니다. 삼일독립운동 이후에 일제 경찰에서 빼앗아간 돈이 당시 돈으로 130만 원(현재 가치 2000억 원)이니 어마어마한 힘이었지요.

이창희　　제가 기록을 찾다 보니 삼일운동 당시에 천도교가 만주에서 무기를 구입해 온다는 풍설이 돌았다고 합니다. 이것이 의미하는 바가 무엇일까요?

손 윤　　저는 우당 이회영 선생의 신흥무관학교와 천도교가 긴밀하게 연결되어 있었다고 봅니다. 이회영 선생의 행적과 손병희 선생의 행적을 도표로 만들어서 비교해 보면 너무나도 유사한 점이 많습니다. 이 작가께서도 한번 보시죠.

이창희　　(인터뷰를 중단하고 건네받은 표를 한눈에 읽어 내려간다.) 그렇군요. 그러니까 국내에서는 비폭력운동을 전개하지만 만주에 있었던 독립군이 국내로 진공하는 방책도 염두에 두셨다는 말이군요.

손 윤　그와 관련된 물증이 없어서 그렇지 제 개인적인 생각으론 그렇습니다.

이창희　물증이 항상 문제군요. (웃음) 선생께서는 1918년 가을부터 민족의 활로를 여는 일에 박차를 가하시는데요. 이것이 제1차 세계대전이 끝난 것과 무관하진 않을 듯싶습니다. 당시 국내외 정세에 대해서 위원장님의 해박한 지식에 근거한 역사 강의를 듣고 싶습니다.

손 윤　당시 국제 정세는 독일제국이 베르사유 궁전에서 항복문서에 조인함으로써 제1차 세계대전이 끝나고, 국제연맹의 탄생과 함께 평화주의가 대세를 이루고 있었습니다. 우리가 교과서에서 배웠던 윌슨 대통령의 민족자결주의 선언도 이 무렵의 일이지요. 윌슨 대통령의 민족자결주의라는 것이 패전국이었던 독일, 오스트리아 등이 지배하던 식민지에만 해당되는 것이었지만 '민족자결'이란 언어가 한국의 독립운동 세력에 큰 영향을 준 것은 사실입니다. 또 일본의 무단통치가 10년을 맞으면서 그 한계를 드러내는 시기이도 했고요.

전승국이 된 일본은 세계 3위의 조선국으로 진입하면서 농업 국가에서 공업 국가로 탈바꿈합니다. 그로 인해 농촌 인구가 급감하고 도시 노동자가 크게 늘지요. 전쟁 기간 동안 미국과 영국 그리고 러시아로의 수출이 호조를 띠면서 수출액도 크게 증가합니다. 그러자 인플레이션과 함께 매점매석이 일면서 쌀값이 폭등하고, 연일 쌀값

폭등에 대한 도시 노동자의 시위가 발생합니다. 초대 조선총독을 지낸 데라우치 내각이 실각하는 등 일본 정국이 어수선해지죠. 거기다가 러시아 볼셰비키혁명의 영향을 받은 일본의 사회주의자들의 활동도 부쩍 눈에 뜨게 활발해집니다.

이창희　그랬기 때문에 조선인 일본 유학생들이 2·8독립선언을 준비할 수 있었던 것이군요. 그 2·8독립선언에도 손병희 선생이 관여하셨다는데 그 애길 좀 들려주세요.

손　윤　중앙고보를 졸업한 일본 유학생 송계백이 1919년 1월경에 잠입하여 현상윤과 송진우를 찾아옵니다. 그 자리에서 동경에서의 거사 계획을 알리고 자금 지원을 요청하죠. 그 모임에 천도교 측의 오세창, 권동진, 최린이 합류하여 모의한 후 손병희 선생에게 보고하자 선생께서는 봉황각 출신의 독립운동 지도자 한 사람에게 거사 자금을 주어 일본으로 보내시죠. 국내로 잠입한 학생들에게 돈을 줬다가 그들이 일제 경찰에 잡히기라도 하는 날엔 천도교의 입장이 난처해지는 것은 물론이려니와 거사 자금도 빼앗겨 동경에서의 독립선언이 수포로 돌아갈 수도 있다고 생각하신 것 같습니다. 하여튼 그 거사 자금은 무사히 이광수를 통해 조선유학생학우회 지도부로 전달됩니다.

천도교의 자금 지원을 받은 유학생들은 1919년 2월 조선기독교청년회관에 400여 명이 모여 조선청년독립단을 결성하고 손병희의 장학생인 춘원 이광수가 썼다는 '됴선청년독립단선언'을 낭독하지요. 이것이 그 유명한 2·8독립선언이고, 이는 국내의 독립운동 세력과 학생들을 자극하게 됩니다. 또 일본 정부가 최팔용 등 9명의 주동자에게 국가변란죄를 적용하려 했으나 일본의 인권 변호사인 하나이 다쿠조와 후세 다쓰지가 "학생들이 자기 나라의 독립을 주장한 것이 어찌 일본 법률의 내란죄에 해당하는가?"라며 무료 변론을 하겠다고 나서자 일본 정부가 한 발 뒤로 물러서면서 비교적 처벌이 가벼운 출판법 위반죄가 적용된 것도 국내 독립운동 세력들, 특히 기독교 계열의 독립운동가들에겐 더없이 고무적인 일이었을 겁니다.

그렇게 정국 분위기가 독립선언을 향해 무르익어 가는 가운데 고종이 독살되어 승하하는 사건이 일어납니다. 이는 자주독립이라는 화약고에 연결된 도화선에 반일 감정이라는 불을 당기는 결과를 가져오죠.

이창희　위원장님 말씀 잘 들었습니다. 역사 학자 못지않으십니다. (웃음) 고종이 독살되었다는 소식을 궁궐 밖에 있는 사람 가운데 손병희 선생께서 제일 먼저 아셨다는 설이 있습니다. 그에 대한 설명을 부탁드립니다.

손　윤　아마도 그럴 거라고 생각합니다. 손병희 선생처럼 거물이 되면 각계 요로에 정보망이 있었을 테니까요. 선생께서 만든 '고국민대회'라는 글은 고종이 일본인의 배후 조종으로 독살된 직후에 국민대회를 소집하고자 민중 동원을 위해 제작 반포된 격문으로,

1981년 2월 고(故) 이현희 성신여대 교수의 한글 번역에 의해 처음 공개되었습니다. 이 격문을 통해 아래와 같은 사실을 확인할 수 있다는 점에서 역사적으로 의의가 있습니다.

첫째는 일제에 의해 발표된 것과는 달리 고종 임금의 사인(死因)에 대해 새로운 단서를 제공하고 있습니다. 둘째는 1919년 3월 1일 이전에 거족적인 민중독립 시위운동 계획이 천도교의 손병희 주도 아래에 추진되었음을 알 수 있습니다. 셋째는 이완용·윤택영·조중응·송병준 등 친일파들이 한국 민족은 자주독립을 원하지 않고 "영구히 일본이 보호해 주기를 바란다."는 날조된 문서를 파리강화회의에 보낼 것을 획책하고, 그들이 마치 각계를 대표하는 것처럼 꾸며 서명날인한 후 고종 임금의 압보(押寶)를 얻고자 하였으나 고종이 이에 불응하였다는 사실을 알게 해 줍니다. 넷째는 고종 임금이 독살되자 민중은 격분하여 곧 대규모의 시위운동 계획을 세웠다는 점을 확인시켜 줍니다. 다섯째는 박은식의 《혈사(血史)》에는 고종의 독살이 한상학의 단독 소행으로 나타나 있으나, 실은 그 위에 윤덕영이 있었음을 알려주고 있습니다. 여섯째는 삼일독립운동의 직접적인 원인은 윌슨 대통령의 민족자결주의 원칙과는 거리가 멀고, 내재적으로 성숙·발전된 자주자립 정신에 의거한 민족적 자각이었다는 점 등입니다. 손병희 선생이 쓴 그 격문을 원문 그대로 소개해 보겠습니다.

　국민대회 소집을 포고한다
　―손병희

슬프고 쓰라리도다. 우리 2000만 동포여! 우리 고종 황제의 서거 원인을 알고 있습니까, 모르고 있습니까? 평소 건강하옵시고 또 병환의 소식이 없었는데 평일 밤 궁전에서 갑자기 서거하시니 어찌 상식적인 이치이겠습니까? 또 목하 파리강화회의에서 우리 민족의 독립을 제출함에 반대하여, 저 교활한 일본인의 간사한 계략이 한국 민족은 일본의 어진 정치에 기쁜 마음으로 순종하여 갈라져서 따로 서는 것을 원치 않는다고 증명서를 제출하였는바 그에 의하면 이완용은 국족(國族) 대표요, 김윤식은 유림 대표요, 윤택영은 종족(宗族) 대표요, 조중응, 송병준은 사회 대표요, 신흥우는 교육종교계 대표라 꾸며 만들어 서명하여 이를 고종 황제에게 승인을 억지로 청탁함으로써 엄한 기강을 망극하게 하여 크게 진노하셔서 엄격히 끊어 준책하시니 나갈 바를 꾀함이 없었소이다.

또한 다른 변고를 두려워하여 마침내 완전히 반역할 것을 모의하고 독주를 들게 하여 시해할 것을 행할 때 윤덕영, 한상학의 두 명 적신(賊臣)으로 하여금 황제의 식사를 받드는 두 명의 궁녀에게 부탁하여 밤에 황제가 드시는 식혜에 독약을 섞어 잡수시게 드리니 이를 드신 황제의 옥체가 갑자기 물과 같이 연하게 되고 뇌가 함께 파열하셨으며 구규(아홉 구멍)에 피가 용솟음치더니 곧 세상을 떠나셨소이다.

이에 마음이 쓰라리고 마음이 슬퍼 말할 곳을 알지 못하겠소이다. 곧 두 명의 궁녀도 위협하여 나머지 독약을 먹여 처참히 죽게 하고 입을 틀어막았으니 차마 저 왜적의 마음이 점점 더 우쭐해질 수 있겠습니까? 지난 을미년(1895) 가을에 있었던 민비(명성황후) 시해도 이를 갈고 골수에 사무치어 기어코 한번 보복할 것을 꾀하고 있는 때인데 옛

142

날 원수도 아직 갚지 못하고 있음에도 불구하고 큰 변고가 또한 거듭 일어나고 있으니 이 어찌 잊어버릴 수 있겠습니까? 또 미국 대통령 월슨 씨가 14개 조의 성명을 발표하여 민족자결의 음성이 일세를 뒤흔들어 폴란드 등 12개국이 아울러 독립이 되었는데 우리 한민족이 어찌 이 기회를 잃어버리겠습니까?

해외에 있는 우리 동포가 이 기회를 타서 국권 회복을 널리 소리쳐 울음으로 호소하나 국내 동포가 편안히 움직이지 아니하므로 성원이 떨치지 못하고 대의가 아직 정해지지 아니하니 궐기합시다. 우리 2000만 동포여. 오늘은 세계가 개조하고 망한 나라가 부활함에 좋은 기회인 것입니다. 이미 잃은 국권도 가히 돌아올 것이고, 이미 망한 민족도 가히 구할 수가 있습니다. 고종 황제와 명성황후 폐하의 큰 원수 원한도 가히 씻을 수 있으니 봉기하고 궐기합시다. 우리 2000만 동포여!

융희기원후 13년 기미 정월 일

국민대회가 인쇄하여 포고한다.•

이창희 가만히 눈을 감고 위원장님이 읽어 주시는 격문을 듣고 있자니 피가 거꾸로 솟고, 심장박동이 요동칩니다. 선생께서 반포하신 격문을 읽고 분노하지 않은 사람이 없었을 것 같습니다. 그러니 삼일독립운동이 거족적으로 일어나지 않았다면 그게 오히려 더 이상했을 것 같습니다. 그런데 월남 이상재 선생은 삼일독립선언에

• 성신여대 이현희 교수《3·1혁명, 그 진실을 밝힌다》에서 재인용.

민족 대표로 서명하실 것을 거부하셨다죠? 어떻게 된 일인지 설명을 부탁드립니다.

손 윤 앞에서도 잠깐 언급했지만, 이완용, 윤치호 등을 만나고 돌아오신 선생께서는 이상재 선생을 찾아가서 조만간에 독립선언서를 반포하고 민족적으로 독립운동을 전개할 것이니 독립선언서에 서명을 해달라고 권유했지만, 월남 이상재 선생께서는 폭동이 일어날 것을 우려하여 서명을 거부하고, 총독부에 '독립청원서'를 내자고 대답하셨답니다. 이에 선생께서는 기독교계가 준비하고 있다는 독립운동의 방략이 독립청원서임을 알아차리시고 급히 이승훈 선생에게로 최린을 보내 기독교계가 준비하는 독립청원서를 독립선언으로 바꾸도록 종용하십니다.

평안남북도의 기독교계를 대표하던 이승훈 선생께서는 심사숙고 끝에 독립선언에 동참하기로 결정하고 함태영 목사의 도움을 받아 자신을 비롯해서 16명(장로교 9명, 감리교 7명)의 기독교계 민족 대표들이 삼일독립선언에 서명하도록 만들지요. 물론 그 가운데에서 박희도와 정춘수는 나중에 철저한 친일파로 변절합니다. 이렇게 해서 민족대연합전선을 구축해 삼일독립운동에 대한 준비 작업을 마치신 선생께서는 당일 새벽 5시에 유시문(유서나 다름없는 글)을 작성해서 천도교 4세 대도주인 춘암 박인호 선생에게 전하고 태화관으로 나가십니다.

이창희 그때 기독교계가 삼일독립선언서를 배포할 자금이 없자 손

병희 선생께서 5000원(현재 가치로 7억 5000만 원)을 빌려 주셨다고
하는 얘기가 있는데 사실인지요?

손 윤　사실입니다. 당시 기독교측은 천도교와 연합 전선을 구축하
기로 합의해 놓고도 자금 조달에 애로를 겪었습니다. 거사를 논의하
던 시점에서 이승훈, 최남선, 현상윤 등이 최린의 집에 모였을 때 이
승훈 장로가 거사 자금으로 5000원을 융통해 주기를 요청하였답니
다. 다음 날 최린이 손병희 선생을 찾아가 이승훈 장로에게서 들은
기독교 측의 사정을 말하였더니 선생께서는 흔쾌히 이를 수용하셨
답니다. 기록에 나와 있는 최린의 회상을 인용해 보겠습니다.

"그날 저녁에 나는 동대문 밖 상춘원에 가서 의암 선생을 뵈옵고, 그
동안의 경과 사항을 일일이 보고하고 이승훈이 청구한 금액에 관하여
솔직히 이승훈 말대로 5000원이 못 되면 3000원이라도 좋다고 하면
서 우선 3000원만 꾸어 주는 것이 기독교 측에 대하여 우리의 성의를
표시하는데 좋은 조건이오. 또는 이로 말미암아 기독교 측과 연결하는
인연이 지어질 수 있는 일이라고 말씀드렸더니, 선생님 말씀이 5000
원을 청구하였으니 그 액수대로 융통해 주는 것이 좋다고 하셨다. 그
때 천도교의 재정 형편으로 보면 은행 저금을 전부 일경에게 압수당하
고 대단히 곤란한 중임에도 불구하고 선생의 대사에 임하는 초월한 태
도에 감격하였다. 다음 날 22일에 천도교 금융관장 노헌용이 5000원
을 재동 나의 집에 가져왔다. 나는 즉시 5000원을 가지고 소격동 이승
훈 숙소에 가서 금자성이라는 명자를 통하여 들어가서 직접 교부하였

다. 이승훈은 대사가 이로 인하여 성취될 가망이 있다고 대단히 기뻐
하였다."

이창희　　그렇게 큰돈을 빌려 주면서 차용증은 받아 두셨는지 모르겠
네요. (웃음)

손 윤　　속설에 의하면 최린이 차용증을 받아 오겠다고 선생께 말하
자 선생께서 웃으시며 놔두라고 하셨답니다. 기독교 측에 지원해
준 돈뿐만 아니라 만주와 상해로 송금된 독립운동 자금도 상당했다
고 합니다. 삼일독립운동을 전개하면서 천도교 측에서 부담했던 자
금은 막대했던 걸로 추정됩니다. 제가 세무 공무원이었으니 숫자에
는 밝지 않습니까? (웃음)

이창희　　그 돈을 기독교계에서 아직 안 갚고 있죠? (웃음)

손 윤　　어느 목사님께서 모 신문에 그 돈을 갚아야 한다고 칼럼을
쓰셨다는데 아직까지 돈이 들어왔다는 소릴 듣진 못했습니다.

이창희　　위원장님 말씀을 듣다 보니 당시 천도교의 교세가 어느 정
도였기에 그 막대한 독립운동 자금을 조달할 수 있었을까 궁금해집
니다. 아시는 바가 있는지요?

손 윤　　당시 조선총독부의 통계를 보면 천도교 300만, 불교 30만,

146

기독교 11만이었고, 나머지 종교는 미미했으니까 천도교가 실질적인 국교였다고 할 수 있겠지요. 300만 교인이 한 달에 2전씩만 낸다 해도 6만 원입니다. 현재 가치로 따지면 90억 입니다. 기록에 의하면 삼일독립운동이 일어날 무렵에 천도교는 월 성미가 평균 5000~6000원 정도 모금되어 연간 10만 원에 이르렀으며, 그 가운데 2분의 1이 중앙총부에 납부되고, 특별 성미 금액으로도 7~8만 원이 들어오고 있었다고 합니다.

이런 성금 수입으로 1918년 봄, 경운동 대교당의 신축 기금 30만 원과 보성전문학교와 동덕여학교를 비롯한 각 학교 보조금으로 사용하고도 매년 2만 원이 저축될 정도로 재정이 풍부하였답니다(《의암 손병희 선생 전기》 339쪽 인용). 또한 부동산도 가옥이 40여 채 있었고, 이때 교단 사무실에 보유하고 있었던 현금만 해도 13~14만 원에 이르렀답니다. 그러니까 중국 상해에서 온 김철에게 3만 원을 줘서 김규식 선생의 파리강화회의 파견을 가능케 하였겠지요. 만주 안동에서 심부름 온 사람에게도 두 차례에 걸쳐 6만 원(현재 가치 90억 원)을 송금했다고도 합니다.

삼일독립선언 직후 조선총독부 검찰 측 공초문 등(손병희 심문조서)을 보면 상해임시정부 설립 자금으로 쓰인 것이 아니냐고 심문을 하지만 손병희 선생은 한사코 부인하고 있습니다. 최고 지휘자로서 관련된 애국 동지들을 보호하기 위한 당연한 처사이지요. 이와 유사한 이야기들은 애국 열사들의 전기에서도 끊임없이 나오고 있습니다. 저는 이런 돈이 만주 및 노령 지역의 무장항쟁 세력에게 건너가서 무기를 구입하고 광복군을 운용하는 데 쓰였을 거라고 봅니다.

1914년 동덕여학교 창립 6주년 기념사진.

이창희　요즘으로 치면 여의도 순복음교회만큼 또는 그 이상 성금이 들어왔다는 얘기군요. 천도교는 그 돈의 대부분을 독립운동하는 데 쏟아부었는데, 요즘 어떤 교회들은 교회 건물을 증축하고 목사님들에게 외제차 사주는 데 쓰다가 쇠고랑 차는 일도 간혹 있죠?

손　윤　제 친구들 가운데에는 교회 장로도 있고, 유명 신학대학교 교수도 여럿 있는데 그런 교회는 극히 일부라고 알고 있습니다. 그래서 저는 교회가 이러니저러니 비판하고 싶지 않습니다. 저는 천도교가 옛날처럼 우리 민족을 대표하는 종교로 성장했으면 하고 바랄 뿐입니다.

이창희　죄송합니다. 한때 기독교인이었던 제가 부끄럽습니다. (침묵) 이제 불교계가 삼일독립운동에 참여하는 과정을 들려주셨으면 합니다.

손　윤　불교 측과의 협의는 1919년 1월 27일, 28일경에 최린이 일본 유학 때 알게 된 만해 한용운 스님을 방문하여 의견을 교환하면서 본격적으로 시작되었다고 합니다. 이때 최린과 한용운은 교인이 많은 천도교를 중심으로 운동을 전개하자고 합의했다고 합니다. 그후 한용운은 2월 20일경 최린으로부터 독립선언서의 발표, 독립청원서, 독립건의서 송부 등에 대한 자세한 계획을 듣습니다. 그리고 독립 거사 표면에 나서기를 거절한 최남선의 선언문 초안을 달갑지 않게 여기고 자신이 다시 잡겠다고 나섰으며 불교계도 참여하겠다고 약속하셨답니다.

삼일독립선언서 초안과 관련해서는 의미 있는 이야기가 전해 내려옵니다. 많은 사람들이 삼일독립선언서 초안을 최남선이 일필휘지로 단번에 쓴 것으로 알고 있는데 그렇지가 않다는 거지요. 최남선은 자신이 쓴 초안을 가지고 묵암 이종일 선생에게 가면 이종일 선생께서 일일이 수정하고 감수하셨다고 합니다. 그럼에도 불구하고 그 초안이 영 마음에 들지 않았던 한용운은 평소 보성사를 들락날락하면서 친분을 나눈 이종일 선생께 자신이 다시 쓰겠다고 했답니다. 그 이야기를 전해 들은 손병희 선생께서 다시 쓰지 말고, 더 쓰고 싶은 말을 추가하는 선에서 마무리하라고 하셔서 삼일독립선언서 말미에 공약 삼장이 덧붙여진 거라는 이야기도 있습니다.

육당 최남선이 누구입니까? 이광수와 함께 당대의 문필가로 이름을 날리던 사람으로 천재라는 소릴 들었습니다. 그럼에도 삼일독립선언서에 민족 전체의 자주독립 의지를 담아내는 데는 역부족이었나 봅니다. 그래서인지 최남선은 나중에 친일파로 변절합니다. 우연치고는 아귀가 너무 딱 들어맞지 않나요? 일제 치하가 장기간 지속되어 어쩔 수 없었다는 동정론도 일부 있지만 안타까운 일임에는 틀림없습니다.

이창회　　제가 알기로는 민족 대표는 33인인데 《근대를 말하다》의 저자인 이덕일 역사 평론가는 민족 대표가 33인이 아니라 48인이라고 주장하고, 위원장님은 한 명을 더 보태 49인이라고 주장하신다고 들었습니다. 왜 그렇게 주장하시는지요?

손 윤 이덕일 평론가는 1920년 12월 30일 경성복심법원의 손병희 외 47인의 판결문만을 근거로, 뒷일을 처리하기 위해 삼일독립선언서에는 서명하지 않고 준비 과정에만 깊숙이 개입했던 천도교의 박인호와 노헌용, 기독교계의 함태영과 중앙학교장 송진우 등을 포함시켜 민족 대표는 48인이라고 주장하지요. 하지만 저는 이덕일 역사 평론가의 말씀도 맞지만 판결문으로 드러난 사안에 불과하다고 말씀드리고 싶습니다. 제가 49인을 삼일독립선언의 지도자라고 주장하는 데는 이유가 있습니다. 종교계를 대표하는 33인은 자진해서 살신성인하지만 16인은 살아남아서 독립운동을 계속하고 대한민국임시정부를 수립하라는 손병희 선생의 위대하지만 무섭고 냉철한 전략이 있었던 것입니다.

저는 재판에 계류되었다는 사실 하나만으로 위대한 지도자라고 볼 수 없다는 판단 아래, 공소 및 공판 기록 여부를 떠나 선언서에 서명하신 33인 외에 공소 제기자 18명 중 부문별 공적이 확실한 16인을 선정하여 49인이라고 주장하는 거지요. 굳이 그 16인을 언급하자면 박인호, 노헌용, 김홍규, 이경섭, 이종린(이상 천도교), 함태영, 김도태, 안세환(이상 기독교), 송진우, 현상윤, 최남선, 강기덕, 김원벽, 임규, 정노식, 김지환을 거명하겠습니다. 물론 이외에도 애국 언론인들과 지방에서 독립운동을 주도한 사람들의 재판 기록까지 감안하면 민족 지도자들의 숫자는 의미가 없을지도 모릅니다. 셀 수 없을 정도로 많은 분들이 지도자였으니까요. 또 한 가지 의미를 부여한다면 49라는 숫자는 사람이 죽으면 사십구재를 지내듯 전통적으로 중요한 숫자죠.

이창희　　삼일독립선언문의 인쇄가 끝나 갈 무렵에 악명이 높던 조선인 고등계 형사 신승희가 보성사 부근을 지나다가 인쇄기가 돌아가는 소리를 듣고 인쇄소 안으로 들이닥쳤는데, 이종일 선생께서 기지를 발휘하여 둘러댔지만 신승희는 눈치를 채고 꼼짝하지 않았다죠? 그 이후 얘기가 궁금합니다.

손　윤　　이종일 선생께서 신승희를 붙잡고 "이 일만은 막으면 아니 됩니다. 의암 선생에게 갑시다." 하고 애원하였답니다. 그러자 신승희가 뜻밖에도 "나는 여기 있을 터이니 당신이 빨리 갔다 오시오." 하더랍니다. 이종일 선생이 단숨에 달려가 손병희 선생에게 위급함을 보고하자 선생은 장롱에서 5000원(현재 가치로 7억 5000만 원) 뭉치를 꺼내 주면서 신승희에게 갖다 주라고 하셨답니다. 이종일 선생으로부터 돈 뭉치를 받아 쥔 신승희가 아무 말 없이 사라져서 삼일독립선언문 인쇄를 무사히 마칠 수 있었답니다.

이창희　　그러면 신승희는 일본으로 가서 잘 살았나요?

손　윤　　그렇게 될 리가 있겠습니까? 삼일독립운동이 일어난 후에 손병희 선생으로부터 받은 5000원이 문제가 되어 일제 경찰에 체포되자 신승희는 청산가리를 마시고 자결했다는 기록이 있습니다.

이창희　　손병희 선생을 폄훼하고자 하는 사람들 가운데에는 삼일독립선언문이 애초에 계획되었던 탑골공원에서 선포되지 않고 태화관에서 선포된 점을 시빗거리로 삼고 있습니다. 특히 태화관이 명월관의 분점이라는 점과 수의당 주옥경 여사가 한때 명월관의 기생이었다는 점을 물고 늘어지는데요. 이에 대한 위원장님의 명쾌한 해설을 듣고 싶습니다.

손 윤 그렇게 말하는 사람들은 소영웅주의에 빠져 사리 분별력이 떨어지는 하재입니다. 천도교 경전인 동경대전을 보면 최제우 선생께서는 인간을 상재, 중재, 하재로 나누시고, 하재와는 어울리지 말라고 엄중히 말씀하십니다. 하재는 중재 또는 상재와 어울려야 하고, 중재는 상재와 어울려야 도에 가까이 갈 수 있다는 뜻이죠. 손병희 선생을 폄훼하는 사람들은 하재입니다. 저는 하재와는 상대하지 않습니다만 이 작가께서 독자들을 대신해서 질문하셨다고 보고 간단히 설명드리겠습니다.

손병희 선생께서 삼일독립선언문의 선포 장소를 탑골공원에서 태화관으로 바꾼 이유는 거사일이 고종 임금의 인산 날이라 사대문 안에는 많은 사람이 모여 있었기 때문입니다. 그런 상황에서 자발적인 의사를 가지고 만세를 부르는 사람이야 좀 다쳐도 상관없지만, 그렇지 않은 사람까지 다치는 것은 올바른 일이 아니라고 생각하셨지요, 또 폭동으로까지 번지면 더 큰 불상사가 일어날 수도 있다고 보시고 장소를 바꾸신 거지 다른 이유는 없으셨습니다.

손병희 선생은 사인여천을 철저히 실천하신 분입니다. 사람을 하늘처럼 중히 여기라는 인내천을 선포하신 것만 봐도 평화를 지향하고 사람은 누구나 평등하고 신성하다는 철학을 지니신 것으로 확신합

今邪路로서出하야東洋支持者인重責을全케하는것이며支那로하야금夢寐에도免하지못

하는不安恐怖로서脫出케하는것이며또東洋平和로重要한一部를삼는世界平和人類幸福

에必要한階段이되게하는것이라이엇지區區한感情上問題ㅣ리오

아아新天地가眼前에展開되도다威力의時代가去하고道義의時代가來하도다

에鍊磨長養된人道的精神이바야흐로新文明의曙光을人類의歷史에投射하기始作하도다新

春이世界에來하야萬物의回蘇를催促하는도다凍氷寒雪에呼吸을閉蟄한것이彼一時의勢

ㅣ라하면和風暖陽에氣脈을振舒함은此一時의勢ㅣ니天地의復運에際하고世界의變潮를

乘한吾人은아모躊躇할것업스며아모忌憚할것업도다我의固有한自由權을護全하야生旺

의樂을飽享할것이며我의自足한獨創力을發揮하야春滿한大界에民族的精華를結紐할지

로다

公約 三章

一, 今日吾人의此擧는正義, 人道, 生存, 尊榮을爲하는民族的要求ㅣ니오즉自由的精
神을發揮할것이오決코排他的感情으로逸走하지말라

一, 最後의一人까지最後의一刻까지民族의正當한意思를快히發表하라

一, 一切의行動은가장秩序를尊重하야吾人의主張과態度로하야금어대까지던지光明
正大하게하라

朝鮮建國四千二百五十二年三月 日

朝鮮民族代表

孫秉熙　吉善宙　李弼柱　白龍城　金完圭
金秉祚　金昌俊　權東鎮　權秉悳　羅龍煥
羅仁協　梁甸伯　梁漢默　劉如大　李甲成
李明龍　李昇薰　李鍾勳　李鍾一　林禮煥
朴準承　朴熙道　朴東完　申洪植　申錫九
吳世昌　吳華英　鄭春洙　崔聖模　崔麟
韓龍雲　洪秉箕　洪基兆

1919년 보성사에서 인쇄된 삼일독립선언서. 〈독립기념관 자료 제공〉

宣言書

吾等은茲에我鮮朝의獨立國임과朝鮮人의自主民임을宣言하노라此로써世界萬邦에告하야人類平等의大義를克明하며此로써子孫萬代에誥하야民族自存의正權을永有케하노라

半萬年歷史의權威를仗하야此를宣言함이며二千萬民衆의誠忠을合하야此를佈明함이며民族의恒久如一한自由發展을爲하야此를主張함이며人類的良心의發露에基因한世界改造의大機運에順應幷進하기爲하야此를提起함이니是ㅣ天의明命이며時代의大勢ㅣ며全人類共存同生權의正當한發動이라天下何物이던지此를沮止抑制치못할지니라

舊時代의遺物인侵略主義强權主義의犧牲을作하야有史以來累千年에처음으로異民族箝制의痛苦를嘗한지今에十年을過한지라我生存權의剝喪됨이무릇幾何ㅣ며心靈上發展의障礙됨이무릇幾何ㅣ며民族的尊榮의毁損됨이무릇幾何ㅣ며新銳와獨創으로써世界文化의大潮流에寄與補裨할機緣을遺失함이무릇幾何ㅣ뇨

噫라舊來의抑鬱을宣暢하려하면時下의苦痛을擺脫하려하면將來의脅威를芟除하려하면民族的良心과國家的廉義의壓縮銷殘을興奮伸張하려하면各個人格의正當한發達을遂하려하면可憐한子弟에게苦恥的財産을遺與치안이하려하면子子孫孫의永久完全한慶福을導迎하려하면最大急務가民族的獨立을確實케함이니二千萬各個가人마다方寸의刃을懷하고人類通性과時代良心이正義의軍과人道의干戈로써護援하는今日吾人은進하야取하매何强을挫치못하랴退하야作하매何志를展치못하랴

丙子修好條規以來時時種種의金石盟約을食하얏다하야日本의無信을罪하려안이하노라學者는講壇에서政治家는實際에서我祖宗世業을植民地視하고我文化民族을土昧人遇하야한갓征服者의快를貪할뿐이오我의久遠한社會基礎와卓犖한民族心理를無視한다하야日本의少義함을責하려안이하노라自己를策勵하기에急한吾人은他의怨尤를暇치못하노라現在를綢繆하기에急한吾人은宿昔의懲辨을暇치못하노라今日吾人의所任은다만自己의建設이有할뿐이오決코他의破壞에在치안이하도다嚴肅한良心의命令으로써自家의新運命을開拓함이오決코舊怨과一時的感情으로써他를嫉逐排斥함이안이로다舊思想舊勢力에羈縻된日本爲政家의功名的犧牲이된不自然又不合理한錯誤狀態를改善匡正하야自然又合理한正經大原으로歸還케함이로다當初에民族的要求로서出치안이한兩國併合의結果가畢竟姑息的威壓과差別的不平과統計數字上虛飾의下에서利害相反한兩民族間에永遠히和同할수업는怨溝를去益深造하는今來實績을觀하라勇明果敢으로써舊誤를廓正하고眞正한理解와同情에基本한友好的新局面을打開함이彼此間遠禍召福하는捷徑임을明知할것안인가

니다.

남의 말 하기 좋아하는 하재들은 수의당 주옥경 여사에 대해 이러쿵저러쿵 말들이 많지만, 주옥경 여사는 원래 양반 가문의 여식이었으나 피치 못할 사정으로 명월관에 오시게 되었고, 손병희 선생을 만난 이후엔 선생을 스승으로 모셨으며, 나중에 정식 혼인 절차도 밟은 것으로 알고 있습니다. 일제 경찰의 감시로부터 선생께서 하시는 일을 보호하기 위해 여자의 몸으로 야밤에 홀로 망을 보신 적이 한두 번이 아닌 독립운동가라고 봐야 올바른 판단이라고 생각합니다. 또 선생께서 서대문 감옥에 계실 때는 독립문 근처에 단칸방을 얻어 놓고 옥바라지를 하셨고, 선생께서 형집행정지로 나오셨을 때는 선생의 입에 미음을 떠 넣으며 병구완에 온 정성을 다 쏟으셨던 분입니다. 선생께서 환원하신 연후에는 선생의 뜻을 기리기 위해 여성 계몽운동에 헌신하셨으며, 선생의 유택을 60여 성상 동안 지키신 분입니다. 세상에 어느 조강지처가 수의당 주옥경 여사보다 더 남편을 잘 보필할 수 있겠으며, 어느 정경부인의 정절이 주옥경 여사의 60여 성상 일편단심보다 더 고귀할 수 있겠습니까?

이창희　　인생의 목표를 완전히 바꾸었으니 참으로 대단하신 분이네요. (침묵) 선생께서 삼일독립운동을 이끄시며 천명하신 3대 원칙이 있다고 들었습니다. 그것이 무엇이지요?

손 윤　　선생께서 천명하신 3대 원칙은 일원화, 대중화, 비폭력화입니다. 일원화는 대한독립의 가치에 전 민족이 모두 동참해야 한다

대한민국 정부가 손병희 선생에게 수여한 건국공로훈장을 유족을 대표해서 받은 주옥경 여사.

는 뜻이고, 대중화는 민주적인 절차에 따라 행동해야 한다는 뜻이며, 비폭력화는 평화적으로 해야 한다는 뜻이라고 합니다. 특히 비폭력화는 아시아 대륙의 민족운동에 큰 영향을 미쳤을 뿐만 아니라 인도의 간디가 감동을 받고 평생을 실천한 통일 인도의 철학인 동시에 비폭력·불복종 운동의 효시라고 세계는 칭송하고 있습니다. 우리나라의 남북문제 해결 방안에도 평화가 제일 우선되는 가치가 아니겠습니까?

이창희　전국적으로 진행된 삼일독립운동으로 많은 희생자가 발생했습니다. 그에 대해 위원장님이 아시는 바가 있다면 간단히 정리해 주시지요.

손 윤　박은식 선생께서 쓰신《한국독립운동지혈사》는 서울에 있는 통신원의 기록을 토대로 "창으로 찌르고 칼로 치는 것이 마치 풀 베듯해서 즉사한 사람이 3750여 명이고, 중상을 당해 며칠 후에 죽은 사람이 4600여 명"이라 하고, 전국적으로 만세 운동에 참여한 사람과 시위 횟수는 서울 57회에 57만여 명, 경기 304회에 67만여 명, 강원 57회에 10만여 명, 충청 156회에 12만여 명, 전라 216회에 30만여 명, 경상 132회에 11만여 명, 함경 94회에 5만 7000여 명, 평안 314회에 51만여 명, 황해 120회에 9만 2000여 명 등 모두 1393회에 195만 4000명*이라고 전하고 있습니다. 반면에 조선총독부

●　이덕일의《근대를 말하다》252쪽에서 재인용.

《시정(施政) 25년사》에는 1919년의 시위 횟수가 617건에 참가 인원 58만 7000명이라고 기록하고 있지요. 거기다가 고문을 받아 돌아가신 양한묵 선생, 유관순 열사와 같은 분과 손병희 선생처럼 고문 후유증으로 돌아가신 분까지 합하면 희생자 숫자는 훨씬 늘어납니다. 또 제암리·고주리 같은 학살 사건*의 희생자 숫자까지 더해지면 상상할 수 없는 숫자가 나오겠지요.

이창희　태화관에서 삼일독립선언을 선포하고 자진하여 연행되신 손병희 선생께서는 일제의 고문으로 심한 고초를 겪으시고, 결국엔 뇌출혈로 쓰러지셔서 거의 식물인간 상태로 수형 생활을 하시다가 19개월 20일 만에 형집행정지로 풀려나오시지만 얼마 못 가 환원하신 걸로 알고 있습니다. 선생께서 환원하시기까지의 과정에 대해 조금 더 상세한 내용을 알고 싶습니다. 위원장님이 덧붙여 주시면 좋겠습니다.

손 윤　일제 경찰에 연행된 손병희 선생은 경무총감부의 심문을 받고 검찰로 송치되어 며칠을 보낸 후에 서대문 형무소로 이송되셨지요. 국사범이란 이유로 독방에 수감된 서대문 형무소에서의 생활은 그야말로 참혹했습니다. 이미 노령인데다가 위장병을 앓고 있던 선생께서는 수형 생활을 감내하기가 몹시 어려우셨지요. 선생께서는

---

* 　제암리·고주리 학살 사건 ; 삼일독립운동 때 일본군이 수원 제암리와 이웃마을인 고주리에서 주민들을 집단적으로 학살한 만행 사건.

영어의 몸이 되신 지 1년 8개월이 된 1920년 11월 28일에 뇌출혈로 쓰러지십니다. 간수로부터 연락을 받은 주옥경 여사와 교단은 병보석을 신청하지만 일제는 생명에 지장이 없다는 이유를 들어 병보석을 불허합니다.

반신불수로 수감 생활을 힘들게 이어가시던 선생께서는 1921년 6월 13일에 다시 혼수상태에 빠지게 되시지요. 교단과 주옥경 여사는 또다시 여러 차례의 병보석을 신청하지만 법원은 그때마다 기각합니다. 1921년 10월 14일부터는 말도 못할 정도로 중태에 빠져 선생의 병세가 돌이킬 수 없는 상황에 이르자(식물인간이 되자) 법원은 선생에 대한 병보석을 허가합니다. 겉으로는 문화정치라고 속이고 실제로는 독립운동 지도자들을 악랄하게 죽이던 일제가 우리 민족의 최고 지도자인 손병희 선생을 감옥에서 죽였다는 국제적인 비난을 면하기 위해서였지요. 차를 타고 상춘원으로 오시는 동안 연도를 메운 수많은 환영객들에게 손 한 번 흔드시지 못할 정도였지요. 한마디로 말해 생불여사라고 할 수 있지요.

집으로 돌아오신 선생께서는 주옥경 여사와 교인들의 지극한 간호와 헌신으로 약간의 차도를 보이시면서 1921년 음력 4월 8일에 경운동의 신축 중앙대교당에서 환갑잔치를 거행하실 수 있을 정도로 쾌차하십니다. 이 무렵 선생께서는 자신을 찾아오는 사람들에게 "나는 아무 병도 없소. 있다면 그건 독립병이오. 오늘이라도 독립이 되면 내 병은 곧 나을 것이오." 하고 말씀하셨답니다. 그러다가 1921년 5월에 들어서는 호흡과 맥박이 불규칙해지더니 마침내 5월 19일 대도주 춘암 박인호 선생이 보는 앞에서 환원하시지요.

이창희　　그때 선생께서는 춘암 박인호에게 "춘암, 내 어깨 좀 보시오. 손으로 좀 만져 보시오. 어떻소? 보통 사람의 어깨와 같소? 다르오?"하고 물으셨다는데요. 왜 그러신 거죠?

손 윤　　전해 오는 말로는 선생의 어깨가 많이 두드러져 있었답니다. 그 이유는 동학혁명 당시부터 해월 최시형 선생이 순도하시기 직전까지 선생을 모시면서 가마 앞채를 혼자 메고 다녔기 때문이랍니다. 동학혁명이 일어나던 해에 해월 선생의 나이는 68세이셨으니 일본군과 관군에 쫓길 때마다 손병희 선생의 어깨에 올려놓은 가마를 타고 도망가실 수밖에 없었답니다. 저는 처음에 그 이야기를 들었을 때 가슴 깊은 곳에서 솟구치는 감동을 주체할 수 없었습니다.

이창희　　지금도 약간 눈시울이 붉어지셨습니다. (침묵) 삼일독립운동이 진행되고 있는 동안에 국내외에 여러 형태의 임시정부가 만들어졌고, 그 각료 명단이 돌아다녔습니다. 대한민간정부에서는 대통령에 손병희, 부통령에 오세창, 조선민국임시정부에서는 정도령 손병희, 부도령 이승만, 대한공화국임시정부(노령정부)에서는 대통령 손병희, 부통령 박영효, 신한민국정부에서는 집정관 이동휘, 국무총리 이승만, (역사학자 사이에 말이 많은) 한성임시정부에서는 집정관총재 이승만, 국무총리총재 이동휘로 조각 명단이 발표되었습니다. 위원장님은 한성임시정부가 종이정부라고 하셨지만 역사학자들은(조선사편수회의 식민 사관을 이어받은 어용학자들인지는 모르겠지만) 기독교계가 중심이 된 한성임시정부든 천도교가 중심이 된 대한민간정부든 모두 종이 정부라고 말합니다.

일전에 위원장님은 대한민국의 국부는 당연히 손병희 선생이고, 한 발 더 나가자면 초대 대통령도 손병희 선생이 되어야 한다고 말씀하셨습니다. 역사학자들이 당시의 모든 정부는 종이 정부라고 하니 이승만 박사가 손병희 선생의 대통령 자리를 뺏었다고 말하기는 좀 무리라는 생각이 드는데요. 위원장님의 생각은 변함이 없으시겠죠?

손 윤　그렇습니다. 변함없습니다. 그리고 대한민간정부는 절대 종이 정부가 아닙니다. 성신여대 교수를 역임하셨던 고(故) 이현희 박사가 쓰신 《3·1혁명, 그 진실을 밝힌다》를 보면 송현동 34번지 지하에 있던 대한민간정부는 실체가 있는 임시정부였다고 기술하고 있습니다. 저는 송현동 34번지에 있던 목조건물에 지하가 있었는지 없었는지 알기 위해 일제시대의 토지대장과 건축물대장까지 확인하며 백방으로 노력하고 있습니다. 지하가 있었다는 게 확인이 되면 천도교가 중심이 된 대한민간정부는 실체가 있는 임시정부였음이 증명되는 겁니다.

다행스러운 것은 최근 천도교 교사에 밝을 뿐만 아니라 동경대전 주해를 펴낸 한양대학교 윤석산 교수의 말을 빌리자면, 당시 종로구 송현동 34번지(현 덕성여중 자리) 천도교 중앙총부는 이층 양옥 신식 건물로 지하실에서 이종일 선생이 근무한 사실이 있다고 합니다. 삼일운동 당시 2층에는 교주였던 손병희 선생이 근무하고, 1층은 서울대교구 사무실로 쓰였다니까 객관적인 구술 증언이 확보된 셈입니다.

서울 송현동 34번지 천도교 중앙총부 앞에서 찍은 천도교 청년회 간부모임 사진. 사람들 뒤편으로
보이는 신식 양옥 2층 건물의 지하실이 대한민간정부였다는 주장이 있다.

이창희　　만에 하나 지하가 있었다는 사실이 확인되지 않으면 어떡하죠?

손 윤　　일제가 건물과 그 건물에 대한 기록을 없애 버려 확인하기가 쉽지는 않겠지만, 저도 현직에서 오랫동안 조사 전문 요원으로 활동했던 만큼 전문가답게 끝까지 확인하여 밝혀내겠습니다. 하지만 상식적으로 생각해 봐도 삼일독립운동을 전후해서 아무것도 한 일이 없는 이승만 박사가 삼일독립선언 직후 생뚱맞게도 한성임시정부의 집정관총재로, 상해임시정부의 국무총리로 이름을 올린다는 게 이상하지 않습니까? 삼일독립운동이 일어났을 때 만주와 러시아도 아닌 가장 안전한 미국, 그것도 외진 하와이에서 외교독립론 또는 위임통치론이나 주장하던 평범한 사람이 뭔 공이 있다고 임시정부의 조각 명단에 이름을 올립니까?
저는 이승만의 이름을 여러 임시정부의 조각 명단에 끊임없이 집어넣은 사람은 이상재 선생이라고 추정합니다. 이승만의 정치적 스승이자 멘토이니까 자기 이름 대신 집어넣은 거죠. 당시 이상재 선생의 춘추가 69세니까 이승만 박사를 자신의 후계자로 키우려 하셨다고 볼 수 있습니다. 그러나 손병희 선생은 삼일독립운동을 실제로 10년 이상 준비해서 실행하셨고, 마지막엔 심한 고문까지 겪다가 순국하셨습니다. 승리의 월계관이든 가시 면류관이든 그것을 쓰는 사람은 실제로 일을 한 지도자라야 하는 것 아닙니까? 그런 면에서 이승만은 임시정부의 대통령이 될 자격조차 없는 것이지요. 국무총리로 추대되었다는 것도 과분한 처사였다고 단언합니다. 안 그렇습

니까? 게다가 원래 대통령이란 직책이 없는 상해임시정부를 대표해
서 자신이 이미 외국 정부에 '대통령'이란 호칭으로 편지들을 보냈
으니 헌법을 바꿔서라도 자신을 대통령으로 만들어달라고 억지를
부렸지요. 1919년 9월 11일에 만들어진 수정헌법은 소급적용 금지
의 원칙을 위배했으므로 무효입니다. 독재자의 초법적인 발상이 아
니고는 불가능한 일입니다.

이창희　　이승만 박사는 항상 과대평가를 받고, 반면에 손병희 선생
은 늘 과소평가를 받는 이유는 뭘까요?

손 윤　　이승만 박사는 자신이 한 일에 비해 자신의 이름과 얼굴을
드러내는 기회를 잘 포착합니다. 손병희 선생이 감옥에 갇혀 있고,
뇌출혈로 식물인간이 되다시피했으니 머지않아 순국하리라는 사실
을 잘 알았겠죠. 이승만은 손병희 선생이 설사 민족 전체의 성원으
로 대통령에 추대되었다고는 하지만 내란죄로 일제가 사형에 처할
것임을 예측하고, 대통령에 절대로 취임할 수 없는 상황을 비열하
게 이용한 셈이지요. 실제로 일은 하지 않으면서도 절묘한 상황에
나타나서 자신의 이름값을 올리는 기교에 능한 사람이지요. 한마디
로 말해 쇼맨십이 강한 기회주의자라는 겁니다. 그러나 손병희 선
생은 실제로는 자신이 일을 다 해 놓고 자신의 이름과 얼굴은 드러
내지 않는 이면 지도자시죠. 우당 이회영 선생도 이면 지도자이십
니다.
일제가 무서워할 사람이 누구겠습니까? 이승만 박사 같은 사람은

한 무더기 있어도 겁이 나지 않습니다. 오히려 분열을 조장해서 힘을 약화시키니 협조자입니다. 일제와 식민 사관에 물든 학자들은 역사에서 그의 존재 가치나 의미를 지울 필요가 없습니다. 오히려 키워 줍니다. 과대평가가 자연스럽게 이뤄집니다. 반면에 손병희 선생이나 이회영 선생 같은 분은 무서운 분입니다. 역사에서 그 존재 가치나 의미를 철저히 지워 버려야 합니다. 인위적으로 과소평가되겠지요.

거기다가 당시 미국이 막 떠오르는 신흥 강대국인데다가 이승만 박사가 미국의 명문 프린스턴대에서 박사학위를 받았으며, 영어도 잘하고, 윌슨 미국 대통령의 제자임을 은연중에 과시하고 다니니 일반인들은 이승만 박사가 대단한 인물인 줄 알지 않겠습니까? 실제로 이승만은 늘 미국에서 한국을 기독교 국가로 만들겠다는 공언을 일삼고 다녔다고 하니 미국의 입장에서는 얼씨구나 했겠지요. 또한 독립협회나 만민공동회 시절에, 요즘 말로 하면 잘 나가는 반체제 인사인데다가 이상재, 윤치호 서재필 같은 원로 그룹과도 친하니까 사람들이 더 혹하는 거죠. 일종의 박수 부대를 몰고 다니는 거죠. 또 1875년생이니까 1919년 당시엔 마흔넷이잖아요. 어디 가서 꿇릴 나이는 아니었던 거죠. 삼박자만 맞아떨어져도 일이 잘 풀리는데 이승만 박사는 삼박자를 넘어 일곱 박자가 맞아떨어지는 격이라고 할 수 있지 않겠습니까? 결과적으로 대한민국의 분단 등의 비극이 이런 거짓스런 권력욕의 획득 과정에서 싹틀 줄을 민주주의의 철저한 신봉국인 미국인들이 알기나 했겠어요?

이창희　마지막으로 여쭙겠습니다. 조선사편수회를 계승한 주류 사학자들은 어떤 방법으로 손병희 선생을 역사의 무대에서 지워 버렸던 것일까요?

손　윤　제가 이렇게 말한다고 해서 유관순 열사를 존경하지 않는다는 건 아니니 오해하진 마세요. 다만 손병희 선생을 역사의 무대에서 저들이 어떻게 지웠는지를 설명하기 위한 방편일 뿐입니다. 제아무리 거짓 쇼를 한다고 한들 선생의 수결이 뚜렷한 삼일독립선언서가 국제적으로 공인되었을 뿐만 아니라 인도의 마하트마 간디까지도 존경하는, 세계적으로 명성을 얻은 대한민국 민족 지도자들의 맏형인 손병희의 이름을 물리적으로는 지울 수가 없는지라, 손병희 선생은 민족 대표 33인 가운데 한 사람 정도로만 묶어 두고 유관순 열사 같은 분은 따로 떼어내서 잔 다르크와 같은 영웅으로 미화시키는 방법을 쓰는 거죠. 마치 스타 유관순 뒤에 서 있는 백댄서 손병희 정도로 만들어 버리는 겁니다. 그건 노래 하나만 봐도 알 수 있습니다. 이 작가는 이 노랫말 기억나지 않으세요? '삼월 하늘 가만히 우러러보며 유관순 누나를 생각합니다. 옥 속에 갇혔어도 만세 부르다 푸른 하늘 그리며 숨이 졌대요.'

이창희　생각납니다.

손　윤　요즘은 이 노래를 아무도 안 부르고 있답니다. 그 이유는 3월 하늘에 유관순 누님도 없었고 이승만도 없었다고 역사가 증언하

니까요. 유관순 누님이 아우내 장터에서 만세를 부른 날이 4월 1일
이라고 조선총독부 판결문에 뚜렷하게 나오게 되자 덧칠 기술이 뛰
어난 식민 사학자들도 이 부분은 어쩔 수 없었나 봅니다. 바람이 있
다면 차제에 손병희 선생을 추모하는 삼일절 노래가 별도로 만들어
지든지 누가 영화를 한 편 만들든지 했으면 좋겠습니다.

제2부

손병희 선생의
삼전론에 답이 있다

손병희 선생의 국가경영 철학은 삼전론이다

이창희　손병희 선생의 국가경영 철학인 삼전론에 대해 본격적인 대담을 시작하기에 앞서 질문 한 가지만 드리겠습니다. 손 위원장께서 책의 제목을 《긴급명령, 국부 손병희를 살려내라》로 하신 이유가 궁금합니다. 《국부 손병희를 살려내라》로 해도 그 의미가 충분히 전달될 텐데 굳이 '긴급명령'을 붙이신 이유는 무엇인지요?

손 윤　1944년에 10대 조선총독으로 부임한 아베 노부유키는 이듬해인 1945년 8월 일본이 패망하고, 9월 8일 미군(사령관 J. R. 하지 중장)이 서울에 들어오자 할복자살을 시도했다가 실패합니다. 다음 날에 아베 노부유키는 여러 사람의 부축을 받으며 항복 조인식장에 나와 항복문서에 서명하고, 조선총독부의 마지막 업무를 처리하는 자리에서는 다음과 같은 말을 남겼다고 합니다.

"우리는 패배했지만 조선이 승리한 것이 아니다! 내 장담하건대, 조선인이 제정신을 차려 찬란하고 위대했던 옛 조선의 영광을 되찾으려면 100년 이상 걸릴 것이다. 우리 일본은 조선인에게 총과 대포보다 무서운 식민 교육을 심어 놓았기 때문이다. 결국 조선인은 서로 이간질하며 노예적 삶을 살 것이다. 보라! 실로 조선은 위대했고 찬란했지만 현재 조선은 일본 식민 교육의 노예로 전락했다. 그리고 나 아베 노부유키는 다시 돌아올 것이다."

아베가 남겼다는 말 속에서 가깝고도 먼 나라 일본의 섬뜩함이 느껴집니다. 아직 100년이 지난 것은 아니지만 대략 그가 말한 100년의 3분의 2가 지난 지금 우리의 모습을 한번 돌아봐야 할 것입니다. 손병희 선생께서 어느 날 제 꿈에 현몽하셔서 명령하셨습니다. 삼일독립선언 100주년이 되는 2019년이 오기 전에 왜곡된 역사를 바로잡고, 남북의 평화통일을 이룰 수 있는 인재를 육성하라고요. 저는 그 명령이 저에 대한 명령이 아니라 우리 민족 모두에 대한 명령이라고 생각합니다. 그래서 책 제목에 '긴급명령'이라고 붙였습니다. 그러다 보니 처음 생각했던 '국부 손병희를 살려내라'는 부제처럼 되었지요.

이창희 우리 주변에 남아 있는 식민 사관과 식민 교육의 잔재로는 어떤 것들이 있으며, 그 폐해는 무엇이라고 생각하시는지요?

손 윤 식민 사관과 식민 교육의 가장 큰 폐해는 우리 민족의 장점을 말살하고 단점을 강화시켰다는 겁니다. 예를 들자면, 구성원 모두가 함께 해결책을 찾아야 하는 사안에서 통섭과 융합보다는 의도적인 배제를 통한 편 가르기를 주입시킨 거지요. 그것은 소탐대실의 집단 이기주의로 발전했을 뿐만 아니라 스스로를 비논리적이고 비체계적인 2등 국민이라고 자조하는 패배 의식을 심어 주기까지 했습니다. 우리가 어렸을 때 자주 들었던 "엽전은 안 돼!"가 대표적인 예라 할 수 있지요. 또 모로 가도 서울만 가면 된다는 결과주의를 팽배토록 했으며, 이간질을 통해 감정 대립의 골을 깊게 만든 것도 큰 폐해 중 하나입니다.

혹자는 영호남의 지역 갈등이 박정희 대통령 시대에 시작되었다고 비판하지만, 그것은 맞지 않는 이야기라고 생각합니다. 충청도와 경기도는 지역 갈등이 없습니까? 그렇지 않죠. 우리나라에 있는 모든 지역 갈등의 씨앗은 일제가 뿌려 놓은 겁니다. 그 씨앗이 우리들의 무의식 속에서 자라고 있다가 선거라는 이전투구의 정쟁에서 어떤 특정 세력들이 불을 댕기자 삽시간에 타오른 것이지요. 조선 사람은 둘 이상만 모이면 서로 헐뜯고 싸우며 잘못되면 조상 탓을 하는 허접한 2등 국민이 되게끔 하라는, 문화정치를 가장한 식민 사관의 통치 지침이지요.

남북의 분단과 대립이 60년이 넘도록 유지되는 이유를 가만히 살펴보면 그 원인이 일제의 식민 교육과 맞닿아 있다고 할 수 있습니다. 세계적으로 우리나라처럼 민족의 분단이 고착화되어 가는 국가가 또 어디 있습니까? 국력은 세계 10위인데 왜 그럴까요? 알 수 없는 커다란 무엇이 우리의 정신세계를 지배하고 있다는 생각이 들지 않습니까? 그것이 바로 식민 사관과 식민 교육의 잔재입니다.

이창희　　그 밖에 또 어떤 폐해를 들 수 있을까요?

손 윤　　우리 민족의 역사를 체계적으로 말살하고 왜곡하는 바람에 일반 국민들의 머릿속에서 역사 인식에 대한 중요성이 지워져 버렸습니다. 역사 인식의 중요성이 지워지니까 염치와 도덕도 사라지게 되었지요. 그로 인해 우리들 대부분은 물질 만능의 배금주의에 포획된 이기심의 돼지가 되고 말았습니다. 국가와 사회로부터 큰 혜택을 입은 자로서의 책임감을 잊어 버렸습니다. 우리 민족 본연의 모습은 그 정도로 염치와 도덕을 모르진 않았다고 생각합니다. 먼 친척이라고 해도 같은 시기에 같은 관아에서는 벼슬을 하지 않는 상피제도가 조선 후기까지 지켜졌으며, 관직에 나갔다가 물러나는 낙향을 영예로운 일로 받아들였다고 하니 요즘 같은 출세 지향의 풍토와는 사뭇 그 모습이 달랐던 거지요.

지금 교육 현장에서 문제가 되고 있는 폭력 교사란 말 또한 교사가 칼을 차고 교단 위에 선 일제 군국주의 문화의 잔재이며, 학생 위의 학생인 선도부라는 존재도 일제 식민지의 잔재라 할 수 있습니다. 우리 민족의 전통에는 스승과 제자 사이에 회초리는 있었을망정 폭행은 없었습니다. 지금 말씀드린 내용들 외에도 일제 식민지 교육의 잔재는 참 많습니다. 일일이 거론할 수 없을 정도지요.

이창희　　인간이 사는 곳이면 어디나 문제가 있기 마련인데 손 위원

174

장께서는 모든 걸 일제의 탓으로 돌리시는 것 아닌가요?

손윤　　그렇지 않습니다. 조선 후기에 나타났던 사회문제와 일제 식민지를 거치면서 나타난 사회문제는 그 양상이 다르다고 합니다. 물론 우리 역사에도 탐관오리가 있었고 권문세가도 있었지요. 빈부의 격차도 있었습니다. 하지만 지금처럼 염치를 모를 정도는 아니었고 폭력을 수반하지도 않았다고 합니다.

이창희　　동방예의지국이란 말이 괜히 나온 건 아니군요.

손 윤　　그렇습니다. 우리 민족은 앞으로 나감과 뒤로 물러섬에 있어서 그 모든 기준이 사람이었다고 합니다. 사람의 생명을 귀하게 여겼다는 뜻이지요. 일제가 역사를 말살하고 왜곡하면서 생명을 존중하는 우리 민족 고유의 정신이 일상에서 자취를 감췄습니다. 우리 민족이 일제 식민지를 거치면서 더 각박하고 잔혹해졌다고 볼 수 있는데, 한국전쟁 직전에 일어난 민간인 학살과 전쟁 중에 있었던 국민방위군사건이 그 대표적인 예라 할 수 있습니다. 국가가 폭력으로 양민을 학살하고, 국가가 군인으로 징병해 간 사람들을 굶겨 죽인 사건이지요. 인류 역사상 유례를 찾아보기 힘든 일입니다. 한국전쟁 때 일어난 좌우 이념 대립에 의한 양민의 희생은 더 말할 나위도 없고요. 일제 식민지 과정에서 우리 민족의 무의식에 깊게 뿌리 내린 '비인간화' 때문에 이런 일들이 아무렇지도 않게 일어났습니다.

이창희　　그렇다면 손 위원장께서는 한국전쟁의 성격을 어떻게 규정하시는지요?

손윤　　한국전쟁은 공산주의와 자유민주주의 간의 전쟁이 아니라 강대국의 이해관계에 따라 강요당한 전쟁입니다. 문맹률이 70퍼센트에 육박하는 나라에서 이념 전쟁이라는 게 가당키나 합니까? 단지 살려고 발버둥을 치다 보니까 서로가 서로를 죽고 죽이는 전쟁이 되었던 거지요. 일제의 식민지 잔재가 없었다면 전쟁은 훨씬 빨리 끝났을 것이고 덜 참혹했을 겁니다.

이창희　　그렇군요. 한국전쟁이 친일 반민족 행위자들에게 면죄부를 주었다는 주장이 일부 학자들에 의해 제기되고 있는데요. 그런 주장에 대해 어떤 입장을 갖고 계신지요?

손윤　　저는 기본적으로 한국전쟁은 북한의 김일성과 박헌영의 오판에 의해 일어난 민족의 비극이라고 봅니다. 절대로 일어나선 안 되는 일이었지요. 그래서 한국전쟁을 '민족해방전쟁' 또는 '불가피한 전쟁'이라고 말하는 사람들의 의견에 동조할 생각은 조금도 없습니다. 하지만 한국전쟁이 당시 남한 사회에 남아 있던 친일 세력이 다시 활개를 칠 수 있도록 만들어 줬다는 주장만큼은 수긍합니다. 당시 일제 식민 통치에 적극 협조한 자들이 자신들의 반역 행위를 감추기 위해 한국전쟁을 방패막이로 삼았으니까요. 반역에 대한 자신의 죄과를 알고 있다는 이유만으로 선량한 사람을 빨갱이로 몰아

죽이려고 혈안이 되었지요. 3000만 동포가 한마음 한뜻으로 태극기를 흔들었던 삼일독립운동이 있은 지 반세기도 지나지 않아 일어난 참극이었습니다. 사람이 곧 하늘이라는 인내천사상을 조금이라도 알고 있었다면 도무지 일어날 수 없는 일이지요.

이창희　일제의 식민 교육에 의한 폐해는 이쯤에서 마치고, 이제부터는 손병희 선생의 보국안민 계책인 삼전론에 대해 설명해 주셨으면 합니다.

손윤　삼전론은 도전(道戰), 재전(財戰), 언전(言戰)을 한꺼번에 일컫는 말로써 손병희 선생의 국가경영 철학이라고 할 수 있습니다. 그중에서 도전은 민심을 도덕으로 교화하고 화합함으로써 나라의 근본인 백성을 건전하게 하여 나라의 기틀을 튼튼히 하자는 손병희 선생의 정치철학이자 종교철학이라고 할 수 있고, 재전은 손병희 선생의 경제철학이라 할 수 있습니다. 선생께서는 삼전론의 재전 첫 문장에서 "재물이란 하늘이 준 보배로운 물화이니 만민의 이용이다."라고 하시면서 농업·상업·공업의 발달과 식산흥업*을 강조하셨습니다. 이것을 다른 말로 표현한다면 손병희식의 부국강병론이라 할 수 있습니다. 선생께서는 국가가 평화를 유지하고 국민들의 삶의 질을 높이기 위해서는 무엇보다도 경제가 중요하다고 생각하셨던 것 같습니다. 오늘날의 국제사회에서도 가장 중요한 힘

●　식산흥업(殖産興業); 생산을 늘리고 산업을 일으킴.

은 바로 경제력 아닙니까?

이창희　　네. 경제력이 가장 중요한 힘인 거 맞습니다. 그럼 언전은 무엇인지요?

손 윤　　언전은 손병희 선생의 교육철학이자 외교정책이라고 할 수 있는데요. 선생께서는 의사 표현 수단으로서의 언어뿐만 아니라, 교류와 지모를 모으는 수단으로서 언어의 중요성도 함께 강조하셨습니다. 선생께서는 "언어의 통섭이 없다면 어떻게 교제의 방책이 있을 수 있겠는가?"라고 말씀하시면서 서양과의 교류를 위해서는 서양의 언어를 배워야 한다고 청년들에게 강조하셨지요. 세계는 복잡하고 다양한 문화가 서로 어울려 있는 공간이므로 언어의 통섭이 없다면 교류의 방책을 찾기가 쉽지 않다는 것을 너무나도 잘 알고 계셨기 때문입니다. 이런 관점에서 본다면 손병희 선생의 언전은 외교정책을 일컫는다고 말할 수 있지요.

또 선생께서는 '천연적 경제'라는 설교를 통해 교육구국의 이념도 밝히셨는데, 여기서 '천연적 경제'란 지하자원이나 자연물을 말하는 것이 아니라 사람에 대한 투자를 의미합니다. 그래서인지 선생께서는 국내의 뛰어난 청년들을 선발하여 일본으로 유학을 보내는 한편, 자신도 직접 일본어를 배워 외국의 행정·법률뿐만 아니라 선진화된 문물까지도 배우려고 노력하셨지요. 이런 의미에서 본다면 삼전론의 언전은 인재 육성을 위한 교육철학이라고도 할 수 있습니다.

이창희　말씀 잘 들었습니다. 그러나 지금까지 말씀하신 내용은 손병희 선생께서 살아 계셨던 1900년대 초의 시대 상황을 배경으로 한 총론 차원의 삼전론이라는 생각이 얼핏 듭니다. 우주왕복선이 지구와 달 사이를 오가는 21세기를 살아가는 사람들에게 맞는 삼전론이 되려면 현대적 차원에서 삼전론에 대한 재해석이 필요하다고 봅니다. 그에 대해선 어떻게 생각하시는지요?

손 윤　공감합니다. 그럼 삼전론을 어떻게 재해석해야 잘했다는 소리 들을까요? (웃음)

이창희　독자의 입장에서 제가 손 위원장께 삼전론에 대해 다시 질문을 드리면 어떨까요?

손 윤　좋습니다.

이창희　제가 조사한 자료에 의하면 삼전론의 도전은 주교(主敎), 오늘날의 용어로 다시 말한다면 영국의 성공회와 같은 국교의 필요성을 얘기하는 것 같습니다. 손병희 선생께서 살아 계셨던 당시에는 천도교의 교세가 가장 컸으니까 천도교를 주교로 하여 백성을 교화하는 도전을 설파하실 수 있었겠지만 지금은 상황이 많이 달라졌다고 봅니다. 지금의 상황에서는 천도교를 주교로 하는 도전을 말하기는 쉽지 않을 것 같은데요. 이 점에 있어서 위원장님의 생각은 어떠신지요?

손 윤　삼전론은 동학을 천도교로 대고천하한 1905년 12월 1일 이전에 펴낸 설법이므로 도전을 설명하면서 동학을 천도교로 바꾸어 말씀드리겠습니다. 꼭 천도교인이 되어야만 삼전론의 도전을 알 수 있는 건 아니라고 봅니다. 삼일독립운동의 경우에서도 알 수 있듯이 각자가 믿는 종교의 다양성을 지키면서 얼마든지 삼전론의 도전에 대해 공부하고 실천할 수 있다고 봅니다. 각 종교가 외양은 다르지만 궁극적으로 추구하는 진리는 하나라고 보니까요.

제가 생각하기에 손병희 선생께서 말씀하신 도전의 정수는 각자위심을 버리는 일이라고 생각합니다. 지금 자신이 믿는 종교가 기독교든 불교든 천도교든 각자위심을 버리고 궁극의 진리를 좇는다면 그 안에서 하나가 될 수 있다고 보는 거죠. 손병희 선생께서 타종교를 배타적으로만 인식했다면 삼일독립운동은 실패했을 겁니다. 그러나 선생께서는 종교의 외양을 뛰어넘는 통합의 정신으로 삼일독립운동을 이끄셨고 '아시아의 등불'이라는 찬사까지 듣지 않으셨습니까? 대한민국의 국부이자 민족의 지도자이신 손병희 선생께서 걸어가신 길의 십 분의 일만이라도 따라가겠다고 결심한 후학이라면 지금 자신이 믿는 종교가 무엇이든 삼전론의 도전을 자신의 종교에서 가르치는 교리에 접목시킬 수 있다고 봅니다. 그것이 바로 삼일정신의 하나인 일원화 아니겠습니까?

이창희　지금 손 위원장께서 하시는 말씀은 현실에선 통용되기 어려운 얘기 같습니다. 지금 현실에선 교인의 숫자가 곧 교세이고, 교인이 내는 헌금 액수가 힘인 세상입니다. 이런 세상에서 각자위심을 버리는 종교의 일원화가 가능한 일이겠습니까?

손 윤   저는 그렇게 생각하지 않습니다. 오히려 이 작가님의 말씀이 더 위험한 애기라고 생각합니다. 각 교단이 교인의 숫자를 가지고 교세 경쟁을 하기 시작한다면 종교전쟁이 일어날 수도 있으니까요. 이명박 정부 초기에 있었던 기독교와 불교 간의 갈등이 좀 더 커지면 종교전쟁이지 다른 게 종교전쟁이 아닙니다. 교인의 숫자가 아무리 많고, 헌금액이 아무리 많아도 세상의 빛과 소금이 되는 일을 하지 않는다면 그 종교는 진짜 종교가 아니라고 생각합니다. 저는 최제우 선생께서 선천(先天, 동학이 창도되기 이전의 세상)의 낡은 기복 신앙이자 배타적 사상으로 정의한 서양종교(서학)를 무비판적으로 믿는 사람들에게까지 손병희 선생의 삼전론을 전할 생각은 추호도 없습니다.

이창희   삼전론의 도전을 알리기 위해 다른 교단의 교인들을 천도교인으로 전교하는 일은 절대로 없다는 뜻인가요?

손 윤   꼭 그렇다는 것은 아닙니다만 대체로 맞습니다. 저는 민족과 나라를 사랑하는 의리 있는 사람들과 함께 2012년 3월 1일에 창립한 의암경영연구소의 뿌리를 더 튼실하게 만들고, 2012년 12월 1일에 출범한 '의암손병희선생기념사업회'를 정상 궤도에 올려놓으면서 생업인 세무법인 '오늘'과 법무법인 '오늘로'를 경영하고 가꾸기에도 너무 바쁩니다.

삼전론의 도전을 공부하는 일은 국가경영 지도자로서 손병희 선생을 배우고 익히자는 것이지 천도교의 교리를 공부하자는 게 아닙니다. 달을 가리키는데 손가락을 보는 사람은 하재입니다. 손병희 선생께서 1912년에 봉황각을 지으시고 삼일독립운동을 준비하셨듯이 10년 후를 바라보며 차근차근 해 나가면 되니까 조급해할 이유가 하나도 없다고 봅니다.

이창희 그래도 천도교의 교세가 지금보다 신장된다면 위원장님께서 의암손병희선생기념사업회 일을 추진하는데에도 더 좋은 게 아니겠습니까?

손 윤 손병희 선생의 예에서도 알 수 있듯이 다른 교단에서 교인을 빼온다고 해서 교세가 신장되진 않습니다. 오히려 삼일독립운동처럼 그 시대에 필요한 소명을 잘 감당하면 교세는 저절로 커진다고 봅니다. 실제로 천도교의 교세는 삼일독립운동 이후에 대폭 신장되었습니다. 1926년의 6·10만세운동이 무산된 직후에 조선총독부가 집계한 종교 현황에 의하면 기독교인은 삼일독립운동 당시의 11만 명에서 35만 명으로 늘어난데 비해 천도교인은 같은 시기에 200만 명에서 300만 명으로 늘어났다고 합니다. 자신이 천도교인임을 떳떳이 밝히지 않고 몰래 신앙생활을 하는 사람의 숫자까지 합치면 600만 명에 육박했다는 설도 있습니다.

이창희 그랬던 천도교가 지금처럼 쇠잔해진 이유는 무엇인가요?

손 윤　손병희 선생께서 일제의 고문으로 순국하신 후에 교단은 일제의 교활한 이간질에 의해 신구파로 나뉘어 싸웠기 때문이기도 하지만 더 큰 이유는 해방 이후에 기독교의 인위적인 급신장 때문입니다. 적절한 예가 아닐 수도 있겠지만 제가 어렸을 때 동네에 교회가 하나 있었습니다. 바로 밑의 여동생이 그 교회를 다녔습니다. 어느 날 여동생의 수차례에 걸친 꼬임에 못 이겨 딱 한 번 그 교회를 갔습니다. 그런데 목사님께서 눈깔사탕을 주면서 "앞으로 매주 교회에 나오면 눈깔사탕을 하나씩 주마."라고 하셨지요. 저는 어린 마음에도 그 말이 아주 불쾌했습니다만, "하늘님은 제 마음과 가슴속에 있는 것이고, 무작정 믿는다고 행복이 오지는 않습니다."라는 말씀을 드리고는 먹고 싶었던 눈깔사탕을 애써 거부하고 여동생을 이끌고 집에 왔습니다. 그러고 난 후에 동생도 교회에 못 나가게 설득했습니다.

이창희　왜 동생까지 교회에 못 나가게 하셨어요? 눈깔사탕이 몹시 먹고 싶을 나이였을 것 같은데요.

손 윤　그랬지요. 어린 마음이었지만 신뢰와 믿음을 바탕으로 해야 할 목사란 분이 첫 만남에서 눈깔사탕으로 유혹하는 듯한 행위에 여동생에 대한 보호 본능까지 겹쳐 가증스럽고 떨떠름할 뿐이었지요. 먹는 것도 넉넉하지 않았던 당시에 아이들에게 눈깔사탕은 저버리기 쉽지 않은 유혹이었습니다. 그뿐만 아니라 교회에서 옥수수빵과 밀가루도 종종 나눠 줬는데 어른들 가운데에는 그걸 받으려고 교회를 나가는 사람도 꽤 있었습니다.

이창희　위원장님은 어렸을 때 꽤나 유복하셨나 봅니다. 저는 어렸을 때 사탕 받아먹는 맛에 교회를 나가기 시작했는데요. (웃음)

손 윤　초등학교 4학년 때까지는 그런대로 유복했습니다. 선친께선 충청북도 영동에서 사진관을 크게 하셨거든요. 그런데 제가 초등학교 4학년 때 갑자기 어머니께서 돌아가시면서 가세가 기울기 시작했지요. 대전고등학교를 다니던 시절의 고생은 말로 표현하기 어려울 정도로 심했습니다.

이창희　위원장님의 선친께서 어떻게 도시도 아닌 영동에서 사진관을 운영하시게 되었는지요?

손 윤　할아버지께서는 충청북도 영동·옥천에서 삼일독립운동을 주도하시고, 일제 경찰에 끌려가 모진 고문을 받으신 후에 풀려나셨대요. 그러고는 곧바로 만주로 떠나셨답니다. 고향에서 살 수가 없을 정도로 감시가 심했다고 해요. 요즘으로 말하면 요시찰 대상인 셈이지요. 오죽했으면 할머님께서는 집 안에 있는 글씨가 쓰인 것은 모조리 다 없앴겠습니까? 문서든 책자든 일제에 의해 의심받을 만한 서류, 심지어 족보까지도 모두 아궁이에 넣어 불태워 버리셨답니다. 그 바람에 저희 아버지께서는 사실상 편모슬하에서 공부도 제대로 못 하시고 일찍이 서울로 올라와 생활 전선에 뛰어드실

184

수밖에 없었는데, 일제 강점기에도 사진관으로 유명했던 허바허바 사진관에서 사진을 배워서 수석 기능사로 일하셨답니다.

그러던 중에 해방이 되자 일본인 사장이 명동에 있는 자신의 사진관을 수석 기능사인 아버님에게 조건 없이 물려주겠다고 했답니다. 하지만 독립운동가의 아들 신분으로 어떻게 일본인이 경영하던 적산가옥인 사진관을 인수하겠느냐며 완곡하게 거절하시고는 바로 고향으로 내려와 어머니를 만나시고 사진관을 개업하셨답니다.

이창희　　그럼 허바허바 사진관은 누가 인수했나요?

손　윤　　저희 아버님의 말씀으로는 아버지 밑에서 일하던 분이 인수했다고 하더군요.

이창희　　선친께서는 넝쿨째 굴러들어 온 복을 걷어차신 격이네요.

손　윤　　글쎄요. 저희 아버지께서 일본인 사장으로부터 허바허바 사진관을 인수했다고 해서 꼭 돈을 많이 버셨을 거라고는 단정할 수 없지요. 또 돈이 전부는 아니잖습니까? 아버지께서 적산가옥을 물려받지 않은 것은 참으로 옳은 결정이었다고 생각합니다. 저는 아버지께서 돈보다는 독립운동가의 아들이라는 명예와 자긍심을 지키셨던 거라고 생각해요.

이창희　　그렇군요. 돈보다 명예가 중요하다고 생각하신다니까 위원장님의 종교관이 궁금해졌습니다. 위원장님에게 종교란 무엇입니까?

손 윤 한마디로 죽어서 하늘나라에 가기 위한 것이 아니라 이 땅에 사는 동안 지상낙원, 마음의 평화를 누리기 위한 것이라고 생각합니다. 그러기 위해선 각 사람의 영혼이 따뜻해야 하고, 마음이 평온해야 하고, 육체가 건강해야 하지요. 종교는 각 사람이 그런 영혼, 마음, 신체를 유지하도록 만드는 생활공간이라고 생각합니다. 타락으로부터 교인을 보호하는 일종의 생활공동체지요. 그래서 종교는 과거에 매어 있기보다는 스승의 가르침을 끊임없이 재해석하여 미래로 나아가야 합니다. 마찬가지로 저는 천도교 지도자들이 손병희 선생의 삼전론을 현대화해서 천도교를 세계화하는 일에 좀 더 능동적으로 나서 주길 바라고 있습니다.
우리나라에도 무종교인이 있지만 중국과 일본에는 무종교인이 더 많은 걸로 알고 있습니다. 다른 종교의 교인을 천도교로 전도하기보다는 무종교인에게 천도교를 포덕하는 게 더 지혜로운 방법이지요. 그렇게 새로운 영역을 향해 눈을 돌리는 것을 경영학에서는 블루오션이라고 부릅니다.

이창희 블루오션인 무종교인에게 천도교를 포덕하겠다는 목표만 세운다고 해서 천도교의 교세가 하루아침에 신장되는 건 아니잖습니까?

손 윤　　물론 그렇죠. 하지만 생각이 바뀌면 행동이 바뀌고, 행동이 바뀌면 습관이 바뀌고, 습관이 바뀌면 성격이 바뀌고, 성격이 바뀌면 운명이 바뀐다는 말이 있는 것처럼 천도교 지도자들은 먼저 무종교인들에게 포덕하겠다는 목표를 세우고, 그 목표에 이르기 위해 무슨 일을 어떻게 할 것인지를 계획하고, 그에 걸맞은 사람도 키워야 한다고 생각합니다. 동시에 먼저 입교한 사람들의 영혼과 육신 모두 행복할 수 있는 토대를 만들기 위해 노력해야 한다고 생각합니다. 현실에서 행복한 삶을 보여 주어야 한다는 뜻이지요.

우리나라가 OECD 국가 가운데 자살률이 최고라고 들었습니다. 사는 게 너무 힘들어서 자살 충동을 느끼는 사람에게 힘과 희망을 주는 것이 올바른 종교이지 암에 걸린 사람에게 기도를 통해 암이 나을 수 있다고 하거나, 사업에 힘들어하는 사람에게 그 종교만 믿으면 금방이라도 사업에 성공할 것처럼 말하는 것은 올바른 종교가 아니지요. 올바르지 못한 종교가 중심에 선 도전은 잘못된 도전으로 세상을 더욱 파탄시킨다는 뜻입니다. 교인들의 호주머니를 털어 회당 건물을 크게 짓고, 자기 배만 불리는 자는 종교 지도자가 아니라 기독교에서 말하는 삯꾼이라고 생각합니다.

이창희　　위원장님이 생각하시는 종교는 굉장히 현실적이네요.

손 윤　　혹자는 그렇게 생각할 수도 있지만 천도교가 현실적인 것만을 내세우는 것은 절대 아닙니다. 한울님을 자신의 몸에 모시고 있다는 시천주 신앙이 선천시대의 기복 신앙에 비해서 현대적이고 이치에 맞는다는 이유로 종교로 보기 힘들다고 폄하하는 사람도 있지만, 뒤집어 생각하면 서학의 허무지설을 지나치게 믿는 종교인들은 진리나 현실을 도외시하고 내세에 너무 집착하는 경향이 있는 게 아닌가 합니다. 종교란 것이 현실을 무시한 채 내세관만 내세운다고 설득되는 것은 아니지 않습니까?

그렇지만 사람이 지나치게 현실적이기만 하면 탐욕스러워지게 되지요. 사람을 탐욕스럽게 만들지 않는, 탐욕을 경계하도록 만드는 것이 손병희 선생이 주창하신 도전이라고 생각합니다.

이창희　　도전을 현실에 잘 적용하기가 참 어렵잖아요? 자칫 현실과 동떨어진 삶을 살 수도 있고요.

손 윤　　그렇지 않습니다. 도전은 종교 본연의 틀을 유지하게 하는 뼈대일 뿐 종교적인 삶 그 자체는 아니라고 봅니다. 도전을 강조하려고 현실의 삶을 부정하는 건 올바른 자세가 아니지요. 올바른 종교는 이상과 현실 사이에서 균형 있는 삶을 영위할 수 있어야 한다고 손병희 선생은 말이 아닌 몸으로 가르치고 계시지요.

이창희　　그게 말처럼 쉬운 일은 아닐 텐데요. 구체적인 계획이 있으신지요?

손 윤　　기독교인 가운데 일요일 교회 예배에만 잠깐 나오는 선데이 크리스천이 늘고 있다는 소릴 들었는데, 천도교에도 시계추마냥 시

188

일식(매주 일요일 11시~12시)에만 왔다 갔다 하는 분이 많습니다. 저는 그런 분들부터 의암사상으로 깨울 생각입니다. 의암사상을 알면 벼락출세나 벼락부자는 못될지언정 행복한 삶을 살 수 있다는 걸 의암손병희선생기념사업회 활동을 통해 보여 줄 생각입니다.

이창희　10년 안에 증명하시겠단 말씀으로 들리네요. (웃음)

손 윤　10년 안에 증명하지 못하면 어떻게 할 거냐고 묻진 마세요. (웃음)

이창희　지금까지 손 위원장께서 하신 말씀을 들어 보면 도전은 종교 사상을 바로 세우는 일처럼 보입니다.

손 윤　그렇지 않습니다. 도전은 매우 포괄적인 사상 체계를 담고 있습니다. 언뜻 보면 천도교의 사상 체계인 듯이 보이지만 그 안에는 홍익인간, 재세이화*와 같은 우리의 전통 사상을 비롯해 경제 민주화와 보편적 복지에 대한 철학도 녹아 있습니다. 예를 들어서 이신환성은 기독교의 영생과도 그 맥을 같이 한다고 볼 수도 있지요. 도전에 대하여 설명이 부족했다면 부끄럽게 생각하고 더 열심히 경전 공부를 하는 계기로 삼을까 합니다.

● 　재세이화(在世理化) : 세상을 진리로 만들자는 뜻.

이창희　삼전론 가운데 도전에 대한 얘기는 이쯤에서 마치고 지금부터는 위원장님께서 가장 자신 있어 하시는 재전에 대한 이야기를 들어 보도록 하겠습니다. 어떠십니까? 준비되셨나요?

손 윤　네. 자신 있어 한다는 말씀을 빼 주시면 준비되었다고 하겠습니다. (웃음)

이창희　제가 조사한 바에 의하면, 삼전론의 재전은 유교의 신분제도와 연결되어 있는 사농공상 제도를 폐지하고 근대적인 산업을 일으키자는 주장으로 보입니다. 손병희 선생께서 살아 계셨던 당시에는 후발 산업국가인 독일이나 일본처럼 대량생산 체제의 공장을 만들고 상업을 장려하는 일만으로도 재전의 목표를 이룰 수가 있었다고 봅니다. 하지만 오늘날 그 정도로는 재전에 대한 설득력이 없을 것 같은데 위원장님의 생각은 어떠신지요?

손 윤　맞습니다. 손병희 선생께서 살아 계셨던 당시의 조선은 농자천하지대본의 봉건적 농업경제 사회였습니다. 그러니까 공업과 상업을 발전시켜 부국강병을 이루자는 정도만으로도 재전을 설명할 수 있었지요. 하지만 오늘날은 그 수준으로 재전을 설명할 수는 없습니다. 오늘날의 대한민국은 G7 국가인 선진국 이탈리아를 제치고 세계 8번째로 2년 연속 무역 1조 달러 시대를 연 무역 대국이자 산업국가이기 때문입니다. 그래서 저는 손병희 선생께서 말씀하신 재전의 부문에 서비스산업을 추가해야 한다고 생각합니다.

이창희　　무슨 말씀인지는 알겠습니다만 그래도 좀 어렵네요. 좀 더 구체적인 설명을 부탁드립니다.

손 윤　　우리나라 사람들은 서비스산업이라고 하면 사람이 사람을 상대하는 요식업 정도로만 생각하는 경향이 짙습니다. 그러나 진짜 서비스산업은 농업, 공업, 광업, 수산업 등 산업의 전 분야에 걸쳐 질을 높여 주는 일, 다시 말해 부가가치를 창출하는 산업이라고 말씀드릴 수 있겠습니다. 그런 면에서 정치도 일종의 서비스산업인 셈이지요. 저는 그 가운데에서 특별히 금융, 세무, 법무 서비스의 중요성을 강조하고 싶습니다. 제가 세무 전문가니까 세금을 가지고 서비스산업의 중요성을 말씀드려 보지요.

예를 들어 어떤 기업이 국세청으로부터 과도하게 세금을 내라는 통지를 받았다고 합시다. 그 문제를 해결할 수 있는 방법은 여러 가지가 있겠지만 국세청을 상대로 소송을 해야만 하는 상황에 처했다고 가정했을 경우, 지금 우리나라 제도에서는 납세자가 소송 당사자가 되어 변호사를 고용해야 합니다. 변호사가 법률 지식뿐만 아니라 세무 업무에 대한 지식도 많다면 문제가 없습니다만 그렇지 않다면 의뢰인은 변호사 수임료뿐만 아니라 세무 전문가에게도 별도의 비용을 지급해야만 합니다. 고객(납세자) 입장에서 보면 같은 일을 보는데 이중으로 비용이 드는 셈이지요. 그래서 의뢰인은 국세청과 소송을 진행하느니 담당 세무 공무원에게 잘 보여 문제를 해결하는 편이 낫겠다고 생각할 수도 있습니다.

이런 일이 잦아지면 공무원 사회가 부패하고 세무 공무원에 대한 사회 전반의 신뢰는 땅에 떨어집니다. 더 나아가 이런 일이 사회 전반으로 확산된다면 과도한 세금을 울며 겨자 먹기 식으로 내거나 조세 저항이 일어나게 되지요. 그로 인한 사회적 비용이 실로 엄청납니다. 극단적으로 말해 세금이 무서워 사업하지 않겠다는 사회 풍토가 조성되면 그만큼 청년층의 일자리도 줄어들 수밖에 없습니다.

반대로 의뢰인이 이중으로 들어가는 비용을 부담하고 소송을 진행한다고 해도 문제가 모두 해결되진 않습니다. 서로 다른 법률로 정한 조직체인 법무법인(변호사 중심)과 세무법인(세무사 중심)이 따로따로 일하면서 좋은 성과를 내기란 쉬운 일이 아니기 때문이지요. 아더앤더슨이나 JP모건 같은 외국계 컨설팅 업체는 이런 일을 하나의 조직 아래서 처리할 수 있도록 되어 있는데 반해 우리나라에선 그렇게 할 수가 없습니다. 법을 어기는 게 되기 때문이지요. 좀 더 정확히 말하면 변호사는 회계사나 세무사를 고용할 수 있지만 회계사나 세무사는 변호사를 고용할 수 없다고 되어 있다는 겁니다.

저는 '이것은 잘못된 제도다. 잘못되어도 한참 잘못되었다.'고 생각합니다. 과거에 전문 인력이 부족했던 시대의 낡은 관행에 불과합니다. 이런 잘못을 바로잡자는 데 이쪽저쪽 눈치를 보며 양쪽을 이간질시켜 싸우도록 만들고, 양쪽 모두에게 영향력을 행사하는 정치인이 있다면, 그 사람은 일제의 고등계 형사보다도 더 악질입니다. 이런 행위가 사회적으로 용인되는 것이 일제 식민지 잔재의 폐해지요. 이런 것을 제때에 청산해야 우리나라와 우리 민족의 역량이 커진다고 봅니다.

저는 업무 관련성이 높은 서비스업을 하나로 통합하는 일원화야말로 우리나라의 서비스산업을 발전시키는 지름길이라고 생각합니다. 분산된 힘을 모아 쓸데없이 낭비되는 재화를 절약하고, 그 힘으로 국가 경쟁력을 강화시켜 나가자는 거지요. 이것이 제가 생각하는 재전의 핵심 요체입니다. 손병희 선생께서는 일원화 정신을 삼일독립운동에 적용해서 성공하셨고, 그것을 통해 세계만방에 대한민국이 자주독립국임을 선언하셨고, 그것으로 대한민국이 탄생할 수 있는 계기를 만드셨다고 생각합니다.

이러한 손병희 선생의 국가경영 철학을 체계화하고 각 분야에 적용할 수 있는 매뉴얼을 만들어 내려면 연구소가 필요하지 않겠습니까? 또 그 매뉴얼로 인재를 키우려면 교육장이 필요하다는 건 삼척동자도 아는 일이지요. 그래서 의암경영연구소를 만들었고, 의암손병희선생기념사업회를 출범시킨 겁니다.

이창희　한마디로 말해 의암경영연구소는 머리고 의암손병희선생기념사업회는 몸이라는 말씀입니까?

손 윤　그렇다고 할 수 있습니다.

이창희　그렇지만 그런 일은 어느 정도의 규모를 가진 기업에게나 해당되는 일이 아닙니까? 골목에서 빵집이나 동네 슈퍼를 하는 자영업자에게는 적용하기 어려운 말씀이라는 생각이 듭니다. 영세 자영업자에게는 어떤 방식으로 재전을 적용할 수 있을까요?

손윤　　요즘 너도나도 경제민주화를 얘기합니다. 그러면서 골목 상권 보호가 화두로 떠올랐습니다. 그러나 가만히 생각해 보면 골목 상권을 지키는 일이 말처럼 쉽진 않습니다. 현행법은 물론이고 기업형 슈퍼마켓(SSM) 규제 등에 관한 유통산업발전법으로도 어려운 점이 많습니다. 그렇다고 해서 대형 슈퍼마켓을 규제하는 법을 만들지 말자는 얘기는 아닙니다. 세상의 모든 갈등이 법만으로는 해결되지 않는다는 거죠. 법망을 피해 나가려고 작정하면 그 꼼수는 얼마든지 있습니다. 또 재벌의 대형 슈퍼마켓을 규제하는 법을 만든다고 해서 골목 상권의 자영업자들이 반드시 돈을 벌 수 있는 것도 아닙니다.

골목 상권과 소비자의 선택권이 충돌한다면 어떻게 해결하죠? 또 법을 만듭니까? 그럴 수는 없죠. 저는 재전론에 입각하여 동네 슈퍼의 경쟁력을 높여 주는 서비스를 정부가 제공해 주면서 기업형 슈퍼마켓과 경쟁을 시켜야 한다고 봅니다. 그래서 기업형 슈퍼마켓이 가져갈 수 있는 이익 규모를 줄여야 한다는 거죠. 이익 규모가 줄어들면 기업형 슈퍼마켓은 자연히 골목에서 철수합니다. 기업은 손해가 나는 곳에 머물지 않습니다. 그것만이 시장 논리를 유지하면서 골목 상권을 지킬 수 있는 방식입니다.

이창희　　위원장님이 말씀하신 재전론에 입각하여 동네 슈퍼의 경쟁력을 높여 주는 서비스가 의미하는 바가 뭐지요? 그런 도깨비 방망이가 과연 현실에서 존재할 수 있을까요?

손윤　　지금부터 제가 하는 얘기는 동일한 사안이라도 입장에 따라 얼마든지 다르게 해석할 수 있다는 예를 드는 것이지 제가 그렇게 생각한다는 것은 아닙니다. 세무 공무원의 입장에서 볼 때, 골목 상권의 자영업자들이 기업형 슈퍼마켓을 규제하라고 목소리를 높이는 건 "과거처럼 세금을 적게 내면서 장사하고 싶은 권리를 보장해 달라는 소리다."라고 말할 수도 있습니다. 거기에서 한 걸음 더 나아가 "세수가 적은데 보편적 복지라는 게 말이 되냐?"라고까지 할 수도 있습니다. 이렇게 되면 '기업형 슈퍼마켓(SSM) 규제 등에 관한 유통산업발전법'은 법 제정의 필요성을 떠나 누구의 말이 더 옳으냐는 가치 충돌을 일으키게 되고, 심하면 누가 더 힘이 세냐는 헤게모니 투쟁으로까지 발전하게 됩니다. 사회적인 관점에서 보면 모두에게 손해인 거지요.

이창희　　만일 위원장님이 손병희 선생이라면 재전론의 관점에서 골목 상권의 활성화를 위해 어떤 해법을 내놓으시겠어요?

손 윤　　골목 상권의 영세 자영업자들이 세금은 국가에 빼앗기는 돈이 아니라는 의식의 전환이 이뤄진다는 전제 아래, 골목 상권을 업종별로 묶어 협동조합을 만들고, 그 협동조합들을 하나의 네트워크로 묶자고 제안하겠습니다. 이를 위해선 국가 차원에서 더 많은 연구와 제도 보완이 필요하겠지만요.

이창희　　이미 민주통합당의 손학규 전 의원이 스페인의 몬드라곤 협동조합을 모델로 하여 협동조합 기본법을 발의하여 통과된 걸로 알고 있습니다. 그리고 요즘은 소비자들이 대부분 카드를 사용하기 때문에 골목 상권의 영세 자영업자들이 예전처럼 탈세하기가 어렵다고 합니다. 오히려 카드 수수료가 너무 높아 장사를 해도 남지 않는 게 더 큰 문제라는 소리도 있습니다. 그렇기 때문에 위원장님의 말씀은 현실적이지 못하다는 비판에 직면할 수도 있습니다. 이런 비판이 있다면 위원장님은 어떻게 말씀하시겠는지요?

손 윤　　우선 민주통합당의 손학규 전 의원께서 발의한 협동조합 기본법에 해당하는 협동조합이 제가 생각하는 협동조합과 똑같은 것인지 알 수 없지만 일단 크게 다르지 않을 거라는 전제 아래에 제 생각을 좀 더 부연해서 설명해 보겠습니다. 저는 작은 협동조합이 아니라 어마어마하게 큰 협동조합이 필요하다고 생각하는 사람입니다. 손학규 전 의원이 발의한 협동조합 기본법이 통과되었다고 해서 당장 우리나라의 영세 자영업자들이 그 혜택을 받을 수 있다고 보지 않습니다. 기존의 영세 자영업자들이 협동조합 체제 안으로 들어오는 것도 어렵지만 협동조합 안으로 들어온다고 해도 협업 체제로의 전환이 쉬운 일은 아니기 때문이지요. 각 운영 주체 간에 잡음 없이 협동조합이 매끄럽게 운영되려면 많은 지식과 정보를 공유해야 할 뿐만 아니라 그에 따른 교육도 필요합니다. 그동안 쌓은 많은 경험들을 문서 기록으로 정리하여 소통하는 일도 해야 할 것입니다.

협동조합 기본법의 후속 법안도 꼼꼼하게 만들어야 하겠지만 그에

따른 각각의 시행령들도 조밀하게 구성할 수 있는 능력이 있어야
한다고 봅니다. 그러려면 영세 자영업자들이 법도 알아야 하고, 회
계도 알아야 하고, 세금도 알아야 합니다. 따라서 정부가 영세 자영
업자들이 그런 지식과 정보를 쉽게 터득할 수 있는 시스템을 만들
어 줘야 합니다. 그렇지 않은 상태에서 협동조합 기본법만으로는
아무런 변화도 일어나지 않을 거라고 장담합니다. 법이 있어도 효
력을 발휘하지 못하면 그것은 있으나마나한 법이 되고 말기 때문이
지요.

저는 손학규 전 의원이 협동조합 기본법만 발의, 통과시킨 데에서
그치지 말고 우리나라 동네 슈퍼 협동조합의 아버지로 거듭나길 바
랍니다. 앞으로는 정치인의 말과 행동이 일치하는 시대가 올 것이
라고 생각합니다. 자신이 생각하고 말한 신념을 위해 몸을 던져 결
과를 만들어 내는 일을 명예롭게 여기게 될 날이 올 것이라고 생각
하기 때문이지요. 아마 손병희 선생께서 살아 돌아오신다면 손학규
전 의원에게 저와 똑같은 말씀을 하시지 않을까요? 그것이 대통령
이 되는 지름길이라고요.

이창희 카드 수수료가 높은 문제도 큰 협동조합이 만들어지면 해결
될까요?

손 윤 그렇습니다. 큰 협동조합이 만들어지면 여러 가지 방도로
해결할 수 있다고 봅니다. 협상을 유리하게 진행할 수 있는 선택의
폭이 넓어지기 때문이지요. 최후의 수단으로 협동조합 카드를 발

행하는 방법도 검토해 볼 수 있을 겁니다. 실행 여부는 둘째치더라도 협동조합 카드 발행을 검토하고 있다는 발표만 해도 사회적인 이슈가 되면서 카드사를 압박하는 큰 힘이 될 것입니다. 또 신규로 시장에 진입하려는 카드 회사와의 전략적인 제휴를 통해 지금보다도 더 낮은 수수료 요율을 적용받을 수도 있을 겁니다. 영세 자영업자의 목소리는 젖 달라고 우는 아기에 불과하지만 큰 협동조합의 목소리는 쌀가마를 들어 올리는 천하장사의 힘이 될 수도 있기 때문이지요.

이창희　그렇다면 손학규 전 의원에게 미루지 마시고 위원장님이 직접 해 보시는 건 어떻습니까?

손 윤　결자해지라는 말이 있듯이 협동조합 기본법을 만드신 분이 손학규 전 의원이시니까 그 일은 그분이 하시도록 놔두고 저는 의암경영연구소를 통해 회계, 세무, 법무 서비스를 일원화하는 일에 전념하는 게 좋을 것 같습니다. 하지만 손학규 전 의원께서 그 일을 하시다가 회계와 세무 업무에 대해 자문을 구하시면 언제든지 응할 용의가 있다는 점을 이 자리를 통해 밝힙니다.

이창희　손학규 전 의원을 대신해서 감사드립니다. (웃음) 삼전론 가운데 재전에 대한 이야기는 여기서 일단락 짓고 다음은 언전으로 넘어가겠습니다. 손윤 위원장님, 삼전론의 대미를 장식할 언전에 대한 강의를 시작하시죠.

손 윤　앞에서도 언급했지만 언전의 핵심 요체는 외교정책과 그 정책을 전략적으로 실행할 수 있는 인재 육성이라고 함축할 수 있겠습니다. 하지만 저처럼 외교에 대해 문외한인 사람이 외교관 육성 방안을 말한다는 것은 도를 넘어설 뿐만 아니라 과분한 일이라고 생각합니다. 그래서 자식을 키워 본 학부모 입장에서 우리나라의 교육 전반에 대해 이야기하다가 일본 근대화의 주역인 후쿠자와 유기치(福澤諭吉)가 세웠다는 경응의숙(慶應義塾, 지금의 게이오대학)에 대한 이야기로 언전에 대한 설명을 하겠습니다. 그래도 되겠는지요?

이창희　제가 삼전론에 대해 뭘 아는 게 있어야 가타부타하지요?

손 윤　많은 교육 전문가들이 고교 평준화를 좋은 제도라고 말하지만 저는 생각이 좀 다릅니다. 고교 평준화를 한다고 해서 사교육이 줄어드는 게 아니기 때문입니다. 오히려 대학입시 하나에 모든 걸 걸고 중고등학교 시절을 보내기 때문에 그 폐해가 심각하다고 봅니다. 요즘 학생들은 제가 학교를 다닐 때보다 공부하는 시간은 더 많은데 실력이 더 좋은지는 모르겠더라고요.

저는 운 좋게도 충청북도 도비 장학생으로 영동중학교를 졸업하고 대전고등학교에 진학했습니다. 대전고등학교에 입학해서 처음으로 만난 선생님은 국어 선생님이셨는데요. 저는 그 선생님이 첫 수업 시간에 하신 얘기를 아직도 잊지 못합니다. "대전고등학교에 입학한 학생들은 장차 대한민국의 지도자가 될 사람들이다."라고 하시

면서 "너희들 한 사람이 100명, 1000명, 1만 명, 10만 명을 이끌어
야 한다. 5퍼센트의 사회계층이 나머지 95퍼센트를 먹여 살리게 될
것이다. 그래서 사회에서는 지도자가 중요한 것이다."라고 말씀하
셨지요. 이제 막 솜털이 빠지고 코밑이 거뭇거뭇해지는 아이들에게
자신의 인재론을 말씀하신 겁니다.

저는 아주 오랫동안 그 선생님께서 말씀하신 '지도자', 요즘으로 말
하면 '오피니언리더'라는 말의 의미를 제 나름대로 이해하고 실천
하려고 부단히 노력했습니다. 그리고 지금은 그 선생님의 말씀에
전적으로 공감하고 있습니다. 교육 전문가들이 저를 엘리트주의자
라고 비난해도 제 생각을 바꿀 의향이 눈곱만치도 없습니다.

이창희　　그렇게 생각하시는 이유를 좀 더 듣고 싶습니다.

손 윤　　사람은 철학적으론 평등한 존재일 수는 있으나 교육학의 관
점으로는 평등하지 않습니다. 각자의 DNA에 따라 타고난 재능과
소질이 다릅니다. 어떤 사람은 인문·사회과학에 소질이 있는가 하
면 어떤 사람은 자연과학에 더 소질이 있습니다. 또 교사가 한 마디
를 했을 때 그걸 알아듣는 정도도 다릅니다. 그런데 모든 학생들을
한 교실에 집어넣고 획일적으로 수업을 진행하다 보니 학생들이 학
교에 가선 잠을 자고 학원에 가서 공부를 하는 기현상이 일어나고
있습니다.

이것은 부모가 노후생활에 대비할 수 있는 돈을 저축할 수 없게 만
들어서 궁극적으로는 국가의 부담을 늘리는 부작용으로 나타나지

요. 제 경험으로 비추어 볼 때, 학습 능력은 어느 정도 타고나는 것이지 후천적으로 무한정 계발되는 것이 아닙니다. 그리고 모든 학생들이 모든 과목을 동일한 수준으로 배워 동일한 평가를 거쳐야 하는 것도 아니라고 생각합니다. 그런데 우리나라 교육은 여러 잘못된 요인들이 복합적으로 작용해 괴물이 되고 말았습니다. 이걸 바로잡지 않으면 지금의 40·50대는 마지막으로 효도하고 최초로 효도를 받지 못하는 불행한 세대가 될 것입니다.

교육에 대한 저의 평소 생각을 단적으로 설명하기 위해 수학의 미적분을 예로 들어 보겠습니다. 우리나라는 입시에서의 변별력 때문인지 모르겠으나 문과를 지망하는 학생도 수학의 미적분을 배웁니다. 그런데 그 문제의 난이도가 너무 높을 뿐만 아니라 비비 꼬여 있기까지 합니다. 학생들이 수학을 배우고 미적분의 개념을 알아야 하는 것은 맞지만 모든 학생이 수학 참고서에 나오는 비비 꼬인 미적분 문제를 풀고 대학에 가야 하는 건 아니잖습니까? 문학이나 디자인을 전공하고 싶은 학생이 왜 비비 꼬인 미적분 문제를 풀어야 하고, 그 결과에 따라 울고 웃어야 하는지요? 그러다 보니 학생들은 좀 더 나은 수능점수를 받기 위해 야밤에 학원으로 달려가고, 부모들은 그런 학생들을 데려오기 위해 차를 갖고 학원 앞에서 밤늦게까지 기다리는 진풍경이 벌어지는 게 아니겠습니까? 그런 쓸데없는 문제를 푸는 데 들어가는 시간과 에너지는 낭비입니다. 전 사회와 전 세대에 걸쳐 일어나는 재화의 낭비입니다.

이창희　위원장님 보시기에 왜 우리나라는 학생 스스로가 자신의 재

능과 소질에 맞는 영역에 시간과 에너지를 집중할 수 있는 시스템
을 만들지 못하는 걸까요? 왜 허구한 날 교육개혁을 단행한다고 말
만 하고 실효성은 없는 걸까요?

손 윤　저의 짧은 소견으로는 교육정책을 입안하는 사람들, 교육정
책에 영향을 줄 수 있는 사람들이 사설학원이나 입시용 참고서를
만드는 출판사에 포위되어 있기 때문입니다. 그들은 하나의 거대한
카르텔을 형성하고 있습니다. 그 카르텔을 깨지 않고는 우리나라의
교육개혁은 요원하다고 생각합니다. 미국의 연방독과점규제법처럼
강력한 규제와 처벌을 할 수 있는 교육개혁특별법을 만들어야 한다
고 생각합니다. 교육을 개혁하지 않고는 좋은 인재를 육성할 수 없
기 때문입니다. 그것은 과학자뿐만 아니라 외교관도 마찬가지입니
다. 손병희 선생께서는 훌륭한 외교 전략가를 키우는 것이 언전의
제일 요체라고 하셨지요.

이창희　좋은 외교관을 양성하기 위해서라도 교육개혁이 필요하다
는 말씀인지요?

손 윤　그렇습니다. 미·중·일·러에 둘러싸인 우리나라는 그 어
느 나라보다도 외교가 중요하고 외교관 한 사람 한 사람의 실력이
국운과 직결되는 나라입니다. 그것은 외교관은 국제사회에서 총성
없는 전쟁을 진두지휘하는 야전군 사령관이기 때문이지요. 그래서
좋은 외교관을 양성할 수 있는 시스템을 하루 빨리 구축해야 합니

다. 특히 중국을 상대할 외교관 양성 시스템이 시급하다고 봅니다.
그렇지 않으면 국격을 훼손할 뿐만 아니라 국익에 막대한 타격을
주는 일이 비일비재하게 일어날 수 있습니다. 그런 일이 쌓이다 보
면 어느 날 국운이 쇠잔해지는 거지요. 일제에게 나라를 뺏긴 구한
말이 바로 그랬습니다.

이창희　　우리나라 대부분의 대학에는 정치외교학과가 있고, 외무고
시나 외무영사직 시험을 통해 외무 공무원을 선발합니다. 이 점에
대해서 하실 말씀은 없으신지요?

손윤　　삼전론의 언전 관점에서 보면 아주 잘못된 것입니다. 정치
외교학과를 졸업하고 외무고시에 합격했다고 해서 좋은 외교관이
될 수 있는 것은 아닙니다. 그런 식으로 외교관을 뽑으니까 소위 상
하이 스캔들과 같은 일이 일어나는 것 아니겠습니까? 손병희 선생
의 언전을 보면, 외교관은 외교 관계를 맺는 나라에 대해 해박해야
하며 현지 사정에도 밝아야 합니다. 또한 사람을 다루는 능력이나
협상력도 뛰어나야 합니다.

그런데 정치외교학과를 나왔다고 이런 능력을 다 갖출 수 있는 것
은 아닙니다. 정치외교학은 정치 현상에 대한 체계적인 이론 수립
과 비판적인 평가를 통해 날로 급변하는 국내외 문제를 연구하는
학문이지 외교관이란 특정 직업을 배출하는 학문이 아니기 때문입
니다. 외교관은 여러 분야를 폭넓게 오랫동안 공부하고 다양한 경
험을 쌓은 사람들 가운데서 올바른 국가관과 외교관으로서의 소양

을 갖춘 사람을 선발해야 합니다. 그래서인지 모르겠으나 2014년부터는 외무고시가 폐지되고 외교아카데미 체제로 전환된다고 하더군요.

이창희　그렇다면 위원장님은 고교 평준화 제도를 어떻게 개선해야 한다고 생각하시는지요?

손 윤　인구 비율에 맞춰 전국의 광역시와 도에 전액 국비로 공부하는 고등학교를 세우고 엄격한 과정을 통해 학생을 선발한다는 전제 아래에 지금의 고교 평준화 제도를 유지해야 한다고 봅니다. 다시 말해 국가 지도자로 육성할 인재에게는 인류 문명이 쌓아온 모든 유산을 융합할 수 있는 수월성 교육을 시키고, 민주시민으로 성장할 학생들에게는 입시 교육에서 벗어나 폭넓은 교양을 함양시켜야 한다는 뜻이지요. 지금처럼 한 교실에 몰아넣고 교육을 시키는 것은 교육의 수월성 면에서나 교육의 평등성 면에서 말이 안 된다고 생각합니다.

이창희　전액 국비로 교육시키는 학교를 만든다면 사교육이 더 극성을 부리지 않을까요?

손 윤　그렇지 않다고 봅니다. 앞에서 말씀드렸지만 주입식 암기 방식의 공부가 아닌, 창의적이고 융합적인 공부를 하는 학생은 소수입니다. 그 학생들은 학원을 가라고 해도 가지 않습니다. 그런데 왜 사교육이 극성을 부린다고 생각하시는지요? 저는 고교 평준화가 사교육비의 증가를 부추긴 측면이 있기 때문에 엄격한 선발 과정을 거치는 엘리트 교육이 사교육비를 감소시킬 거라고 봅니다. 그러면서도 보편적인 공교육의 질을 향상시키는 정책 입안과 예산 확보는 끊임없이 시행해 나가야 하겠지요.

이창희　과학고, 외국어고, 국제고 같은 특목고와 자율형 사립고가 있는데도 꼭 그래야만 하는지요?

손　윤　저는 국가 지도자를 양성하는 고등학교는 반드시 있어야 한다고 생각합니다. 국가 지도자를 양성하는 학교와 공교육의 평등성 담보는 차원이 다른 문제이니까요. 특목고는 특정한 과목에 우수한 인재를 뽑아 육성하는 것을 목적으로 설립되었지요. 그런데 최근 들어 일류대학에 진학하기 위한 징검다리로 변질되었습니다. 설립 당시의 취지에 맞지 않게 운영하는 특목고가 있다면 전부 폐지해야 마땅하다고 생각합니다. 자율형 사립고는 흥하면 흥하는 대로 망하면 망하는 대로 당분간은 그대로 두면서 미국이나 영국의 사립학교처럼 예산 지원을 한 푼도 하지 말아야 한다고 봅니다.

이창희　언전에 대해 더 하실 말씀이 있으신지요?

손윤　일본 근대화의 주역이며 탈아입구론(脫亞入歐論, 아시아를 벗어나 유럽으로 들어가자는 이론)을 주창한 후쿠자와 유기치가 세웠

다는 경응의숙 같은 학교나 마쓰시다정경숙[•], 미국 하버드대학의
케네디스쿨 같은 리더십 양성기관이 하루 빨리 세워져야 합니다.
최근에 보도된 신문기사에 의하면 포스코 이사회 의장을 역임하신
농심의 손욱 전 회장뿐만 아니라 동원그룹의 김재철 회장과 카이스
트의 오명 이사장께서도 한국판 마쓰시다정경숙을 설립하시려고
백방으로 뛰고 계시다고 하니 자못 기대가 큽니다. 그분들에게 이
자리를 빌려 손병희 선생의 삼전론에 대해서도 관심을 가져 주십사
부탁을 드립니다.

이창희　　마쓰시다정경숙의 커리큘럼을 벤치마킹했거나 마쓰시다정
경숙과 제휴했다는 교육기관이 많은데 또 만들어야 하는지요?

손　욱　　국가 지도자를 양성하는 교육기관은 많으면 많을수록 좋다
고 생각합니다. 그 교육기관이 알맹이를 양성하는지 쭉정이를 양산
하는지는 두고 보면 알 일이니까요.

이창희　　마쓰시다정경숙을 통해 배출되는 일본의 정치인들이 대체
로 우경화되는 경향이 있다고 합니다. 그래도 마쓰시다정경숙 같은
교육기관이 필요하다고 생각하시는지요?

● 　마쓰시다정경숙(松下政經塾); 일본의 마쓰시다 전기산업(현 파나소닉)의 창업자인 마쓰시다 고
노스케에 의해 1979년 설립된 정치학교이다. 지금까지 국회의원, 지방자치단체장, 지방의원 등의 정치가
를 중심으로, 경영자, 대학 교원, 언론 관계자 등 각계에 다수의 인재를 배출하고 있다.

손 윤 마쓰시다정경숙처럼 운영되는 교육기관이 필요하다고 했
지 마쓰시다정경숙과 똑같은 교육기관이 필요하다고는 하지 않았
습니다. 저는 제대로 된 국가 지도자라면 좌파적 사고와 우파적 행
동을 넘나들어야 한다고 봅니다. 손병희 선생의 삼전론을 배운 국
가 지도자라면 어느 한쪽으로 편향될 리가 없으므로 좌경화니 우경
화니 하는 말에 크게 개의치 않습니다. 마쓰시다정경숙 같은 학교
를 만들 때 가장 중요한 건 손병희 선생의 삼전론을 가르치느냐 가
르치지 않느냐 하는 겁니다. 단적으로 말해서 손병희 선생의 삼전
론을 가르치지 않는 국가 지도자 양성기관은 가짜라고 말하고 싶습
니다. 미국식 경험주의 학문만으로는 인류의 앞날을 책임질 수 있
는 인재를 육성하는 데 한계가 있다고 보는 동서양의 석학들이 증
가하고 있기 때문이지요.

의암경영연구소는 '손병희 싱크탱크'이다

이창희　위원장님은 앞에서 손병희 선생의 사상을 체계화하고 각 분야에 적용할 수 있는 매뉴얼을 만들어 내기 위해 의암경영연구소를 세웠다고 하셨습니다. 그렇다면 의암경영연구소의 미션과 비전은 무엇인지요?

손　윤　의암경영연구소의 미션은 "손병희 선생의 경영철학인 삼전론을 현대화하여 일제 식민 사관과 일제 식민 교육의 잔재를 일소하는 시대경영 정신을 확립함으로써 대한민국은 물론이고 동아시아의 발전에 공헌한다."입니다. 또한 비전은 "의암경영세미나를 통해 대한민국을 선진화시킬 수 있는 있는 인재를 매년 482명씩 양성한다."로 정했습니다.

이창희　매년 482명씩의 인재를 키우겠다는 비전을 세운 까닭은 무엇인지요?

손윤　손병희 선생께서 봉황각을 세우고 삼일독립운동을 준비하시면서 10년 동안 키운 살신성인의 인재가 482명입니다. 당시에는 우리나라가 일제 식민지였지만 지금은 세계 10위 안에 드는 무역 대국이므로 국력과 국격이 다릅니다. 그래서 2020년대 중반 이후까지 손병희 선생께서 키우신 인재의 10배를 키우겠다는 목표를 세우고, 그것을 의암경영연구소의 비전으로 정했습니다.

이창희　의암경영연구소의 비전에 그런 심오한 뜻이 들어 있는 줄은 미처 몰랐습니다. 제가 위원장님과 함께 손병희 선생에 대한 책을 쓰고자 여러 경로를 통해 조사한 바에 의하면 의암경영연구소의 조직 체계는 아직 미완인 상태입니다. 그래서 위원장님의 심중에 있는 의암경영연구소 운영에 대한 복안을 들어 보고자 합니다. 그 과정에서 의암경영연구소에 대해 좀 더 알고 싶어 하는 독자를 대신하여 제가 가정법을 사용하여 몇 가지의 추가 질문도 드려 볼까 합니다. 설혹 그 질문들이 곤혹스럽거나 탐탁지 않더라도 솔직한 답변을 부탁드립니다.

손 윤　좋습니다.

이창희　제가 가정법을 사용하여 드리는 질문들은 결코 위원장님의 생각, 목표, 방향성, 성공 가능성에 대한 의심이나 회의가 아니라는 점을 미리 밝힙니다. 의암경영연구소의 향후 행보에 대하여 독자들의 이해를 돕기 위한 과정으로 받아들여 주시면 감사하겠습니다.

손 윤　그러지요.

이창희　피터 드러커 교수의 말에 의하면 비영리단체의 경영 요소도 영리법인인 기업의 그것과 별로 다르지 않다고 합니다. 그래서 위원장님께 연구소의 인사, 재무, 전략, 콘텐츠에 대해 순서대로 질문을 드리도록 하겠습니다. 보통 기업에 적용하는 경영 요소에는 생산이란 항목이 들어 있지만 연구소는 '물적 회사'가 아닌 '인적 회사'이므로 생산요소라는 말 대신에 지식 총합의 형태인 콘텐츠라는 단어를 사용하도록 하겠습니다.

손 윤　알겠습니다.

이창희　위원장님을 도와 의암경영연구소를 이끌어 갈 조직은 어떻게 구성되어 있으며, 각각의 구성원들은 어느 분야에서 일한 경험을 갖고 있는지 궁금합니다.

손 윤　그 질문에 대한 답은 제가 의암경영연구소를 만들기 위해 어떤 일을 얼마나 오랫동안 준비해 왔는지를 말씀드리는 것으로 갈음하고자 합니다. 괜찮겠죠?

변호사, 세무사, 회계사들에게 대한민국 건국의 역사를 강의하는 손 윤 의암손병회선생기념사업회 준비위원장.

이창희　위원장님의 말씀 가운데 미흡한 점에 대해선 언제든지 추가 질문을 해도 된다고 허락하시면 저도 좋습니다.

손 윤　좋습니다. 제가 손병희 선생의 삼전론을 기반으로 의암경영연구소를 만들어야겠다고 생각한 게 지금으로부터 3년 전의 일입니다. 당시 저는 현직에 있었지만 매주 일요일마다 저를 포함해 일곱 명의 멤버가 만든 스터디 그룹을 상대로 역사, 세법, 경영에 대해 강의를 해 왔습니다. 한 번도 쉬지 않고 꼬박 3년 동안 회계사, 세무사, 변호사들에게 저의 생각을 전했고, 국가가 인정하는 자격증을 갖고 있는 그들로부터 피드백을 받았습니다. 그런 과정을 통해 연구소의 미션과 비전 그리고 모양이 만들어졌습니다.

저는 변호사들에게는 사기, 강도, 절도, 폭행 등의 죄인을 변호하고 돈을 벌던 시대는 지나갔으니 함께 세법을 공부하자고 말하면서 경제경영 정보와 지식의 중요성을 얘기했습니다. 회계사와 세무사들에게는 도장값(회계사나 세무사가 기업에서 만든 서류에 도장만 찍어주고 받는 돈.)과 기장 대행으로 돈을 벌던 시대는 지나갔으니 함께 법을 공부하자고 말하면서 민사 및 행정소송 절차에 대해 변호사에게 배웠습니다. 각자의 전문성에 갇혀 있지 말고 서로의 지식을 나누며 배우자고 말했지요. 그러면서 한 가지에만 갇혀 있으라고 강요하는 것이 바로 식민 사관의 잔재라고 주장하면서 역사 인식의 중요성을 강조했습니다.

이와 같은 방식으로 저와 함께 3년을 노력한 회계사, 세무사, 변호사가 무려 50명이나 됩니다. 제가 앞으로 의암경영연구소를 이끌어

가는 데 필요한 자산으로 이보다 큰 것은 없다고 감히 자부합니다. 그 외에도 의암경영연구소의 일만 전담하는 스텝이 2명 있습니다. 또한 앞으로는 매월 한 번씩 대한민국의 내로라하는 정치인과 기업인을 비롯해서 회계사, 세무사, 변호사를 초청하여 정보와 지식을 교류하는 의암조세포럼을 개최할 예정입니다. 그 포럼에 참여하는 사람들 가운데 손병희 선생의 삼전론과 의암경영연구소에 관심을 보이는 분이 있다면 평생 동지로 참여할 수 있는 길을 열어 드리고자 합니다.

사람의 일은 10년을 준비하는 소일변이고, 나라의 일은 100년을 준비하는 중일변이고, 시대의 일은 1000년을 준비하는 대일변이라고 합니다. 연구소가 창립된 지 불과 1년밖에 안 되었습니다. 우리 속담에 있는 "첫술에 배부를 수 없다."는 말처럼 어떤 일을 하더라도 조급해하지 않고, 용시용활의 자세를 견지해 나가도록 노력할 테니 미흡한 점이 많더라도 너그러운 마음으로 이해해 주셨으면 합니다.

이창희 연구소를 전략적으로 홍보할 사람이 보이지 않는다고 말한다면 어떻게 답변하시겠습니까?

손 윤 첫술에 배부르지 않고 교만하지 않도록 소일변 10년의 미션으로 한 걸음씩 내실을 기하며 뚜벅뚜벅 갈 작정입니다.

이창희 알겠습니다. 인사 조직에 대한 질문은 이것으로 마치고, 다음은 재무와 운영자금 조달에 대한 질문을 드리도록 하겠습니다.

손 윤　돈에 대한 질문은 제가 가장 자신 있는 부분입니다. (웃음)

이창희　제가 위원장님과의 인터뷰를 진행하기 위해 자료를 조사하다 보니 의암경영연구소가 상법상의 주식회사로 설립되어 있더군요. 일반적으로 의암경영연구소와 같은 비영리단체는 민법상의 사단법인으로 설립하는 것으로 알고 있습니다. 의암경영연구소를 상법상의 주식회사로 설립하신 특별한 이유가 있으신지요?

손 윤　특별한 이유는 없습니다. 처음에는 (주)삼성경제연구소인 SERI를 벤치마킹해서 UIRI로 만들다 보니 주식회사로 설립하게 되었지요. 하지만 지금은 생각이 진전되었습니다. 그래서 주식회사로 설립된 의암경영연구소를 의암경영출판사로 상호 변경을 할 예정이고, 경운동 수운회관 안에 있는 의암경영연구소는 비영리 사단법인으로 주무관청의 허가를 득해 설립할 생각입니다. 그와 동시에 지방에도 분소를 두어 의암경영세미나와 의암조세포럼을 활성화할 예정입니다.

이창희　비영리 사단법인도 출판 사업을 할 수 있는데 굳이 두 개로 분리하시는 특별한 이유가 있으신지요?

손 윤　경영의 효율성 때문입니다. 의암경영출판사는 의암경영연구소에서 나오는 지식을 출판물이나 영상물로 만들어서 보급하는 역할을 담당하게 될 것입니다. 출판 사업은 주식회사로 해야 제3자로부터 용이하게 출자를 받거나 세무적인 비용을 정산하는 데 적법할 것 같습니다.

이창희　이제부터 본격적으로 의암경영연구소의 재무와 운영자금 조달에 대한 질문을 시작하도록 하겠습니다. 지난 1년 동안 의암경영연구소 운영에 적지 않은 돈이 들어갔다고 들었습니다. 위원장님을 후원하거나 의암경영출판사(주)에 거액의 출자를 약속하신 분이 있으신지요?

손 윤　그런 분은 없습니다. 지난 1년 동안 의암경영연구소의 운영자금으로 나간 돈은 대부분 저의 개인 돈입니다. 저와 같이 스터디 그룹을 했던 변호사, 회계사, 세무사들이 보내 준 후원금을 제외하면 99퍼센트가 저의 개인 돈인 셈이지요.

이창희　공직에 35년 동안 근무해서 경제적인 여유가 아주 없는 건 아니지만 그렇다고 해서 부자는 아니라고 말씀하셨는데 사모님 몰래 숨겨 둔 비자금이 꽤 있으셨나 보죠?

손 윤　그렇지 않습니다. 35년 공무원 생활 동안 조금씩 저축한 돈과 명예퇴직금의 일부를 의암경영연구소의 운영자금으로 충당했습니다.

이창희　앞으로도 계속해서 개인 재산으로 의암경영연구소를 운영하실 생각이십니까?

손 윤　당분간은 그럴 생각입니다. (웃음)

이창희　결혼하신 지가 20년은 넘으셨을 것 같은데요. 많지 않은 재산을 의암경영연구소에 다 써 버리면 가족들에게 미안하지는 않으신지요?

손 윤　그런 경우가 발생한다면 큰 재산은 아니지만 제 소유의 땅문서라도 가족들에게 주기로 마음먹고는 있습니다. (웃음)

이창희　위원장님의 각오가 대단하십니다. 그렇더라도 앞으로 의암경영연구소를 운영하는 데는 적지 않은 돈이 들어갈 텐데 그 돈을 어떻게 다 충당하실 생각입니까?

손 윤　제가 그래도 명색이 35년 근속한 세무 공무원 출신의 세무사 아닙니까? 한 달 내내 열심히 움직이면 아무리 못 벌어도 1000만 원은 벌 수 있다고 자신합니다. 1년이면 1억 원은 벌 수 있는 거 아닙니까? 1억 원이면 연구소 하나 알뜰히 운영할 수 있다고 생각합니다. 10년을 내다보고 하는 일인데 시작은 그 정도면 족하다고 생각합니다.

이창희　이런저런 일로 사람들을 만나 밥도 먹어야 하고 술도 드셔

야 할 텐데 버는 족족 의암경영연구소에 집어넣으시면 조만간 파산
하지 않으시겠습니까?

손 윤　제게 밥 사 주고 술 사줄 의리 있는 친구는 제법 있습니다.
그렇다고 친구들에게 기댈 생각은 전혀 없고요. 제가 그래도 명색
이 세무사인데 끼니를 굶겠습니까? 친구랑 술을 못 마시겠습니까?
그런 걱정은 안 하셔도 됩니다.

이창희　좋습니다. 그렇지만 의암경영연구소를 운영하다 보면 목돈
이 들어가야 하는 사업, 다시 말씀드리면 의암손병희선생기념사업
회와 관련된 대규모 세미나를 해야 한다든지 하는 일이 생길 수도
있는데요. 그럴 때는 어떻게 하실 생각인지요?

손 윤　제가 CEO로 있는 세무법인 '오늘'과 상임고문으로 있는 법
무법인 '오늘로'에 소속된 세무사, 변호사, 공인회계사들이 저와 함
께 번 돈의 일정액을 기부금으로 내줄 것이라고 생각합니다. 다들
제가 옳은 길을 가고 있다고 믿고 있기 때문이죠.

이창희　우리나라 굴지의 회계법인이 설립한 미래재단과 같은 방식
으로 운영해 가겠다는 뜻인지요?

손 윤　어떤 부분에서는 같겠고, 어떤 부분에서는 다를 겁니다.

이창희　　위원장님의 이야기를 듣다 보니 의암경영연구소를 민법상의 비영리 사단법인으로 등록하실 게 아니라 비영리민간단체지원법에 의해 지원을 받을 수 있는 NGO로 만드시는 게 낫겠다는 생각도 듭니다. 그 방안에 대해서는 검토해 보셨는지요?

손　윤　　네. 검토해 봤습니다만 의암경영연구소의 성격과는 맞지 않아 비영리 사단법인으로 등록하기로 결정했습니다.

이창희　　왜 그런 결정을 내리시게 됐는지 그 이유를 질문해도 될까요?

손　윤　　비영리민간단체지원법을 살펴보면서 행정안전부가 지원하는 돈은 지역에서 활동하는 풀뿌리 시민운동 조직에게 가는 게 맞겠다는 생각이 들었습니다. 돈의 성격상 전국적으로 활동 폭을 넓혀 가야 하는 의암경영연구소가 받아 쓸 돈은 아니었습니다. 솔직히 말해 연간 지원 액수가 크지 않다는 것도 하나의 이유가 됐습니다. 의암경영연구소가 중심이 되는 의암손병희선생기념사업회는 소액 후원자들의 후원금으로 운영한다기보다는 국가가 발 벗고 나서야 하는 사업이라고 생각합니다. 또 다른 이유는 NGO 단체에 등록하기 위해서는 100명의 회원 명단과 각 회원들로부터 월정액으로 들어오는 회비 납부 기록이 있어야 하는데, 그 방식이 의암경영연구소의 운영과는 맞지 않는다고 보았습니다.

이창희　알겠습니다. 그렇다면 소액 후원자들의 후원금은 일체 받지 않으시겠다는 건지요? 손병희 선생께서는 중앙대교당을 짓기 위해 성미제도도 도입하시고, 그 돈 가운데 일부를 삼일독립운동 자금으로 쓰시기도 하셨잖습니까?

손　윤　소액 후원금을 일체 받지 않겠다는 소리가 아닙니다. 의암경영연구소 홈페이지(www.ui-am.com) 오른쪽 상단을 보시면 의암경영연구소 발전 기금 후원 계좌가 안내되어 있습니다. 저희들이 하는 일을 후원해 주실 분은 액수에 관계없이 언제든지 그 계좌로 송금하시면 됩니다. 다만 제가 말씀드리고자 하는 건 운영비를 모으기 위해 억지로 회원 가입을 홍보하진 않겠다는 뜻입니다.

이창희　온라인에서 후원 계좌를 홍보하면 좀 더 많은 후원금이 들어오지 않을까요? 요즘은 SNS가 대세인 시대입니다. 한 달에 1만 원씩 1년 동안 12만 원을 내는 소액 후원자가 1000명만 있어도 1억 2000만 원이 됩니다. 백지장도 맞들면 가볍다는 말처럼 좋은 일은 여러 사람이 힘을 모아 하는 게 좋지 않나요?

손　윤　아닙니다. 저는 그 방법을 택하지 않겠습니다. 그 첫째 이유는 손병희 선생의 가르침을 따르기 위함입니다. 선생께서는 우리나라가 자주독립국임을 선언하시기 위해 삼일독립운동 자금을 자주적으로 만드셨습니다. 일본과 적대 관계에 있는 러시아 같은 나라에도 손을 벌리지 않으셨습니다. 제가 과거의 낡은 패러다임에 매

달려서 의암손병희선생기념사업회를 빙자하여 여기저기 후원금을 걷으러 다니는 일은 옳지도 않지만 비효율적인 행동입니다. 그러나 국가에서 손병희 선생을 국부로 추앙하면서 만주에서 피 흘리신 수백만 선열들의 넋을 기리는 사업비로 지원하는 돈, 액수로 말한다면 100억이나 200억의 돈이라면 당연히 받을 것입니다. 그때가 되면 국민 성금도 모금할 생각이고요.

이창희 국가에서 그만한 돈을 받으려면 상당한 활동 성과물이 있어야 하고, 미래 사업에 대한 마스터플랜과 로드맵도 철저히 준비해야 할 텐데요. 세무법인 '오늘'의 세무사와 회계사 그리고 법무법인 '오늘로'의 변호사들이 본연의 업무를 수행하면서 동시에 두 가지 일을 소화해 낼 수 있을까요? 그분들이 아무리 국가 자격증을 소지한 엘리트라고 하더라도 비영리단체를 경영하는 것은 또 다른 전문성을 필요로 하는 영역입니다. 이 점에 대해서는 어떻게 생각하시는지요?

손 윤 일리 있는 얘기입니다. 하지만 저는 앞에서도 말씀드렸다시피 조급하게 서두르지 않을 것입니다. 세상 사람들은 과정보다는 결과를 중시하지만 저는 과정이 좋으면 결과도 좋다는 생각을 가지고 천천히 일을 추진해 갈 생각입니다. 손병희 선생의 사상과 철학을 널리 알리려면 우리 의암경영연구소 사람들부터 그 진수를 먼저 알아야 합니다. 이런 일들을 준비하는 데 적어도 10년은 걸릴 거라고 봅니다.

저는 그 과정에서 법을 제정하는 일도 함께 추진해 나갈 생각입니다. 우리나라에는 '전직 대통령 예우에 관한 법률'이 있습니다. 그 법에 의하면 전직 대통령이 금고 이상의 형을 받지 않으면 사망할 때까지 연금이 나오고, 비서관 등의 보좌 인력이 제공되고, 민간단체가 중심이 된 기념사업을 통해 지원금을 수령할 수 있도록 규정되어 있습니다. 다시 말하면 대통령직을 잘 수행했건 그렇지 못했건 대통령이었으면 국고에서 지원하도록 돼 있다는 거지요. 그렇다면 손병희 선생 같은 경우는 '전직 대통령 예우에 관한 법률'에 준하는 법을 제정해서라도 지원해야 하는 게 마땅하지 않겠습니까? 저는 그렇게 되어야 한다고 봅니다.

이창희 좋으신 생각입니다. 독립운동 유공자에 대한 지원이 좀 더 실질적으로 이뤄져야 한다는 지적이 학계를 비롯한 시민사회에서 꾸준히 거론되어 왔으니까 가능한 일이라고 생각됩니다.

손 윤 그렇게 말해 주시니까 힘이 납니다. 기분도 좋고요. 사실상 국부인 손병희 선생을 기리고 숭앙하는 일은 국민의 힘으로 정부를 움직여 지원해야 한다고 생각합니다.

이창희 지금까지 위원장님이 하신 말씀을 들어 보니까 의암손병희선생기념사업회는 모르겠지만 적어도 의암경영연구소만큼은 큰 문제없이 운영되어 나갈 듯합니다. 의암경영연구소의 재무와 운영자금 조달에 관한 얘기는 이쯤에서 마치고 다음은 전략에 대한 얘기로 넘어가 보겠습니다.

손 윤   전략은 함부로 얘기할 수 없는 대외비인데요. (웃음)

이창희   아무리 그렇더라도 맛보기로 조금은 얘기해 주셔야 하지 않을까요? 손병희 선생께서도 입헌군주제를 실현시켜 보실 생각으로 흑의단발의 갑진개혁운동 같은 퍼포먼스를 전개하셨다고 알고 있습니다. 의암손병희선생기념사업회를 널리 알리는 차원에서라도 의암경영연구소만의 독특한 홍보 내지는 캠페인 전략이 필요하다고 생각되는데요.

손 윤   이 작가께서 그리 말씀하시니까 딱 한 가지만 알려드리겠습니다. 삼일절을 건국일로 지정하는 캠페인을 통해 의암손병희선생기념사업회를 널리 알려 나갈 생각입니다.

이창희   위원장님께서 전략을 대외비라고 하시니까 자세한 질문을 하지 못하는 대신에 포괄적인 측면에서 의암경영연구소의 SWOT[•]에 대해 질문하겠습니다.

손 윤   좋습니다.

●   SWOT ; 경영 또는 마케팅 환경을 분석하는 틀. S-strength 강점, W-weakness 약점, O-opportunity 기회, T-threat 위협, 이는 특정한 과제를 해결하기 위해 내부역량(S, W)과 외부환경(O, T)을 조사하고 분석하는 것이다.

이창희　　위원장님이 생각하시기에 경영전략상 의암경영연구소의 강점은 무엇이라고 생각하시는지요?

손 윤　　의암경영연구소의 강점은 남들보다 먼저 삼전론에 눈을 돌려서 경제민주화라는 시대정신을 삼전론으로 해석하려고 시도했다는 점을 들 수 있습니다.
저는 손병희 선생의 삼전론을 전환(Diversion)→창조(Creation)→통합(Integration)→융합(Conversion)의 단계로 현대화해 나갈 것입니다. 이것이 하나의 매뉴얼로 완성되기만 하면 의암경영연구소를 다른 경영연구소와 확실하게 차별화할 수 있다고 생각합니다.

이창희　　좋습니다. 그 네 단계를 줄여서 하나로 만들면 DCIC가 되는군요. (웃음) 의암경영연구소의 약점은 무엇이라고 생각하시는지요?

손 윤　　제 주변에는 회계사, 세무사, 변호사는 많지만 인문학적 사고를 하는 학술 인력이 없다는 점이 약점일 수 있다고 생각합니다. 삼전론으로 말하면 재전을 수행할 수 있는 인재는 많은데 언전을 수행할 사람이 적다는 거죠. 그래서 그 문제는 이덕일 소장이 이끄는 한가람역사문화연구소와 제휴를 통해 극복하려고 합니다.

이창희　　그럼 도전을 수행할 인재는 주변에 있으십니까?

손 윤　도전은 하루아침에 되는 일이 아니니까 좀 미뤄 두려고 합니다. 때가 되면 나타나시겠지요. (웃음)

이창희　이번에는 의암경영연구소를 둘러싸고 있는 기회 요인에 대해 말씀해 주시지요.

손 윤　기회 요인은 대한민국이 산업화와 민주화를 거쳐 선진화 단계로 접어들었다는 겁니다. 경제민주화가 시대정신으로 부각되는 것도 그런 변화의 한 부분이라고 봅니다. 경제민주화와 복지는 공공재정의 균형이 없이는 달성하기 어려운 것이지요. 그것은 시대가 재전을 필요로 한다는 것을 의미합니다. 제가 국세청에서 35년을 근속하면서 터득한 노하우와 잘 결합하면 폭발적인 성장 동력을 만들어 낼 수 있을 거라고 봅니다.

이창희　잘 알겠습니다. 마지막으로 의암경영연구소를 둘러싸고 있는 위협 요인에 대해 말씀해 주시지요.

손 윤　솔직히 말씀드리면 제가 의암손병희선생기념사업회를 창립하겠다고 나섰을 때 천도교에서 쌍수를 들어 환영할 것이라고 생각했습니다. 그런데 그게 아니더라고요. 앞에서도 말씀드렸다시피 종교적인 차원에서 의암손병희선생기념사업회를 만들고 일을 추진하는 게 아닌데 역사 인식이 없는 사람들이 저를 음해할까 봐 걱정입니다. 저를 음해하는 사람들이 몰려올 때 저와 함께 그 난국을 헤쳐 나갈 세력이 현재로선 보이지 않습니다. 그것이 제일 큰 위협 요인이지요. 안타깝기까지 합니다.

이창희 그렇군요. 천도교의 세계화에 일가견이 있으셨던 진암 박영인 선생이 계셨다면 큰 힘이 됐을 텐데요.

손 윤 그렇습니다. 하지만 인명은 재천이니 정해진 운명을 거스를 수는 없는 일 아니겠습니까? 수심정기하는 마음으로 진인사대천명을 해야겠죠.

이창희 그럼 이번에는 의암경영연구소만의 콘텐츠가 무엇이고, 그것을 앞으로 어떻게 만들어 내실 것인지에 대해 질문하겠습니다.

손 윤 그 질문에 대해선 정말 답변을 유보하겠습니다. 그 질문에 대한 답은 의암경영연구소의 일급비밀이기 때문입니다. 제가 35년 동안 세무 공무원으로 일하면서 터득한 노하우와 MBA 학위를 받은 성균관대학교를 비롯해 7개 대학과 대학원 등에서 공부한 세법과 회계학은 물론, 행정법, 경영·경제학, 국제통상 등 여러 분야의 지식이 녹아 있는 콘텐츠 창출 시스템을 공개하라고 하는 것은 삼성전자에게 갤럭시와 관련된 모든 통신기술 특허를, 미국의 애플사에게 아이패드와 관련된 모든 디자인 아이디어를 공개하라고 요구하는 것과 마찬가지입니다. 이 작가와 독자 제위의 양해를 바랍니다. 대신 앞으로 5년만 지켜봐 주십시오.

이창희　그 말은 앞으로 5년 뒤까지는 내가 하고 싶은 대로 할 테니 의암경영연구소의 활동 방향에 대해 이러쿵저러쿵하지 말라는 뜻입니까?

손윤　꼭 그런 뜻은 아닙니다. 하지만 이렇게는 말씀드리고 싶습니다. 지금 제가 가려는 길은 아무도 가 보지 않은 길입니다. 저도 처음 가는 길이고 이 세상 누구도 가 보지 않은 길입니다. 저도 어떻게 될지 모르는데 옆에서 자꾸 훈수 아닌 훈수를 둔다면 될 일도 안 된다는 게 제 생각입니다. 실은 저도 미래가 불안하기는 마찬가지입니다. 눈에 보이는 일은 쉽지만 미래 수익이 적을 것 같고, 당장은 눈에 보이지는 않지만 옳은 길을 가다 보면 큰 미래 수익이 보장될 것 같지만 쉬운 일은 아니기 때문입니다. 대부분의 사람들이 각자 위심으로 전자를 택하기 때문이지요. 하지만 저는 우리 의암경영연구소 사람들이 손병희 선생의 말씀을 믿고, 그분이 걸어가신 길을 묵묵히 따라가면 될 것이라고 굳게 믿고 있습니다.

이창희　여담이지만 한 가지 더 궁금한 게 있습니다.

손 윤　말씀하세요.

이창희　의암경영연구소가 천도교와 연관된 종교 활동 기관이 아니라고 하시면서 굳이 의암경영연구소를 수운회관에 두는 이유가 뭔지 궁금합니다. 의암경영연구소가 수운회관 안에 있으므로 해서 종교적 색채는 짙어지고 손병희 선생의 경영철학은 엷어진다고 걱정하는 사람이 있다면 어떻게 답변하시겠습니까?

손 윤   저도 그런 의견을 가진 분들이 있다는 걸 알고 있습니다. 하지만 의암경영연구소를 수운회관이 아닌 다른 곳으로 옮긴다 해도 '의암'이란 글자를 떼지 않는 한 어떤 식으로든 손병희 선생과 연결됩니다. 손병희 선생이 누구십니까? 동학을 천도교로 재창건하신 분 아닙니까? 다른 말로 하면 교주인 셈입니다. 그러니 의암경영연구소에서 '의암'을 떼지 않는 한 사무실이 어디 있든 마찬가지입니다. 그럴 바엔 수운회관에 있는 게 낫다는 거죠.

경전에 보면 사람은 눈에 보이는 것만 보고 눈에 보이지 않는 것은 보지 않으려 한다는 가르침이 있습니다. 수운회관에 있는 의암경영연구소는 보면서 세무법인 '오늘'과 법무법인 '오늘로'에 있는 세무사와 변호사의 마음속에 자리 잡고 있는 의암경영연구소는 왜 보지 않으려고 하는지 모르겠습니다.

손병희 선생 기념사업의 꽃은 봉황의숙이다

이창희　2012년 12월 1일에 의암손병희선생기념사업회 준비위원장에 스스로 취임하셨잖아요. 준비위원장으로서 제일 먼저 하시고 싶은 일이 있다면 무엇인지요?

손 윤　앞에서도 말씀드렸다시피 손병희 선생께서 삼일독립운동을 준비하시면서 인재를 육성했던 봉황각 정신을 이어받아 국가 지도자 양성기관을 세우고 싶습니다. 그것이 일본의 마쓰시다정경숙처럼 운영되든지 미국의 케네디스쿨처럼 운영되든지 모양새는 상관없습니다. 그 내용이 중요하니까요. 이름은 아마도 봉황의숙이 될 겁니다.

이창희　그런 형태의 국가 지도자 양성기관을 세우려면 일단은 돈을 많이 버셔야겠어요.

손 윤　그렇다고 봅니다. 그래서 세무법인 '오늘'의 CEO로서의 일도 그렇고, 법무법인 '오늘로'의 상임고문으로서의 일도 열심히 할 생각입니다.

이창희　제가 보기에 위원장님은 일밖에 모르는 워커홀릭(worka-holic) 같아요. 아니세요?

손 윤　좀 그런 측면이 있지요. (웃음)

이창희　회계, 세무, 법무 서비스가 일원화되면 봉황의숙을 세울 정도로 돈을 버실 수 있나요?

손 윤　그럼요. 하지만 제가 돈만 벌기 위해 회계, 세무, 법무 서비스의 일원화를 주장하는 건 아닙니다. 한미FTA 체결로 인해 법률 분야는 3단계에 걸쳐 개방되고, 회계·세무 분야는 2단계에 걸쳐 개방됩니다. 그러면 우리나라의 몇몇 잘 나가는 법무법인, 회계법인, 세무법인을 뺀 중간 규모의 세무법인이나 개인 세무사무소는 동네 빵집 신세로 전락할지도 모릅니다. 자칫 잘못하다간 우리는 미국의 자문 서비스 시장에 진출하지 못하고 우리 시장만 내줄 위험성이 있습니다. 그렇다고 무역 국가인 우리나라의 문호를 걸어 잠글 수는 없는 노릇이고요. 그래서 국제 경쟁력을 갖추려면 하루

봉황각 앞에서 '봉황의숙'을 구상하는 손 윤 의암손병희선생기념사업회 준비위원장.

라도 빨리 이종 자격사 간의 동업 금지 규제를 풀어야 합니다. 모든 일에는 타이밍이라는 게 있는 거니까요.

이창희　얼마 전에 매일경제신문을 보니까 이종 전문 자격사 간 동업 금지 규제가 풀려 변호사, 세무사, 관세사 등 다양한 전문 자격 서비스를 한곳에서 받을 수 있게 된다고 보도되었던데 아닌가 봐요?

손 윤　말만 무성했지 실제로 진행된 건 하나도 없습니다. 이종 전문 자격사 간의 동업 허용에 대한 이야기가 처음으로 나온 게 2009년이고, 그동안 공청회도 수없이 진행됐지만 막상 관련법들이 개정되지 않아 다람쥐 쳇바퀴 돌듯 겉돌고 있는 거죠. 일의 속도가 이렇게 늦은 이유는 이해관계가 다른 집단을 정치인들이 조정하지 못하고 오락가락하기 때문이라고 봅니다. 정치의 수준이 낮으면 그 후폭풍이 사회 전반으로 퍼지지 않겠습니까? 저는 우리나라 정치가 권력을 놓고 싸우는 게 아니라 경제를 놓고 싸워야 한다고 생각합니다. '안철수 현상'이 나타난 것도 모두 정치인들이 무능해서지요.

이창희　위원장님의 말을 가만히 듣고 있다 보면 위원장님이 정치를 하면 참 잘하시겠다는 생각이 들기도 하는데요. 어떠세요? 정치를 하실 의향은 없으신가요?

손 윤　미국이라면 모를까 한국에선 저 같은 사람은 정치를 하면

백이면 백 다 실패합니다. 이 세상에 정치 아닌 게 없지요. 심지어는 결혼 생활도 정치라고 말하는 사람도 있습니다. 저는 정치할 생각은 없고, 의암경영연구소와 의암손병희선생기념사업회를 하면서 젊은 인재를 키우는 일에 제 인생의 모든 것을 걸겠습니다. 그래서 봉황의숙을 마쓰시다정경숙처럼 국가 지도자 양성기관으로 만들고, 25년 후엔 봉황의숙 출신의 젊은 인재들이 대한민국의 유능한 정치인들이 되는 꿈을 꾸렵니다.

이창희　아까 얘기하다가 중간에 삼천포로 빠졌는데요. 이종 전문 자격사 간에 동업 금지 규정이 ABS*까지는 못 가더라도 MDP** 정도에서 허용된다면 법률, 회계, 서비스 시장이 얼마나 커질 수 있는지를 세무 공무원답게 숫자로 설명해 주셨으면 하는데요.

손 윤　세금을 알면 세상이 보인다는 말이 있습니다. 우리나라의 세금 규모는 국세가 180조, 지방세까지 포함하면 230조입니다. 이 상황에서 우리나라의 조세 및 법률 서비스 시장의 규모는 전체 세금 규모의 5퍼센트가 채 안 되는 약 10조입니다. 이 돈 가운데 약 반인 5조를 외국계 컨설팅 회사가 가져가죠. 그리고 국내의 BIG4 회계법인이 2조, 김앤장과 율촌 같은 법무법인이 약 1조를 가져갑니

---

* ABS ; Alternative Business Structure의 약자. 이종 전문 자격사 간에 전면적인 동업을 허용하는 제도.

** MDP ; Multidisciplinary Practice의 약자. 법조 유사 직종(변호사, 세무사, 법무사) 사이에서의 동업을 전면적으로 허용하는 제도.

다. 나머지 2조를 가지고 그 밖에 고만고만한 세무법인과 개인 세무사 및 변호사들이 나눠 갖는 겁니다. 여기서 경쟁력을 갖춘 세무법인이 시장점유율을 늘려 5퍼센트만 가져간다 해도 1000억 매출을 올리는 겁니다. 1000억 매출에서 10퍼센트의 이익을 발생시킨다면 100억의 이익이 생기죠. 100억 이익에 대한 법인세를 20퍼센트 낸다고 가정하면 80억이 남습니다. 80억 가운데 30퍼센트를 공익사업에 쓴다고 의사 결정을 하면 약 24억의 기금을 조성할 수 있습니다. 얼마 전 국내 굴지의 모 회계법인이 설립한 미래재단이 29억의 기금을 조성했다는 기사가 신문에 보도됐습니다. 얼추 비슷하지 않습니까? 앞서 말씀드린 24억 원에다가 매칭펀드 방식으로 국고보조금 24억을 합치면 48억의 공공 기금이 조성됩니다. 이 정도의 돈이면 의암손병희선생기념사업회를 충분히 운영하고도 남습니다. 만일 법률 서비스 시장의 규모가 국가경제 규모가 커지면서 법률 및 조세서비스 시장이 20조 또는 30조로 늘어난다면 어떻게 되겠습니까?

그런데 법률 및 조세 서비스 시장에서 어떤 법인이 1000억 매출을 올린다는 게 말처럼 쉬운 일이 아닙니다. 변호사의 평균 수임료가 500만 원이라고 하면 1000억 매출을 올리려면 2만 건의 소송을 수임해야 합니다. 200명의 변호사가 달려든다 해도 1인당 100건을 소화해야 합니다. 변호사도 인간이니까 잠도 자고, 밥도 먹고, 가족들과 시간도 보내야 하니까 불가능하죠. 결국 1인당 부가가치를 올리지 않으면 안 되는데 그렇게 할 수 있는 방법은 변호사, 세무사, 관세사가 힘을 합칠 수 있도록 국가가 시스템을 만들어 주는 수밖에 없다는 결론에 자연스럽게 도달하게 됩니다. 이러니까 제가 이종 전문 자격사 간의 동업 금지 규제를 과감히 풀어야 한다고 강력하게 주장할 수 있는 거죠.

이창희　대충 이해는 가지만 위원장님이 지금 하신 얘기는 전체 시장에 대한 얘기라 세부적으로 들어가면 어떨지 잘 모르겠습니다. 전체 시장 환경이 위원장님께서 가정하는 대로 움직여 갔을 때만 가능한 얘기라는 뜻이지요. 그러니 세무법인 하나가 경쟁력 제고를 통해 돈을 벌어 의암손병희기념사업회를 이끌어 갈 수 있는 예를 설명해 주시면 고맙겠습니다.

손 윤　삼성전자를 예로 들어 보겠습니다. 삼성전자의 매출이 100조라 하고 이익이 10조 정도 났다고 가정하면 삼성전자의 법인세는 약 2조가 됩니다. 만약 그 2조에서 약 1000억 정도의 절세 방안을 컨설팅해 줬다고 가정하면 그 수수료가 대략 30억은 됩니다. 컨설팅 요율이 대략 3퍼센트대이니까요.
인건비와 비용을 제하고 10억의 이익이 남았다고 가정해 보죠. 법인세 2억을 내면 얼마가 남습니까? 8억이 남겠죠. 그 8억에 30퍼센트를 공공 기금으로 조성한다면 약 2억 4000만 원의 기금을 조성할 수 있습니다. 삼성전자와 같진 않겠지만 그런 규모의 기업 10개를 클라이언트로 갖고 있는 세무법인이 있다면 24억의 공공 기금을 조성할 수 있게 됩니다. 앞에서와 마찬가지의 매칭펀드 방식으로 국고보조금 24억을 받게 되면 48억의 공공 기금이 조성됩니다. 이 정

234

도의 돈이면 의암손병희선생기념사업회를 충분히 운영하고도 남습
니다.

이창희　위원장님이 어떤 방식으로 의암손병희선생기념사업회를
운영하시려는 것인지 이제 이해가 됩니다.

손 윤　학습 능력이 뛰어나십니다.

이창희　이제 돈 얘기는 그만하고 다른 얘기로 넘어갔으면 합니다.
지금은 의암손병희선생기념사업회가 임의단체이지만 위원장님이
돈을 많이 버셔서 의암손병희선생기념사업회를 정식으로 출범시키
게 된다면 그 조직의 법인격은 어떻게 됩니까? 민법상의 사단법인
은 이사장을 비롯한 이사의 자율성이 상대적으로 높기 때문에 질문
하는 겁니다.

손 윤　이미 의암손병희선생기념사업회는 12월 1일 발족되었고,
일단 사단법인으로 설립 절차가 진행 중에 있습니다. 초기에는 자
율성이 보장되어야 하기 때문입니다. 하지만 기념사업회의 윤곽이
어느 정도 확정되면 재단법인으로의 전환을 추진할 생각입니다.

이창희　그럼 의암경영연구소는 사단법인으로 남게 되나요?

손 윤　의암경영연구소도 운영 규모가 커지면 재단법인 설립을 검

토하겠지만 당분간은 현 체제를 유지하는 것이 좋다는 생각입니다.

이창희　혹여 어떤 사람이 위원장님께 의암경영연구소가 이종 전문 자격사 간의 동업 금지 규제를 풀기 위한 대정부 압력단체지 그게 어떻게 손병희 선생의 경영철학을 연구하는 민간 연구소냐고 묻는다면 어떻게 답변하시겠습니까?

손 윤　그렇게도 오해를 할 소지가 있는 줄은 몰랐습니다. 하지만 손병희 선생의 경영철학과 삼전론을 연구하고 학술 세미나를 통해 이종 전문 자격사 간 동업이 법률 서비스 시장의 생산성과 효율성을 얼마나 높일 수 있는지를 발표하는 것이 문제가 될 것도 없다고 봅니다. 그런 방식으로 정부에 압력을 가하거나 로비를 하는 사단법인은 우리나라에도 수백 개는 될 겁니다. 어떻게 해석하든 머리띠 두르고 정부 청사 앞에서 연좌시위를 하는 것보단 백번 낫겠죠.

이창희　제가 듣기로 명예퇴직금 가운데 5000만 원을 떼어 의암손병희선생기념사업회에 기부하신 걸로 들었습니다. 그 돈으로 무슨 일을 하면 의암손병희선생기념사업회를 정상 궤도에 올려놓는 데 보탬이 될 수 있다고 보십니까?

손 윤　이 작가께서 만일 의암손병희선생기념사업회 준비위원장이라면 무슨 일을 하고 싶으십니까?

236

이창희　갑자기 되치기로 역공을 당하니까 머리가 띵하네요. (웃음) 저라면 한국형 마쓰시다정경숙을 추진하시는 손욱 전 포스코이사회 의장, 오명 카이스트 이사장, 김재철 동원그룹 회장, 전성철 세계경영연구원 회장 같은 분과 함께 국가 지도자 양성기관의 일원화 작업을 시도해 보겠습니다. 그래서 손병희 선생의 삼전론을 현대적으로 재해석하여 국가 지도자 양성기관의 공통 과목으로 만드는 일에 협조를 구하겠습니다.

손 윤　그 일을 하는 데 5000만 원씩이나 들진 않잖아요?

이창희　5000만 원을 그분들에게 드리는 게 아니라 삼전론을 현대화하자고 제안하겠다는 거죠. 저는 국가 지도자 양성기관이 꼭 우이동 봉황각 안에 있어야 한다고 생각하진 않거든요. 한국학중앙연구소에 있어도 충분히 그 역할을 다할 수 있다고 생각합니다. 하드웨어보단 소프트웨어가 더 중요하다고 보기 때문이지요.

손 윤　봉황의숙은 민족의 명산인 삼각산(백운대, 인수봉, 만경대) 정기를 받을 수 있는 봉황각 안에 있어야 제격이죠.

이창희　지금 이 시점에서 단체든 사람이든 불문하고 누가 위원장님을 도와주면 가장 신바람이 나고 큰 힘이 되겠는지요?

손 윤　뭐니 뭐니 해도 천도교 중앙교단이 도와주는 게 가장 큰 힘이 되죠. 저는 천도교 중앙교단이 우이동 봉황각 옆에 있는 옛날 천도교 중앙총부, 지금은 천도교종학대학원으로 사용하고 있는 건물을 깨끗이 수리해서 봉황의숙으로 사용할 수 있도록 허락해 주면 좋겠어요. 그러면 지금이라도 바로 봉황의숙을 시작할 수 있지요.

이창희　그건 천도교에도 좋은 일인데 왜 허락하지 않는 거죠?

손 윤　밥도 뜸이 들어야 맛있는 법이랍니다. (웃음)

이창희　그다음에 또 누가 위원장님을 도와주면 신바람이 나고 큰 힘이 되겠는지요?

손 윤　당연히 김종인 박사죠.

이창희　김종인 박사께서 뭘 어떻게 도와주면 좋으시겠어요? 또 김종인 박사가 위원장님을 도와주면 신바람이 나는 특별한 이유가 있는지요?

손 윤　의암손병희선생기념사업회의 명예회장을 맡아 주시면 좋겠습니다. 김종인 박사는 독일 뮌스터 베스트팔렌 빌헬름 대학교 대학원에서 경제학 석사학위와 박사학위를 받으신 분이기 때문이죠. 그분은 공공재정학의 관점에서 경제학을 전공하셨지요. 다른 말로 하면 경제학도 알고 재정학도 아시는 분이라는 겁니다. 일반의 경제 전문가보다 한수 위의 거장이시죠. 거기다가 대통령 비서실 경제수석도 역임하셨고 정치도 해 보셨으니까 금상첨화라고 생각합니다.

이창희 세간에서는 진보든 보수든 김종인 박사가 노태우 대통령 비자금에 연루돼서 징역 2년 6월에 집행유예 4년을 선고받은 정치 부패 전력자라고 비판하고 있는데요. 그래도 괜찮으시겠어요?

손 윤 이미 20년이 지난 일이에요. 그런 식으로 말하기 시작하면 노태우 대통령에게 정치자금으로 3000억 원 받은 김영삼 대통령에 대해선 왜 아무 말도 없는 거죠? 저는 그분이 노태우 정부에 대한 정치 보복의 희생양이라고 생각해요. 20년 전의 일로 그분이 갖고 있는 학식과 경륜을 여과 없이 무작정 매장하는 일은 하재나 하는 일이라고 생각하지요. 우리 사회가 너무 경직되게 능력 있는 분들을 폄하해서는 안 된다는 생각도 아울러 말씀드리고 싶습니다.

이창희 혹시 김종인 박사가 가인 김병로 초대 대법원장의 손자라는 점이 위원장님의 마음을 더 붙잡아 두는 건 아닌가요?

손윤 이 작가께서 그걸 어떻게 아셨습니까?

이창희 손병희 선생의 일대기를 읽다 보면 나옵니다. 김병로 대법원장이 손병희 선생을 얼마나 존경했는지, 그리고 손병희 선생께서

김병로 대법원장을 얼마나 아끼셨는지 알 수 있는 대목이 나옵니
다. 손병희 선생께서는 김병로 대법원장이 일본에서 법학을 공부하
고 귀국하자 곧바로 보성법률상업학교(지금의 고려대학교)에서 젊은
인재들을 가르치도록 하셨거든요. 그 가운데 2·8독립선언과 삼일
독립선언의 주역들이 나오지요. 그래서 위원장님께서 김종인 박사
를 오매불망하시는 거구나 하고 짐작했지요.

손 윤　작가들은 사람의 마음속을 들여다보는 눈이 다른가 봐요.

이창희　큰 차이는 없어요. 하지만 작품 속의 등장인물을 그리다 보
면 감수성이 조금은 예민해지죠. (웃음) 다시 봉황의숙으로 얘기를
모아 봤으면 합니다. 봉황의숙이 개교됐다고 가정하면 위원장님은
어떤 방식으로 봉황의숙을 운영해 나가실 건지 청사진을 한번 그려
주시죠.

손 윤　국가 지도자형 인재가 꼭 청장년층에만 있는 건 아니겠지만
일단 입학생이 청장년이라고 가정하고 말씀드리죠. 우선 입학생에
게 전액 장학금뿐만 아니라 생활비까지 지원해서 공부를 하는 동안
에는 작은 일에 신경 쓰지 않고 공부에만 전념하게 하고 싶습니다.
졸업 후에는 국가와 사회에 공헌할 수 있는 종잣돈을 지원하고 싶
습니다. 그것은 창업이 될 수도 있겠고, 연구 활동이 될 수도 있겠
고, 시민운동이 될 수도 있겠고, 정치가 될 수도 있겠죠. 단, 그 일이
우리 사회와 경제에 귀감이 될 만한 올바른 일이 되어야 한다는 전

제가 따르지만요.

이창희　생활비까지 지원하려면 돈이 많이 들지 않을까요? 대략 숫자로 연간 소요 예산을 뽑아 볼까요? 강의실은 대학이나 종교 기관에서 무상으로 빌려 준다고 가정하고요.

손 윤　저는 한 기수의 학생을 21명으로 해서 수강 기간은 1년으로 할 생각입니다. 학생 1인에게 월 200만 원씩의 생활비를 지원한다면 연간 5억 원 정도가 필요하겠네요. 그리고 책은 대학 도서관이나 공공 도서관에서 대출해서 보도록 권장하면 되니까 따로 도서 구입비는 지원할 필요가 없을 것 같고요.
봉황의숙의 교육 일정 전체를 컨트롤할 사람이 초기에 셋 정도 필요하다고 가정하고 인건비를 평균 3000만 원으로 잡으면 9000만 원이 필요하겠네요. 그리고 학생들에게 지급할 컴퓨터 및 디지털 장비를 구입해야 하니까 일인당 300만 원씩 소요 예산을 잡는다고 하면 대략 6000여만 원이 필요하겠네요. 기타 봉황의숙 관리비로 연간 2000만 원이 든다고 가정하고요. 얼추 1년에 7억 원 정도 있으면 운영할 수 있겠네요.

이창희　강사료는 계산하지 않으세요?

손 윤　강사는 이미 우리 사회에서 어느 정도 지위에 오른 분들 아니겠어요? 그런 분들이라면 시간 기부와 재능 기부를 해야 한다고 봐요. 안철수 원장이나 법륜 스님이 청춘 콘서트를 진행하듯이 말이죠.

이창희　강사야 그렇다 하더라도 수강생을 거의 일대 일로 멘토링하는 분에겐 어느 정도의 사례비를 지급해야 하지 않을까요?

손 윤　저는 지난 3년 동안 좌장이 되어 매주 스터디 그룹을 운영해 왔습니다. 명예퇴직을 신청하고 난 다음부터는 매일 하고 있고요. 그러면서 그 옛날 선생님들이 박봉에 시달리면서도 어려움을 내색하지 않고 학생들을 가르칠 수 있었던 이유를 알 것 같았습니다. 사람을 가르친다는 일이 묘한 매력이 있더라고요. 뇌에서 엔돌핀 같은 호르몬이 나오는지 조금도 힘든 걸 모르겠던데요. 오히려 즐겁기까지 하더라고요. 그러니까 건강이 좋아지는 건 당연하고요. 저는 오히려 멘토들이 봉황의숙에 장학금을 기부해야 한다고 생각합니다.

이창희　그러면 봉황의숙에는 세칭 사회 명사만 강의를 할 수 있겠네요. 사회 명사 이외에도 이 사회의 큰어른들을 모실 생각은 없는지요?

손 윤　그런 분들은 특강으로 모시면 됩니다. 특강 예산을 잡지 않았다고 나무라는 건가요?

이창희　네. 위원장님께서 자신은 숫자에 밝다고 말씀하셨으니까요. (웃음)

손 윤　지금이라도 잡으면 되잖습니까? (웃음) 특강을 일주일에 한 번씩 한다고 가정하고 그때마다 특강 사례비를 100만 원을 드린다고 하면 5000만 원이면 충분하겠네요. 어쨌든 이래저래 1년에 10억이면 봉황의숙을 운영할 수 있겠군요.

이창희　손병희 선생께서는 아예 숙식을 같이 하셨던 것 같던데요.

손 윤　그래서 제가 천도교에서 이 사업에 발 벗고 나서야 한다는 겁니다. 21명의 학생과 숙식을 같이 하면서 1년을 공부할 수 있는 곳은 지금 봉황각이 있는 우이동만 한 장소가 없다고 봅니다. 공부라는 게 책 속에 파묻힌다고 되는 게 아니거든요. 호연지기를 기르는 일도 중요합니다. 봉황각 바로 뒤가 민족정기의 삼각산 아닙니까?

이창희　이 책이 나가고 나면 아마 천도교 교령님께서 위원장님께 전화를 해 오실 것 같네요. 위원장의 그 순수한 진정성에 감동을 받으시고요.

손 윤　저도 그랬으면 좋겠습니다. 아니 이건 정말입니다. 천도교에서 동의만 한다면 지금 당장 강남에 있는 집을 팔아서라도 봉황의숙을 시작하고 싶습니다.

이창희　봉황의숙의 수업은 1년에 몇 시간 정도로 생각하세요?

손 윤　제 개인적인 생각으로는 하루 5시간씩 매일 진행해야 한다고 생각해요. 국가 지도자를 양성하는 교육이 일주일에 한두 번씩 진행되어서는 지식 위주의 겉핥기 교육밖에 안 되거든요. 사람이 이신환성으로 바뀌려면 매일같이 수련을 해도 부족하다고 봅니다. 개인적인 생각입니다만 우리나라 대학에서 운영하는 최고위 과정 커리큘럼의 교육 시간이 수업료에 비해 너무 적다고 생각해요.

이창희　그럼 시간 기부를 하는 강사가 최소 100명은 넘어야겠네요. 그게 가능할까요?

손 윤　저는 안 될 이유가 없다고 봅니다. 국가 지도자를 키우는 일을 진보와 보수로 나누지만 않는다면 100명의 강사진은 충분히 구성할 수 있다고 보니까요.

이창희　진보와 보수를 나누지 않는다고요? 비빔밥이 될 텐데요.

손 윤　진짜 국가 지도자는 비빔밥이라고 생각해요. 국가 지도자가 어떻게 진보와 보수로 나눠질 수 있겠어요?

이창희　좋습니다. 일단 위원장님의 비빔밥론을 접수하고, 진보와 보수에 대해선 다음 기회에 좀 더 자세히 이야기 나누도록 하겠습니다.

손 윤　그러시죠.

이창희　위원장님은 봉황의숙의 교육생을 어떤 방식으로 뽑으실 생각이신지요? 대학처럼 시험 봐서 뽑으실 건 아니시죠?

손 윤　그럼요. 지금의 제 생각으로는 봉황의숙에 들어오고 싶은 사람은 사회 각계각층으로부터 1000명의 추천서를 받아 제출해야 한다고 생각해요.

이창희　1000명의 추천서라고요?

손 윤　네. 너무 많다고 보십니까?

이창희　무소속 대통령 후보자의 추천 선거인 수가 3500명 이상 6000명 이하인 걸 감안하면 너무 많은 것 같습니다.

손 윤　아닙니다. 그 정도는 돼야 미래의 국가 지도자 군에 속할 자격이 있다고 할 수 있습니다. 또 한 사람이 살아온 인생을 안다는 게 말처럼 쉬운 일은 아니라는 생각이 들어서지요.

이창희　　그러다가 봉황의숙이 텅 비면 어쩌시려고요?

손　윤　　그래도 할 수 없겠지만 저는 그럴 리가 없다고 봅니다.

이창희　　그 근거는 무엇인지요?

손　윤　　우리 민족은 예로부터 학문을 숭상하고 예를 지켜 왔다고 생각합니다. 문제는 그 학문이 경세치용의 실사구시 학문이 아니라 형이상학의 도덕규범론으로 치우쳤다는 거죠. 봉황의숙의 커리큘럼이 좋으면 공부하고 싶은 사람은 많이 있을 거라고 봅니다.

이창희　　커리큘럼이 중요하다는 점에서는 위원장님과 저의 생각이 일치하네요.

손　윤　　그런가요? 인터뷰를 시작하기 전에 내심 걱정을 많이 했습니다. 이 작가께서 저를 보수주의자라고 공격하며 충돌하는 일이 일어날까 봐서요.

이창희　　저는 보기보단 보수적입니다.

손　윤　　저는 보기보단 진보적입니다. 제게 돈키호테 같은 구석이 많다고 해요. 일정 부분 동의하는 면도 있지요.

이창희　　어떤 점이 돈키호테와 비슷하다고 생각하고 어떤 점이 다르다고 생각하시는데요?

손 윤　　제가 돈키호테와 비슷하다면 아마 이런 점이 아닐까 생각해요. "세상이 좀 더 좋아질 수 있는 방법이 있는데 왜 안 된다고 말하면서 미리 포기하는 거야? 난 포기 안 해. 난 포기할 수 없어."

이창희　　저보다도 더 진보적이시네요. (웃음) 그럼 다른 점은 뭐라고 생각하세요?

손 윤　　저는 풍차를 향해 달려들 정도로 무모하진 않아요. 나름 현실적이고 영리한 면이 많다고 자부할 수 있어요. 숫자에도 무척 밝고요.

이창희　　인터뷰를 하는 내내 위원장님과 손병희 선생은 어쩌면 사고구조가 같을지도 모르겠다는 느낌을 받았어요.

손 윤　　사실 저도 그렇게 생각해요. 삼일독립운동을 준비하면서 삼일독립선언서를 인쇄해서 운반할 수 없으니까 각 지역에 등사기를 사서 내려 보냈다고 하는 얘기를 읽으면서 그렇게 생각했어요. 일신의 안위만을 생각하는 사람들의 시각으로 보면 삼일독립운동을 일으키겠다는 것이나 봉황의숙을 세우겠다는 것이나 마찬가지 얘기일 것입니다.

이창희　이제 마지막으로 위원장님께 봉황의숙의 커리큘럼에 대한 이야기를 듣고 싶습니다. 봉황의숙에 들어오는 교육생이 반드시 이수해야 하는 과목이 있다면 뭘까요? 삼전론은 빼고요.

손 윤　저는 법의 체계를 알아야 하다고 생각해요. 우리나라 사람들은 보통 법 없이 살 수 있는 사람들을 좋아하는 경향이 있어요. 하지만 그건 잘못된 생각이라고 봐요. 세상이 복잡해질수록 법체계 전반을 알고 있어야 합니다. 그렇지 않으면 어느 순간의 잘못된 판단으로 인해 아주 호되게 당할 수도 있어요. 우리나라의 고소 고발 사건에서 사기 사건의 비중이 높은 이유가 바로 법체계를 모르기 때문입니다. 그런데 미래의 국가 지도자 군에 속하는 사람이 법체계를 몰라서야 되겠습니까? 법의 조문을 해석하는 일은 보좌관에게 맡긴다 해도 본인이 법체계는 꿰뚫고 있어야지요.

이창희　그 외에 또 어떤 과목이 있을까요?

손 윤　세금을 알면 세상이 보인다는 말이 있듯이 세금 체계에 대해서 알아야 할 것 같아요. 세금 체계를 모르면 재정학을 이해할 수 없게 됩니다. 공공재정학에 대한 개념이 없는 국가 지도자는 국민을 불행하게 만든다고 생각합니다. 선거철이 오면 여당이든 야당이든 대통령 후보가 되신 분들이 경제를 공부하겠다며 경제학을 전공한 참신한 교수들을 모셔 가려고 아우성이죠. 하지만 저는 그런 기조에 동의하지 못합니다. 아니 반대합니다. 국가 지도자가 세금 체계를 이해하지 못하면서 경제를 안다는 게 무슨 의미가 있겠습니까? 그건 모래 위에 집을 짓는 것과 마찬가지라고 생각해요.

이창희　　그렇죠. 일반적으로 미혼 여성들이 사업가보다는 월급쟁이를 선호하는 이유가 고정 수입이 얼마고 부수입이 얼마인지가 정확하기 때문이라고 합니다. 가계 살림도 이런데 하물며 세금 체계를 모르고서야 어떻게 국가 균형재정을 얘기하고 복지사회를 이루겠다는 건지 이해가 안 돼요.

손　윤　　대통령 후보들이 대통령에 당선되면 세상을 이렇게 저렇게 바꾸겠다며 장밋빛 공약을 내놓습니다. 그런데 그 공약들을 세무 공무원 입장에서 곰곰이 뜯어 보면 대부분이 거짓말입니다. 단임제 대통령의 임기 5년 안에 그렇게 세상이 바뀌지 않습니다. 차근차근 주춧돌부터 쌓아야 한다고 생각합니다. 소일변 10년이 왜 있겠습니까?

이창희　　참 좋은 말씀입니다. 위원장님께서 돈을 많이 버시고 좋은 후원자를 만나 하루라도 빨리 봉황의숙을 여셨으면 좋겠습니다. 저도 시민의 한 사람으로 봉황의숙에 대한 기대가 큽니다.

손　윤　　봉황의숙은 의암손병희선생기념사업회의 꽃입니다. 10년 안에 꼭 이루겠습니다.

삼전론으로 대한민국의 미래를 말한다

이창희　삼전론을 기반으로 하여 대한민국의 미래를 말할 시간이 됐습니다. 대한민국의 미래를 말하려면 두 가지 사안을 빼놓을 수 없다고 봅니다. 그 하나는 진보와 보수의 문제이고, 다른 하나는 한미FTA 문제입니다. 하지만 그에 앞서 위원장님이 말씀하신 국고보조금에 대해 보충 질문을 한 가지만 더 하고자 합니다.

손 윤　말씀하시죠.

이창희　우리나라에는 정치, 경제, 역사, 문화를 다루는 여러 단체가 있습니다. 이들 중 뜻있는 일을 하고 싶어도 재정적인 문제로 운영이 어려운 곳이 많이 있을 겁니다. 국가가 지원할 수 있는 돈은 한정되어 있는데 의암손병희선생기념사회마저 국고보조금을 신청하면 비슷한 사업을 하는 다른 단체들과의 갈등을 예상해 볼 수 있지 않을까요?

손 윤 경제학에서 거시경제와 미시경제라는 용어를 구분해서 쓰듯 눈앞의 이익만 따지는 사람이 있는가 하면 후일의 큰 이익을 도모하는 사람도 있습니다. 현재의 국고보조금을 놓고 같은 뜻을 기리는 단체들이 이전투구를 하는 건 식민지 교육이 제대로 청산되지 않은 탓입니다. 일제가 그렇게 가르쳤어요. 눈앞의 이익만 탐하며 서로 물고 뜯으라고요. 그러나 이제는 그런 식민지 교육에서 벗어날 때가 되었습니다. 그래서 저는 생각을 좀 달리합니다. 지금까지 동학혁명 단체에 지급된 국고보조금의 총액이 10억이었다면 저는 이 단체들이 뜻을 합쳐 국고보조금을 30억으로 늘려 받을 수 있어야 한다고 생각합니다. 파이를 키워야 한다는 거죠.

이창희 전봉준의 동학과 손병희의 천도교가 힘을 합쳐야 하는 이유가 뭐냐고 물으면 어떻게 대답하시겠어요?

손 윤 전봉준의 동학과 손병희의 천도교는 뿌리가 같습니다. 아버지가 최시형이고 할아버지가 최제우라고 할 수 있습니다. 같은 형제끼리 왜 싸웁니까? 우리가 서로 싸우면 일제의 식민지 교육에 놀아나는 꼴이 되는 겁니다. 옳고 좋은 일이면 힘을 합쳐 그 일을 더 키워 나가면 되지, 네가 옳으니 내가 옳으니 싸우는 건 하재들이나 하는 짓이지요. 옳은 일을 하겠다고 하면서 다시 각자위심으로 돌

역사 강의를 준비하고 있는 손 윤 의암손병희선생기념사업회 준비위원장.

아가는 겁니다. 그래서 초심을 잃지 말라는 말이 있는 거지요.

이창희　위원장님의 말씀이 원론적으로는 아주 지당하신 말씀입니다만 인간이란 존재가 온통 모순덩어리인지라 정도를 가는 사람이 항상 손해를 보는 경향이 있습니다. 그래서 노벨문학상을 받은 주제 사라마구는 그의 작품《눈먼 자들의 도시》에서 선을 행하다 보면 언제나 함정에 빠지기 마련이고, 죄와 악을 행하는 자는 대체로 억세게 운이 좋다고 말하고 있습니다. 이에 대해서는 어떻게 생각하시는지요?

손　윤　제가 세무 공무원으로 35년을 있으면서 여러 부류의 사람을 만나 보았습니다. 그 과정에서 느낀 것은 대체로 대의를 중시하는 사람은 자신의 도덕적 당위성에 함몰되어 결과를 만들어 내지 못하는 경향이 있고, 사욕을 중시하는 사람은 작은 이익을 탐하다가 신망을 잃는 경향이 있는 것 같습니다. 그런데 그 이유를 가만히 살펴보면 대의를 중시하는 사람들이 경영전략을 모르기 때문인 것 같습니다. 그래서 실컷 고생해서 명예를 얻을 만하면 초심을 잃고 각자위심에 빠져 이전투구를 하게 되는 거죠. 저는 리더라면 항상 하늘의 일과 땅의 일에 균형감을 갖고 대처해야 한다고 생각합니다. 의암손병희선생기념사업회나 의암경영연구소는 작은 이익을 탐하여 이전투구하지 않겠습니다.

이창희　위원장님의 말씀을 들으면서 지난날의 저를 돌아봅니다. 가슴이 뜨끔합니다. 앞으로는 인생 경영전략을 잘 세워서 같은 실수를 반복하는 일이 없도록 해야겠습니다. 이제 본격적으로 진보와 보수에 대한 이야기를 나눠 보기로 하죠. 위원장님은 우리나라의 진보와 보수의 문제는 무엇이라고 보시는지요?

손 윤　35년 동안 세무 공무원으로만 있었던 사람에게 묻는 질문치고는 너무 어렵습니다. (웃음) 하지만 평소 제가 느낀 대로 얘기할 테니 혹여 틀린 말이 있어도 너무 타박하지 마시고 "저렇게 생각하는 사람도 있구나." 하는 정도로만 받아 주시면 고맙겠습니다.

이창희　타박하지 않을 테니 편하게 말씀해 보세요. (웃음)

손 윤　개인적으로 우리나라의 진보는 총론에는 강하나 각론에는 약한 절름발이고, 보수는 각론에는 강하나 총론에는 약한 귀머거리라고 말할 수 있습니다. 사람들로부터 공감을 얻지 못하기는 둘 다 마찬가지입니다. 그래서 나타난 것이 '안철수 현상'이라고 봅니다. 한마디로 진보와 보수 모두가 국민으로부터 신망을 얻지 못해 나타난 현상이죠. 시대정신을 제대로 읽지 못해 일어난 자연스런 현상이란 말입니다.

이창희　너무 추상적입니다. 좀 더 구체적으로 말씀해 주시죠.

손 윤　4대강 사업이 좋은 예가 될 수 있을 것 같습니다. 4대강 사업은 누가 봐도 잘못된 사업입니다. 진보와 보수를 떠나 국민의 세금을 마음대로 가져다 사용한다는 관점에서 누가 보더라도 말이 안 되는 거죠. 지금은 소프트웨어와 서비스산업에 국가가 투자해야 할 때이지 토건산업에 투자할 때가 아닙니다. 미래 성장 동력은 절대 토건산업에서 나오지 않습니다. 그런데 상당수의 보수와 보수 매체들이 객관적으로 옳은 사실을 외면하고 이명박 정부의 횡포에 침묵하고 줄을 섰습니다. 국민이 내는 세금으로 쓰일 예산을 날치기로 통과시켰습니다. 이래선 안 됩니다. 잘못된 겁니다. 잘못이라고 말했어야 합니다.

이창희 우리나라가 '물 부족 국가'라서 4대강 사업은 꼭 필요하다고 말하는 사람도 있는데요.

손 윤 우리나라가 '물 부족 국가'인 것은 맞습니다. 하지만 4대강 사업을 한다고 해서 '물 부족' 문제가 해결되는 건 아닙니다. 다른 해법을 찾아야 했고, 손병희 선생의 삼전론을 공부하면 다른 해법을 찾을 수 있다고 봅니다.

이창희 매년 여름에 발생하는 홍수 피해를 줄이는 차원에서도 4대강 사업은 필요했다고 말하는 사람이 있는데요.

손 윤 그렇다면 한꺼번에 하지 말고 영산강, 낙동강, 금강, 한강순으로 했어야지요. 제가 앞에서도 말씀드린 것 같은데요. 누가 대통령이 되든 임기 5년 안에 뭔가를 보여 주겠다고 하는 일은 대부분 국가와 국민을 위한 일이 아닙니다. 대개 사심이 개입된 일이지요.

이창희 좋습니다. 그럼 진보의 문제로 넘어가 보죠.

손 윤 진보의 문제는 쌍용자동차 사태를 통해서 압축적으로 드러났다고 볼 수 있습니다. 쌍용자동차는 원래 쌍용그룹의 계열사였습니다. IMF사태로 인해 대우그룹으로 넘어갔다가 얼마 되지 않아 다시 대우그룹에서 떨어져 나와 워크아웃 대상 기업으로 지정되었습니다. 그 후 노사와 채권단이 합심하여 워크아웃을 조기에 졸업합니다. 채권단은 들어간 돈을 회수하려고 쌍용자동차의 매각을 서두릅니다. 이때가 매우 중요한 의사 결정 시점이었지요. 어찌 된 일인지는 모르겠으나 몇 차례의 우여곡절을 거친 끝에 중국 상하이자동차에 팔립니다. 좀 더 정확히 말하면 외자유치라는 명목으로 상하이 자본에 팔아 버린 겁니다. 진보 성향을 띤 시민단체들의 주장이 받아들여져 재벌의 기업집중을 지나치게 우려한 탓이지요. 그러나 제가 보기에 이 결정은 아주 잘못된 것입니다. 당시 제가 근무하던 국세청의 많은 사람도 그 결정에 대해 비판적이었습니다. 그 시점에서 생각해야 할 의사 결정의 주요 변수는 재벌의 기업집중이 아니라 중국 자동차시장의 성장 규모와 속도였습니다. 어디까지 얼마나 빨리 커질 것이냐를 분석했어야 합니다. 대한민국 자동차산업의 경쟁력을 높인다는 차원에서 당연히 현대자동차그룹으로 넘겼어야 합니다.

시장 독과점과 재벌의 기업집중으로 발생하는 문제는 또 다른 영역이라고 봅니다. 이미 벌어진 일이긴 하지만 만일 현대자동차에서 인수했더라면 해고 노동자 가운데 23명이나 목숨을 끊는 사태는 일어나지 않았을 겁니다. 쌍용자동차를 재벌에게 줘서는 안 된다고 주장하는 시민단체에게도 문제가 있지만 더 큰 문제는 민주노총입니다. 노사 간의 협상 과정에서 파업을 전략적으로 이용하지 못하다가 막바지에 몰려서야 최후의 수단으로만 활용하는 겁니다. 분노의 감정에 일차적으로 대응할 뿐 그 이상의 전략적인 고려가 없습니다.

쌍용자동차 사태의 밑바닥에는 관리직을 포함한 경영진의 도덕적 해이와 함께 우리나라 굴지의 회계법인이 자행한 회계 조작이 숨어 있습니다. 쌍용자동차 노조가 상하이자동차로의 매각에 합의하면서 파업을 철회했을 때, 노조 지도부는 회계법인에 대한 지명권 내지는 복수 추천권을 획득했어야 합니다. 그랬다면 최악의 상황은 막을 수 있었을 겁니다. 당시는 참여정부였으니까 가능했을 수도 있었을 테고요. 하지만 거기까지 생각을 못한 거죠.

그다음에 상하이자동차가 쌍용자동차의 기술을 빼먹고 중국으로 철수할 때도 '옥쇄파업'을 할 게 아니라 이명박 정부와 좀 더 전략적으로 협상을 진행해야 했다고 봅니다. 예를 들자면 구조조정을 받아들이는 대신에 법정관리인을 노조에서 추천하는 방안들을 검토해 볼 수 있었던 거죠. 그러나 노조는, 정확하게 말하면 민주노총 금속연맹은 그렇게 하지 않고 옥쇄파업을 선택했습니다. 그 결과 역대 어느 정부보다 비즈니스 프렌들리한 이명박 정부는, 문제 해결 능력이 없던 차에 "때는 이때다." 하며 공권력을 동원해 파업 노동자들을 강제로 해산시켰습니다. 노조 지도부는 명분만 얻었을 뿐 실리는 하나도 챙기지 못한 거죠.

그 후에 해고 노동자들의 삶은 비참해졌습니다. 오죽하면 스스로 목숨을 끊었겠습니까? 참으로 안타까운 일입니다. 그들은 국가 폭력의 희생자인 동시에 민주노총의 전략적 오판의 희생양입니다. 쌍용자동차 사태에서 노조의 가장 큰 실수는 퇴로 없는 벼랑 끝 전술을 선택했다는 겁니다. 노사 간의 소모전은 결국 노동자의 피해로 돌아옵니다.

이창희　　노동운동 지도자들이 이 말을 들으면 굉장히 화를 낼 수도 있겠는데요. 노동운동의 '노' 자도 모르면서 훈수를 둔다고요. 그렇게 잘 알면 "현장에서 직접 노조를 이끌어 보지 그래." 하고 말하겠는걸요.

손 윤　　그렇게 말하는 사람은 하재입니다. 딱지 붙이기를 통해 자신의 약점을 감추려는 거지요. 제 애기 속에서 뭔가를 건져 내는 사람이 상재죠.

이창희　　노조의 경영 참여를 절대로 용인할 수 없다는 회사 측에서 회계법인에 대한 노조의 지명권 내지는 복수 추천권을 받아들일까요?

손윤　회사 경영을 잘하고 있는 기업에게 그런 주장을 하면 안 되지요. 그건 지나친 요구입니다. 그러나 경영진이 회사를 잘못 경영해서 워크아웃 또는 법정관리를 신청하는 기업이라면 정부 또는 채권단을 상대로 그런 요구를 해 볼 수 있는 여지는 충분하다고 봅니다. 그런 창조적인 발상이 사회적 비용을 감소시키면서 상생하는 길을 열어 주지 않을까요? 저는 그런 것을 진보라고 봅니다. 머리띠 두르고 구호만 외치는 게 진보가 아니죠.

제 말의 핵심은 회계감사인은 경영자와 투자자 사이에 있는 사람일 뿐만 아니라 경영진과 노동자 사이에 있는 사람이기도 하다는 것입니다. 노동자는 노동을 파는 사람이기도 하지만 노동을 투자하는 사람이기도 합니다. 그렇다면 경영진과 노동자 사이에 정직하고, 공정하고, 투명한 회계감사인이 있어야 한다는 건 지극히 당연한 일입니다. 경영진의 도덕적 해이로 인해 노동자의 생존권이 위협받는다면, 그럴 징후가 보인다면 회계감사인의 역할은 평소보다 몇 배 더욱 중요해질 겁니다.

제가 이런 생각을 할 수 있는 것은 바로 천도교의 인내천사상을 공부했기 때문입니다. 불과 25년 전만 해도 은행이나 관공서가 요즘처럼 조용하고 쾌적하지 않았습니다. 서로 먼저 일을 보고 가려고 눈치를 살피며 북새통을 이뤘지요. 은행이나 관공서에서 순서를 뽑는 번호표가 새치기를 없앴지 '질서 유지'라는 구호가 새치기를 없앤 것이 아니라는 점을 민주노총뿐만 아니라 진보도 간과하지 말았으면 합니다.

이창희　은행이나 관공서에서 번호표를 뽑는다는 게 노조에게 의미하는 바가 무엇입니까?

손 윤　저는 쌍용자동차 사태가 2009년 어느 한 시점에 일어난 일이 아니라 아주 오랜 세월을 두고 서서히 진행되어 왔다고 봅니다. 그 과정 속엔 우리나라 굴지의 회계법인이 참여한 분식회계와 회계 조작이 들어 있습니다. 사건이 터지고서 나서야 노조 지도부가 그것을 알았다는 게 문제였다고 봅니다. 전 앞으로 노조가 한국채택 국제회계기준(K-IFRS)에 의해 만들어진 회계 자료를 읽고 해독할 수 있어야 한다고 봅니다. 그래서 불시에 대규모 구조조정이 들이닥치는 일은 없어야 한다고 생각합니다.

이창희　만일 어떤 노조 지도자가 "쌍용자동차 사태는 자본이 노동자들을 소모품으로 생각하고 있다는 것을 뚜렷하게 보여준 자본주의의 본질이다. 자본은 자본과 노동 사이에 상생의 길을 찾지 않으려는 속성을 갖고 있다. '갑'인 자본이 '을'인 노동을 노예처럼 지배하길 바랄 뿐이다. 공정하고 투명한 회계감사가 자본주의의 본질적인 문제를 해결할 수 있겠는가?"라며 위원장님의 말씀에 이의를 제기한다면 어떻게 대답하시겠습니까?

손 윤　아무리 그렇다 하더라도 공정하고 투명한 회계감사는 중요하다고 답변하겠습니다.

이창희　앞에서 위원장님은 우리나라의 진보는 절름발이고 보수는 귀머거리라고 하셨는데요…….

손 윤　그렇게도 얘기할 수 있겠지만 또 이렇게도 얘기할 수 있을 것 같습니다. 우리나라의 진보는 도전에는 강하지만 재전엔 약하고, 우리나라의 보수는 재전에는 강하지만 도전엔 약하다고요.

이창희　삼전론으로 보면 그렇게 볼 수도 있겠네요. 왜 그렇게 되었을까요?

손 윤　예를 들어 이렇게 설명할 수 있겠죠. 한국의 진보는 프랑스대혁명과 러시아대혁명에 대해서는 잘 알면서 동학혁명과 삼일독립운동의 실상에 대해선 연구하지 않습니다. 삼일독립운동을 순진한 지식인들이 벌인 만세운동 정도로 평가절하하는 경향이 있습니다. 하지만 실제로 삼일독립운동은 손병희 선생을 중심으로 천도교가 10년 이상을 준비한 세기적인 사업이었습니다. 그렇게 대수롭지 않게 볼 수 있는 게 아니란 말입니다.

또 우리나라의 보수 지식인들은 지나칠 정도로 미국식 사고방식에 젖어 있습니다. 미국의 지식과 정보가 아니면 쳐주지도 않으려 해요. 그런데 미국과 한국의 문화가 다르다 보니 과정을 중시하는 미국식 사고방식의 장점은 실종되고 성과 위주의 단점만 남았습니다. 이것이 한국 보수의 한계입니다.

이창희　　그렇다면 우리나라의 백년대계를 위해서 진보와 보수는 각각 어떻게 달라져야 한다고 보십니까?

손 윤　　먼저 진보는 자신이 말하고 싶은 이념을 시스템으로 구축하여 결과로 보여 주는 능력을 키워야 한다고 봅니다. 앞에서 제가 말한 것 가운데 노조가 회계감사인을 지명 또는 추천하는 게 중요하다는 사실을 간과하는 이유도 시스템을 모르기 때문입니다. 우리나라 대부분의 대기업 노조 집행부는 외부 감사를 받아 본 적이 없고 받지도 않습니다. 이런저런 이유를 대지만 그건 대부분 핑계입니다.

이창희　　그렇다면 보수는 어떻게 달라져야 할까요?

손 윤　　보수는 탐욕을 줄이고 다른 사람의 고통을 돌아볼 줄 알아야 하는 건 물론이고 자신들이 사람을 인위적으로 조정하고 통제할 수 있다는 교만을 버려야 합니다. 최소한 남의 가게를 빼앗기 위해 임대료를 두 배로 올리는 일은 하지 말아야죠. 그 교만을 버리지 않으면 하루아침에 모든 걸 잃어버릴 수도 있다는 걸 알아야 합니다. 그만큼 우리나라의 경제는 위기입니다. 그 위기가 상대적 박탈감이라는 화약고로 옮겨 붙는 건 순식간의 일입니다. 우리나라 경제는 현재 통계상으로 나타나는 것보다 훨씬 더 심각합니다. 그동안 선진국의 문턱을 넘지 못하고 깔딱고개에서 멈춰서 있는 동안 기초 체력을 많이 소진했습니다. 가진 자들이 사회적 고통을 나눌 생각을 하지 않는 한 변화는 어려울 것입니다.

이창희　　진보와 보수에 대한 이야기에서 한 걸음 더 나아가 한미 FTA에 대해 여쭙도록 하겠습니다. 한미 FTA 협정이 이미 체결되긴 했지만 한미 FTA에 대해 위원장님의 생각은 어떻습니까? 찬성입니까, 반대입니까?

손　윤　　조건부 찬성입니다. 지금의 대한민국 경제 규모는 과거에 비해서 크고 복잡해졌습니다. 우리나라가 앞으로 10년 내에 수출 중심의 국가경제를 내수 중심의 국가경제로 바꿀 수 있느냐고 물으면 대부분의 경제학자들은 고개를 흔듭니다. 그렇다면 우리나라가 기술 선진국이냐 하면 그건 아닙니다. 금융 선진국이냐 하면 그것도 아닙니다. 이런 상황에서 FTA는 그 대상국이 미국이든 미국이 아니든 매우 중요하다고 봅니다. 세계경제의 틀 안에서 우리가 자율적으로 선택할 수 있는 경제정책의 폭은 그다지 넓지 않습니다. 지금의 우리 상황이 어떤 면에서는 구한말의 상황과 비슷하다고 봅니다. 개방은 피할 수 없습니다. 문제는 어떻게 국내 시장의 충격을 완화하면서 FTA의 과실을 따먹을 수 있느냐 하는 거죠. 그래서 저는 정치가 중요하고 외교가 중요하다고 봅니다. 지금처럼 싸우기만 하다간 구한말처럼 국운이 쇠잔해질 수도 있다고 봅니다.

이창희　　그러나 한미 FTA를 반대했던 사람들에게도 나름의 논리가 있다고 보는데요.

손　윤　　그분들의 주장에도 일리 있는 면이 있지요. 특히 농업 분야에서는요. 하지만 이렇게 반문해 봐야 합니다. 우리나라 농업이 지금 상태로 있으면 나날이 치열해지는 국제 경쟁에서 살아남을 수 있겠느냐고 말이죠. 또 금융과 서비스 분야가 지금의 상태를 유지하는 게 과연 국민에게 득이 되는 일이냐고 묻고 싶습니다. 우리나라의 금융은 아직도 정부의 입김에서 자유롭지 못하고 의사 결정 방식에도 문제가 많아 부실 경영의 원인이 되고 있습니다. 특히 세무, 회계, 법무 등의 서비스 시장은 고비용 저효율의 구조에서 문제만 양산하고 있다고 봅니다. 이런 상황에서 외부로부터의 충격이 무섭다고 빗장을 걸어 잠그고 있으면 문제가 저절로 해결되는 건 아니잖습니까? 저는 한미 FTA를 이용해 우리의 문제를 능동적으로 개선하는 계기로 삼아야 한다고 생각합니다.

이창희　　한미 FTA에 대해 그렇게 말하는 건 "가진 자들의 배만 불리고 일반 서민들은 죽어도 좋다는 소리다."라고 말하는 사람에겐 어떻게 답변하시겠습니까?

손 윤　　한미 FTA로 일어날 수 있는 여러 가지 폐해에 대해 써 놓은 책들을 읽어 봤습니다. 대부분이 정치적인 수사로 일관되어 있지 않으면 부정적인 시나리오 일색이었습니다. 경제를 얘기할 때는 정치적인 수사와 주관적인 해석은 금물입니다. 경제는 숫자로 얘기해야 합니다. 숫자로 얘기할 수 없는 부분도 계량화하기 위해 기초 조사를 해야 합니다. 숫자로 얘기할 수 없다면 긍정적인 효과와 부정적인 효과를 비교해서 긍정적인 면은 계속해서 살려 나가고 부정적인 면은 신속하게 그 대비책을 만드는 방향으로 의사 결정을 해야 한다고 봅니다.

한미FTA가 발효되면 우리나라의 제2금융권이 초토화된다는 내용의 글이 실려 있는 책을 본 적이 있습니다. 그러나 한미FTA가 발효되기 전에 우리나라 저축은행은 보수 정치인들이 다 망쳐 놨습니다. 그렇다고 해서 진보 정치인들이 어떤 대안을 내놓았느냐 하면 그것도 아닙니다. 지금처럼 담보가 없으면 서민들이 돈을 빌릴 수 없는 금융 시스템 안에서 어떻게 일자리가 늘어나겠습니까? 전문직이거나 공무원이 아니면 신용으로 돈을 빌릴 수 없습니다. 금융 시스템의 선진화는 대형 은행에게만 해당되는 것이 아니라 소액 대출자에게 더 필요한 일입니다.

저는 한미FTA를 통해 일어날 수 있다고 예상되는 여러 부작용들은 우리 정치인들이 어떻게 대처하느냐에 따라 얼마든지 그 결과가 달라질 수 있다고 봅니다. 지금처럼 정치인들이 고비용 저효율로 일한다면 국가의 미래는 암울하다고 봅니다. 구한말에 일본 상인들이 고리대금업으로 조선인들의 고혈을 빨아먹었고, 그로 인해 원성이 자자했다는 기록이 남아 있습니다. 그 원인이 과연 일본 사람에게만 있을까요? 반대로 조선이 일본보다 먼저 서구 문물을 받아들여 일본을 개항시켰다면 우리는 일본에게 착한 사마리아인처럼 행동했을까요? 저는 그렇지 않다고 봅니다. 조선의 조정이 잘못해서 백성이 위험에 그대로 노출되었던 겁니다. 힘에 밀려 문호를 개방했다면 그 후속 조치를 신속히 만드는 것이 당시 조선의 정치인이 해야 할 일이었습니다.

지금도 마찬가지입니다. 네가 옳으니 내가 옳으니 하면서 국민들을 동원해 싸우는 건 진보든 보수든 다 나쁘다고 봅니다. 저는 한미 FTA가 발효되자마자 온 국민이 길거리로 나앉는 일은 일어나지 않는다고 봤고, 실제로도 그런 일은 일어나지 않았습니다. 진짜 균열은 보이지 않는 곳에서부터 시작됩니다. 그래서 정치와 정치인의 역할이 중요한 거지요. 이 세상에 정치와 연결되지 않은 건 하나도 없다고 합니다.

이창희　어떤 사람들은 또 이렇게 말하더군요. 한미FTA가 공공 산업을 민영화시켜 서민들의 삶을 지금보다 더 어렵게 만들 거라고요.

손 윤　그럴 가능성이 전혀 없는 건 아닙니다. 그러나 그런 일이 일어나도록 최종적으로 문서에 도장을 찍는 사람이 누구입니까? 바로 정치인들입니다. 고종 임금을 협박해서 을사늑약에 도장을 찍도록 만든 사람이 누굽니까? 을사오적이라는 정치인들이었습니다. 우리나라의 공공 산업을 미국 기업에 팔아넘기는 문서에 최종적으로 도장을 찍는 사람은 우리나라의 정치인입니다. 정치가 바로 서야 나라가 바로 선다는 말이 괜히 있는 게 아닙니다. 저는 한미FTA를 지금처럼 흑백논리로 재단하는 일이 계속되어선 안 된다고 봅니다.

이창희　한미FTA의 협상 과정이 굴욕적이라서 반대했다는 사람도 있습니다. 그런 말에 대해선 어떤 생각을 갖고 계십니까?

266

손 윤　맞습니다. 한미FTA 협상 과정은 제가 보기에도 국민경제의 이익을 챙기지 못한 측면이 많습니다. 손병희 선생의 삼전론으로 말하자면 언전을 수행할 인재를 키우지 않은 탓입니다. 그렇다고 해서 한미FTA를 폐기해야 한다고 말하는 것은 논리의 비약입니다. 이명박 정부의 한미FTA는 참여정부의 한미FTA와 다르다고 광고하는 민주당이나 고인이 된 노무현 대통령을 등장시켜 한미FTA를 홍보하는 이명박 정부나 거기서 거깁니다. 조금도 다르지 않아요. 그 정도 능력으로 어떻게 국가경영을 하겠다는 건지 모르겠습니다. 지금 심정 같아서는 손병희 선생 유택에 와서 무릎 꿇고 삼전론의 정신을 배우라고 일갈하고 싶습니다.

이창희　그럼 ISD* 조항이나 역진방지 조항에 대해서는 어떻게 생각하십니까?

손 윤　그건 문제가 심각합니다. ISD 조항보다도 역진방지 조항**의 문제가 더 크다고 봅니다. ISD 조항은 국가의 공공 정책 능력과 밀접한 관련이 있지만 역진방지 조항은 서비스산업의 전 분야에 걸쳐서 국민들의 삶과 밀접한 관련이 있으니까요. 이런 조항을 다시 협상해야 하기 때문에 조건부 찬성이라고 말하는 거지요. 하지만 그

---

* ISD; 외국에 투자한 기업이 손해를 봤을 때 투자 유치국의 국내 법원이 아닌 제3의 중재 기구인 세계은행 산하의 국제상사분쟁재판소(ICSID)에서 분쟁을 해결하도록 명시한 조항이지만 한미FTA에서는 우리나라에게만 적용되고 미국에는 적용되지 않도록 해서 문제가 되고 있음.

** 역진방지 조항; 한 번 개방된 수준에 대해서 다시 되돌릴 수 없도록 한 것.

것보다 더 걱정되는 점이 있습니다. 그건 자유무역을 주장하다가 선진국들이 갑자기 보호무역으로 선회하는 겁니다. 미국이 석유를 보호무역화하는 바람에 일본이 진주만을 공격한 것이 태평양전쟁이니까요. 당시에는 중동에서 지금처럼 석유가 나지 않았거든요.

이창희　　장하준 교수의 '사다리 걷어차기'와 유사한 개념인가요?

손　윤　　그렇다고 할 수 있습니다.

이창희　　식량 안보의 차원에서 한미FTA를 폐기했어야 한다고 말하는 분이 있다면 위원장님은 그분을 어떻게 설득하시겠습니까?

손　윤　　식량 안보라는 원론에서는 일리가 있는 얘기이므로 일단 수긍하겠습니다. 그리고 반문하겠습니다. 농업에 대한 근본적인 개혁 없이 지금의 상황에서 한미FTA를 폐기하면 곧 바로 식량 안보가 확보되느냐고. 국제 곡물시장의 가격이 급등했을 때 5000만 인구를 먹여 살릴 방도가 있느냐고. 결국 이 문제도 정치 문제로 귀결되고 맙니다. 현재의 상황에서 획기적이면서도 충격이 적은 방식으로 농업 문제의 해결 방안을 만들어 낼 책임은 농촌을 지역구로 하는 국회의원들에게 있다 하겠습니다.

이창희　　그렇다면 위원장님이 생각하시기에 우리나라 농업이 가야 할 방향은 어디라고 생각하십니까?

손 윤　제가 국회의원도 아닌데 질문이 좀 지나치십니다. (웃음) 하지만 저도 시골 출신이고 아직도 농사를 짓는 일가친척이 있으니 평소 생각했던 범위 내에서 짧게 대답하죠. 한미FTA가 체결되기 이전부터 농업은 고사 상태에 있었습니다. 한미FTA 때문에 우리나라 농업이 위기에 처하는 게 아닙니다. 그런데도 한미FTA가 당장 우리나라 농업을 폐허로 만들 것처럼 말하는 건 일종의 정치 선동에 불과합니다. 한미FTA가 체결되든 체결되지 않든 우리나라 농업이 경쟁력을 잃고 고사되는 건 시간문제입니다.

개인적인 생각이지만 우리나라 농업을 살릴 수 있는 길은 몇 개의 마을을 행정적으로 통합해서 새로운 행정단위를 만들고 그 안에 복합 영농조합을 만들 수 있도록 제도 개선을 하는 길밖에 없다고 생각합니다. 이 제도를 도입하려면 농가 부채와 함께 지금의 농협이 안고 있는 여러 난맥상을 해결하지 않으면 안 됩니다. 여야가 합의하여 국민투표를 실시해서라도 농업이 살아날 수 있는 새로운 기반을 조성했으면 하는 바람이 간절합니다. 정 안 되면 대통령이 긴급 재정명령권이라도 발동해서 문제를 풀어야 합니다. 그렇지 않고선 그 어떤 농업 혁신 정책도 실효성이 없습니다.

이창희　대통령에게 그런 권한이 있나요?

손 윤　대한민국 헌법 제76조에 규정되어 있습니다.

이창희　손병희 선생의 삼전론에 입각하여 한미FTA와 농업 문제를 정리해 주시면 감사하겠습니다.

손 윤　우리나라의 농업 문제는 도전과 재전을 결합해서 풀어야 한다고 생각합니다. 한미FTA로 파생될 부작용은 언전과 재전을 결합해서 풀어야 한다고 봅니다. 제가 동국대학교에서 국제통상학 박사 과정을 공부할 때 곽노성 교수로부터 들었던 얘기로 마무리하겠습니다. 곽노성 교수께서 말씀하시길 강대국과 국제 협상을 할 때 6을 내주고 4를 얻으면 좋은 일이고, 5.5를 내주고 4.5를 얻으면 성공이라고 하셨습니다. 이 말은 단순히 협상의 기술만을 의미하는 것이 아닐 것입니다. 삼전론에 있어서 언전이 의미하는 바는 국가의 미래를 위해서 우리가 포기해야 할 것과 지켜야 할 것을 잘 구분하는 일이고, 그 일을 앞장서서 판단하고 실행하는 외교 전략가가 매우 중요하다는 뜻이라고 생각합니다.

이창희　한미FTA의 찬성과 반대가 시간이 흐르면 흐를수록 이념 대립의 구도로 흐르고 있는데요. 이에 대한 위원장님의 생각이 궁금합니다.

손 윤　저는 한미FTA를 이념적으로 접근하는 데 반대합니다. 지금 세계경제를 지배하고 있는 건 미국이 아니라 유태인입니다. 그들은 우리나라 진보가 얘기하는 민족주의에 갇혀 있지 않습니다. 유태인들은 전 세계에 흩어져 살면서도 자신들의 문화와 가치관을 지키면서 삽니다. 국토는 비좁고 역동성은 강한 우리 민족도 언젠가는 그렇게 될 겁니다. 저는 그런 관점에서 시장 개방과 자유무역에 찬성하는 겁니다. 그래서 한미FTA를 가지고 왈가왈부하면서 싸우는 시간에 그에 대한 후속 조치를 마련하는 게 더 현명하다고 생각하는 거죠.

한미FTA가 발효되면 마치 융단폭격을 받듯이 우리나라 경제가 초토화될 것처럼 말하는 건 옳지 않다고 봅니다. 현대자동차와 기아자동차가 미국과 유럽 시장에서 얼마나 선전하고 있습니까? 이를 통해 우리는 기아자동차를 독자적으로 회생시켜야 한다고 했던 주장이, 우리끼리 잘할 수 있으니 빗장을 걸어 잠가도 된다는 주장이 얼마나 공허한 목소리였는지 알 수 있다고 봅니다.

삼전론으로 한반도의 평화를 말한다

이창희　지금부터는 삼전론을 기반으로 하여 한반도의 미래에 대해 말해 보기로 하죠. 한반도의 미래를 말하려면 미국이라는 초강대국의 영향력 안에서 남북 간의 관계에 대해 이야기하지 않을 수 없을 것 같습니다. 그것이 곧 통일을 어떻게 할 것인가에 대한 이야기겠지만 일단 미국에 대한 이야기부터 시작해 보도록 하겠습니다.

손 윤　그러시죠.

이창희　제가 위원장님의 이야기를 듣다 보니 어떤 면은 반미이고 어떤 면은 친미라는 생각이 드는데요. 이 부분부터 명확히 짚고 넘어 갔으면 합니다.

손 윤　저는 반미주의자도 아니고 친미주의자도 아닙니다. 이분법으로 친미냐 반미냐를 구분하는 일은 언전의 입장에서 바라보면 국제협상론을 모르는 하재들이나 하는 짓입니다. 굳이 말한다면 저는 미국을 잘 활용하자는 용미주의자인 동시에 일제의 식민지 사관과 교육의 잔재를 극복하자는 극일주의자입니다. 제가 손병희 선생의 업적을 강조하는 과정에서 근대사 부분을 이야기할 때는 반미주의자인 것처럼 보일 수밖에 없습니다. 1900년대 초에 미국은 자신들의 이익을 위해 우리 민족보단 일제의 편을 더 들어 주었으니까요. 손병희 선생의 삼전론으로 대한민국의 선진화를 이야기할 때는 친미주의자인 것처럼 보입니다. 1조 달러의 무역 대국이란 현실을 무시할 수 없는 일이니까요.

이창희　위원장님의 역사 인식은 보수와 진보 양쪽 모두로부터 공격을 받을 수 있다고 보지 않으십니까?

손 윤　그럴 수도 있다고도 봅니다. 하지만 그게 뭔 대수겠습니까? 일신의 안위를 생각한다면 문제가 되겠지만 최제우, 최시형, 손병희 선생의 뜻을 받들면서 우리 민족의 후천개벽을 이야기하고자 하는데요. 저는 조금도 개의치 않습니다. 대부분의 제 친구들이 미국에서 박사 학위를 받은 사람들이고 과거의 역사를 끄집어내는 일을 좋아하지 않습니다. 그러나 저는 그 친구들에게 1900년대에 미국이 우리 민족에게 어떤 태도를 취했는지를 끊임없이 이야기합니다. 환갑을 바라보는 그 친구들에게 반미 의식을 불어넣으려는 게 아닙니다. 그 친구들이 역사적인 사실을 똑바로 알아야 한국과 미국의 관계가 서로 건전하게 발전할 수 있다고 보기 때문입니다. 미국이 이승만 박사에게 속았다는 걸 알아야 과거 자신들의 한반도 정책이 어디가 잘못됐는지를 알 수 있을 것이고, 그래야 미래의 한반도 정책을 제대로 세울 수 있다고 봅니다.

결혼을 앞둔 남녀가 어느 한쪽에 대해 잘못된 사실을 알고 있다면 그 결혼이 행복하겠습니까? 또 부모의 결혼 생활이 불행한데 그 자식들이 잘될 리가 있겠습니까? 미국이 만드는 미래의 한반도 정책은 남북의 평화통일과 밀접한 상관성이 있습니다. 일방적으로 미국을 배척하고 우리 민족끼리 잘해 보자는 방식으론 남북의 평화통일을 담보할 수 없다고 생각합니다.

이창희　최근 들어 반미 성향을 가진 사람들이 늘어나는 이유는 뭘까요?

손 윤　진보가 반미 성향을 강하게 보이는 거나 보수가 식민지 청산에 대해 강 건너 불구경 하듯 하는 것 모두 역사 해석의 방법이 정교하지 않기 때문입니다. 무지해서 그러는 면도 있고 일부러 그러는 면도 있는 것 같은데요. 하나의 역사적인 사건 안에는 외부에서 발생하는 요인과 내부에서 발생한 요인이 혼재되어 있습니다. 거기에다 역사의 현장에 있었던 사람에 의해 필연적으로 해석되기도 하고, 우연적으로 해석되기도 합니다.

저는 우리나라의 진보가 반미 성향을 강하게 보이는 이유는 한국전쟁과 광주민주화운동에 대한 트라우마를 극복하지 못했기 때문이라고 봅니다. 한국전쟁에 있어 미국의 책임이 전혀 없다고는 할 수 없지만 미국 때문에 우리 민족이 분단되었다고 말하면서 한국전쟁을 민족해방전쟁이라고 말하는 건 좀 문제가 있다고 봅니다. 한국전쟁은 베트남전쟁과는 성격이 좀 다릅니다. 광주민주화운동 과정에 대한 트라우마도 마찬가지입니다. 당시 미국이 애매모호한 태도를 취한 것을 문제 삼을 수는 있으나 미국이 처음부터 모든 상황에 개입하였다는 건 좀 무리라는 생각이 듭니다.

제2차 세계대전 후에 미국과 소련에 의해 우리 민족은 남과 북으로 갈라졌지만 오스트리아는 좌우의 정치 지도자들이 힘을 합쳐 미국과 소련의 합의를 이끌어 냄으로써 영세중립국의 지위를 부여받았습니다. 역사적인 사건을 해석할 때 어느 한 면만을 바라보면 곤란합니다. 산 위에서 들판을 내려다보듯 입체적이고 폭넓은 시각을 견지해야 한다고 봅니다. 그것이 제가 역사를 공부하면서 터득한 지혜라면 지혜라고 할 수 있습니다. 우리나라의 평화통일을 바라는 분이라면 삼일독립운동과 손병희 선생의 삼전론에 대해 좀 더 많은 관심을 가져주시고 의암경영연구소를 자주 찾아주시면 힘이 되겠습니다.

이창희　진보와 보수가 미국과 북한을 바라보는 시각에 현격한 차이가 있는 것 같습니다. 위원장님은 이에 대해 어떤 시각을 갖고 계신지요?

손 윤 그 문제에 대해서 제가 뭐라고 얘기할 수 있는 입장은 아닌 것 같습니다. 그러나 이렇게는 얘기할 수 있겠지요. 1919년 삼일독립운동이 일어났을 때 우리나라에는 좌우가 없었다고 해도 과언이 아닙니다. 설사 있었다 해도 지금처럼 극심하게 대립하지는 않았다고 봅니다. 그런데 1945년 이후부터 극심하게 대립하기 시작했습니다. 그 이유는 우리가 알게 모르게 강대국에 의존해서 우리의 문제를 해결하려는 경향이 내재되어 있었기 때문입니다. 그래서 누가 미국이 좋다고 하면 그쪽으로 우르르 몰려가고 또 누가 소련이 좋다고 하면 그쪽으로 우르르 몰려갔던 거죠. 앞에서도 말씀드렸지만 오스트리아는 미국과 소련의 영향력을 동시에 받는 바람에 샌드위치 신세가 되었지만, 우리처럼 분단국가가 되지는 않았습니다. 그것은 당시 오스트리아의 정치 지도자들이 현명한 선택을 했기 때문입니다.

저는 우리 국민이 손병희 선생께서 말씀하신 삼전론의 언전에 입각해서 국제 관계를 냉철하게 바라볼 수 있는 실력을 길러야 한다고 봅니다. 지금처럼 어느 한쪽의 이데올로기를 따라 "이쪽으로 가자. 싫다! 저쪽으로 가겠다." 하면 남북의 평화통일은 요원할 뿐만 아니라 자칫하면 전쟁의 불구덩이로 떨어질 수도 있다고 봅니다. 손병희 선생의 국가경영 철학과 삼전론을 공부하면서 저는 그 안에 남북 평화통일의 길이 있다는 걸 깨달았습니다. 그것은 바로 일원화 정신입니다.

사람들은 제가 일원화를 얘기하면 무작정 합치자는 걸로 오해하는데요. 그렇지 않습니다. 일원화는 오늘에 발을 딛고 내일로 나아가기 위해 작은 일에 얽매이지 말자는 거지요. 조금 더 정확히 말하자면 객관적인 사실과 주관적인 감정을 분리하여 국가경영 전략의 시스템을 새로이 만들자는 겁니다.

손병희 선생께서 삼일독립운동을 준비하시면서 천도교, 기독교, 불교를 하나로 통합하겠다고 생각하셨다면 그 운동은 성공할 수 없었을 겁니다. 손병희 선생께서는 민족의 대동단결 아래 우리나라가 자주독립국임을 선포하는 일에만 매진하셨습니다. 솔직히 말해서 지금 반미를 부르짖는 사람들에게 각자위심이 조금도 없다고 단언할 수 있습니까? 그렇지 못합니다. 반대로 친미를 얘기하는 사람들에게 각자위심이 눈곱만치도 없다고 확언할 수 있습니까? 그 또한 아닙니다. 우리나라가 손병희 선생께서 선포하셨던 자주독립국이 되려면 온건한 진보와 건전한 보수가 머리를 맞대고 앉아 국가경영 시스템을 새로 짜는 일부터 시작해야 한다고 봅니다. 그러기 위해선 조급하게 뭔가를 이루려고 하면 안 됩니다. 과거의 일을 알되 분노하지 말아야 합니다. 우리가 분노해야 할 일은 정의롭지 못한 일이지 과거의 사실들이 아닙니다. 그런 노력을 꾸준히 하다 보면 언젠가는 미국과 북한을 바라보는 시각의 격차도 좁혀지겠지요.

이창희　　그럼 위원장님은 어떻게 남한과 북한이 평화롭게 공존할 수 있다고 보시는지요?

손　윤　　손병희 선생의 삼전론을 가지고 말씀드리겠습니다. 북한은 도전은 지나치고 재전은 부족한 반면, 언전은 그런대로 잘하는 것 같습니다. 북한이 언전을 잘한다는 의미가 미국을 상대로 벼랑 끝 외교술을 구사하는 걸 의미하는 게 아닙니다. 그 내용이 좋다는 뜻도 아닙니다. 다만 국제협상론의 관점에서 미국이나 중국이 뭘 원하는지, 미국이나 중국이 어디까지 행동할 수 있는지, 미국과 중국을 상대로 북한이 무엇을 얻고자 하는 것인지, 미국과 중국이 북한에게 무엇을 줄 수 있는지를 정확하게 계산해서 자신들의 목표에 맞게 행동할 줄 안다는 거지요. 다시 말해 언전 시나리오가 치밀하다는 겁니다.

이창희　북한의 재전이 미흡하다는 건 무슨 말인지 알겠는데요. 도전이 지나치다는 건 무슨 뜻이신지요?

손 윤　우리나라 진보의 어떤 사람들은 북한의 3대 세습과 인권에 대해 언급하지 말자고 주장하는 걸로 알고 있습니다. 그 문제에 대해 제가 "이것이 옳다. 저것이 옳다." 언급하는 것은 적절치 않고요. 삼전론의 도전은 특정인을 우상화하는 것이 아니라는 점만 말씀드리고 싶습니다. 만주에서 일어났던 독립운동의 역사를 연구하면 김일성의 독립운동이 얼마나 과대포장된 것인지는 쉽게 알 수 있습니다. 우리나라에도 삼일독립운동 당시에는 적극적으로 활동하지 않았으나 후일에 독립운동 유공자로 지정되어 포상을 받는 경우도 있지 않습니까?

이창희　김일성의 독립운동 사실이 전혀 근거가 없다는 말씀인가요?

손 윤　거기까진 잘 모르겠습니다. 그러나 얼마 전에 'KBS 역사스페셜'에서 방영되었던 김경천 장군에 대한 이야기나 홍범도 장군에 대한 이야기를 면밀하게 분석해 보면 김일성이 북한 정권에서 찬양하는 만큼 대단한 독립운동가는 아니었다고 봅니다.

이창희　그러면 북한의 인권 상황에 대해서는 어떤 생각을 갖고 계십니까?

손 윤　북한의 인권 상황이 나빠진 것은 북한 정권이 재전에 실패했기 때문이지요. 경제가 무너진 상태에서 정권을 유지하려다 보면 인권이 무너지는 건 자연스런 현상 아닌가요. 저는 인내천사상의 관점에서 북한 주민 돕기를 중단하면 안 된다고 생각합니다. 북한 주민의 인권 보호 차원에서 북한으로 삐라를 날려 보내는 일은 안 했으면 좋겠습니다. 그런다고 북한 정권이 하루아침에 무너지는 게 아니거든요. 북한 정권이 무너질 때가 되면 저절로 무너진다고 봐요. 고무풍선에 삐라를 매달아서 북한으로 보내는 건 북한 주민의 인권 보호에 오히려 역효과를 가져다줍니다.

이창희　그럼 위원장님은 김대중 대통령의 햇볕정책에 대해서는 어떤 생각이십니까?

손 윤　남북한이 서로 으르렁거리며 싸우면 안 된다는 원론적인 측면에서는 동의하지만 그 정책을 시행하는 과정에 있었던 일에 대해서는 동의하지 않습니다. 저는 김대중 대통령의 햇볕정책이 많은 사람들로부터 오해를 받는 이유는 조급하게 추진된 면이 없지 않다고 봅니다. 앞에서도 말씀드렸지만 대통령 임기 5년 안에 뭔가 업적을 남기고 멋지게 퇴장하겠다는 생각이 국민을 분열시키고 문제를 꼬이게 만든다고 봅니다.

이창희　그렇다고 해서 반대하는 사람이 돌아설 때까지 마냥 기다릴 수는 없는 노릇 아닙니까?

손 윤　그래서 삼전론에 입각한 국가경영 전략이 필요하다는 겁니다. 국민 75퍼센트의 생각을 바꾸는 일이 하루아침에 되는 일은 아니니까요. 저는 김대중 대통령께서 남북평화에 대해 국민의 여론을 좀 더 수렴해서 기초를 다지고 노무현 대통령 임기 초에 남북정상회담이 열렸다면 한반도에서의 평화 체제가 좀 더 튼실해졌으리라고 봅니다. 저는 정치인들이 좀 더 느긋하고 치밀했으면 합니다. 손병희 선생의 가르침을 따라 어떤 일을 시작하기에 앞서 10년을 준비했으면 하는데 그게 잘 안 되나 봅니다. 박수와 스포트라이트를 받고 싶어서겠죠.

이창희　그렇다면 우리 남한은 삼전론의 관점에서 어떻다고 보십니까?

손 윤　우리는 재전에는 성공했으나 도전에는 완전히 실패했다고

봅니다. 언전은 '세계 속의 대한민국, 대한민국 속의 세계'라는 말
처럼 아주 잘하고 있다고 봅니다. 다만 미국과의 협상 과정에서 좀
더 많은 국익을 챙기지 못하는 게 늘 아쉽습니다. 하지만 그 또한 하
루아침에 바뀔 수 있는 일은 아니라고 봅니다. 우리가 모든 분야에
서 미국과 대등한 위치에 서서 언전을 할 수 있으려면 최소한 앞으
로 35년은 더 걸린다고 봅니다.

이창희　왜 35년인 거죠?

손 윤　그동안 우리는 좋으나 싫으나 미국의 대외 정책 속에서 국
가체제를 정비하고 발전시켜 왔습니다. 그 세월이 남긴 흔적을 인
정하면서 미국과의 관계를 진정한 동반자 위치로 끌어올리려면, 우
리나라 국력이 커지는 만큼 그 기간이 단축되기는 하겠지만 대략
35년은 걸리지 않겠습니까? 저는 그렇다고 봅니다. 앞으로 의암경
영연구소는 언전에 유능한 인재를 키우는 일에도 적극 나설 생각입
니다.

이창희　위원장님은 우리 남한이 도전에는 완전히 실패했다고 말씀
하셨습니다. 어떤 근거로 그러시는지요?

손 윤　저는 해방 후에 천도교에 어떤 일이 있었던 간에 현상적으
로는 천도교가 우리나라 도전의 바통을 기독교에 넘겨주었다고 봅
니다. 그런데 기독교가 우리 국민을 잘못 계도했다고 생각합니다.

우리나라의 기독교는 미국 남부의 복음주의 전통을 너무 많이 받아들여서 덩치는 큰데 알맹이는 없는 기형아가 됐습니다. 이건 저 혼자의 말이 아니에요. 우리나라의 감리교신학대학과 한신대학교에 계신 많은 신학자들이 하시는 말씀입니다.

이창희　이 세상에 문제없는 종교는 없잖아요? 천도교에도 문제가 많잖습니까?

손　윤　그렇습니다. 하지만 교인이 1000만 명인 기독교가 가지고 있는 문제와 교인이 100만 명이 채 안 되는 천도교가 갖고 있는 문제가 사회에 미치는 파장은 다르지요.

이창희　그렇다면 위원장님이 생각하시는 우리나라 기독교의 가장 큰 문제는 뭐라고 보시는지요?

손　윤　교회 안에서 목회자를 신격화하는 문화죠. 목회자가 아무리 큰 잘못을 저질러도 박수 한 번이면 끝나요. 이래 가지고 어떻게 예수님의 가르침을 온전히 전하겠습니까? 저는 우리나라 기독교인이 바뀌어야 대한민국이 선진국이 된다고 생각합니다.

이창희　지금 하신 말씀이 기독교인보고 천도교로 개종하라는 소리로 들리는데요. (웃음)

손 윤　　앞에서도 말씀드렸지만 저는 하재들이나 하는 그런 몰지각한 방식으로 천도교를 알릴 생각은 없습니다. 저는 천도교가 세계화되는 과정을 통해 거듭나면 자연스럽게 교인이 늘어난다고 보기 때문에 타종교의 문제점을 끄집어내어 공격하는 방식으로 천도교를 알리지는 않을 겁니다. 오로지 실생활에서 손병희 선생의 삼전론을 널리 알리면서 자연스런 포덕을 할 생각입니다.

이창희　　위원장님이 우리나라가 재전에는 성공했다고 말씀하시지만 경제학자들 가운데는 우리나라의 경제가 매우 심각한 암덩어리를 갖고 있다고 말하는 사람도 있습니다.

손 윤　　조금 전에 이 작가께서 "이 세상에 문제없는 종교는 없잖아요?"라고 하셨습니다. 마찬가지로 저도 "이 세상에 문제없는 경제는 없다."고 대답하겠습니다. 그 문제를 고쳐나가는 게 정치인을 비롯한 오피니언 리더가 해야 할 일이지요. 달리 오피니언 리더라는 이름을 붙여 주는 게 아니잖습니까? 저는 우리나라의 진보가 대한민국 산업화 과정의 전반을 부정해선 안 된다고 봅니다. 산업화의 긍정적인 면을 인정하되 부정적인 면을 빠른 시간 안에 고치려고 노력해야 한다고 봅니다. 그러기 위해선 지난 10년간의 세수와 세출의 자료를 펼쳐놓고 새 틀에서 국가경영 계획을 만들 수 있는 실력을 키워야 합니다. 그것을 위해 뼈를 깎는 마음으로 노력해야 합니다. 손병희 선생의 재전론 관점에서 보면 우리나라의 경제는 70점은 된다고 봅니다. 그렇기 때문에 급작스런 충격요법을 쓰는 건 반대합니다.

이창희　삼전론으로 남북한을 진단하다 보니 이야기가 조금 옆으로 샜네요. 다시 돌아와서 손병희 선생의 가르침을 따라 한반도 평화를 이루려면 어떻게 해야 한다고 보시는지요?

손 윤　이 작가께서 저를 골탕 먹이려고 작심을 하셨나 봅니다. 저 같은 사람이 말해 봐야 별 실효성도 없는 질문들을 자꾸 하시니 난감하네요.

이창희　그렇지 않습니다. 위원장님은 국가 지도자를 양성하는 교육기관을 만들려고 하십니다. 장차 봉황의숙에서 국가 지도자로 키워질 사람이 지금 이 책을 읽을 수도 있습니다. 그 사람이 위원장님의 머릿속에 어떤 생각이 들어 있는지 훤히 알아야 봉황의숙에 입교할지 말지를 결정하지 않겠습니까? 그러니 간단하게라도 말씀해 주세요.

손 윤　이 작가께서 그렇게 말씀하시니 더욱 난감해지네요. 좋습니다. 저는 우리나라의 정치 지도자가 아래에서 위로 보고하는 공무원들의 백가쟁명식 통일정책 가운데 적당히 골라 집어서(백화점에서 물건 고르듯) 집행하면 지금까지의 역대 정부가 해 왔던 수준에서 벗어나기 어렵다고 봅니다. 과거엔 남북한 당사자가 어떻게든 만나는 게 중요하니까 백가쟁명식의 통일정책 가운데 가장 그럴 듯한 것 하나를 골라서 집행하는 방식을 취했습니다. 그러다가 일이 뜻한 대로 잘 풀리지 않으면 곧바로 또 다른 카드를 꺼내 들었습니다. 그러다 보니 냉탕과 온탕을 번갈아 오가게 되었죠.

앞으로는 그런 방식으로 일하기가 어려울 겁니다. 그 첫 번째 이유는 우선 김정일 국방위원장이 사망하면서 북한의 지도부가 바뀌었기 때문이고요. 두 번째는 국민의 정부와 참여정부를 거치는 동안에 통일정책에 대한 국민들의 호불호가 극명하게 갈렸기 때문입니다. 다시 말하면 아무리 그럴싸한 통일정책을 내놓아도 반대하는 사람이 반은 된다는 얘기지요.

그래서 저는 지금까지 나왔던 모든 이야기를 집대성하여 위에서부터 아래로의 통일정책을 수립해야 한다고 감히 주장합니다. 그래야 전략적 단계별 로드맵을 만들어 장기간 지속할 수 있는 통일정책을 수립할 수 있기 때문이지요. 예를 들어 미국, 일본, 중국, 러시아의 동의를 얻어 점진적인 통일로 나아가는 중립국 방안이 우리나라의 국가 목표라고 가정했을 때, 이 작가께선 그 일이 진행되는 데 몇 년이 걸릴 거라고 보십니까? 5년 안에 그 일을 완성할 수 있겠습니까? 안 됩니다. 아니 못합니다. 그래서 제가 강력하게 주장하고 싶은 것은, 여야가 10년을 두고 통일정책을 논의하는 통일준비위원회를 대통령 직속으로 설치하고, 손병희 선생의 삼전론에 입각하여 통일정책을 아주 세밀하게 준비하자는 것입니다.

이창희　국가안전보장회의(NSC)와는 다른가요?

손 윤   네. 다릅니다.

이창희   위원장님께서는 왜 남북한 당국이 평화 교류를 통해 평화통일로 가는 일에 더 많은 노력을 기울여야 한다고 주장하시는지요?

손 윤   만에 하나 전쟁이 일어난다고 가정해 봅시다. 전쟁으로 인해 너무나 많은 것들을 잃게 되지 않겠습니까? 첫째, 남북한이 보유한 군사력, 특히 화화학무기 등의 비대칭전략 수행 능력까지 고려하면 어마어마한 인명 피해가 일어날 것입니다. 둘째, 삼성전자를 비롯한 우리나라 수도권의 공장은 초토화될 겁니다. 그동안 어렵게 쌓아놓은 것들이 한순간 물거품이 될 수밖에 없습니다. 공급 과잉으로 인해 발생한 세계경제 위기 문제는 해결될 수 있을지 몰라도 우리나라 경제는 뿌리째 흔들릴 수밖에 없습니다.
반대로 전쟁을 하지 않고 평화통일을 한다면 자연스럽게 해결되는 문제도 있습니다. 그 첫 번째가 인구 문제입니다. 흔히 경제학자들이 말하기를 내수 경기를 활성화시킬 수 있는 단일경제권을 구축하려면 적정 규모의 총인구수가 7000만 명은 넘어야 한답니다. 지금 우리나라 인구가 5000만 명이라고 하면 이보다 40%가 늘어야 한다는 이야기가 됩니다. 그러나 급작스런 인구 증가는 여러 가지 사회문제를 수반하는데, 평화통일이 되면 자연스럽게 7000만 명이 넘게 됩니다. 둘째, 시베리아 철도를 이용한 유럽과의 무역에 있어서 운송비 절감 등이 있다고 봅니다.
그래서 저는 정전협정을 종전협정으로 바꾸는 동시에 남북한상호

불가침선언이라도 있어야 한다고 주장합니다. 그래서 남북한 정치인들이 남북한 문제를 정치적인 도구로 이용해선 안 된다고 봅니다. 따라서 경제전쟁과 자원전쟁에 대비하기 위한 남북 간의 협력은 절실하게 필요합니다.

이창희 위원장님의 얘기가 현실에서 이뤄지기는 쉽지 않다는 생각이 드는데요?

손 윤 저도 압니다. 그래서 정확한 역사 인식에 바탕을 둔 교육이 필요하다고 보는 거죠. 그래서 의암경연구소와 의암손병희선생기념사업회를 만든 거 아니겠습니까?

이창희 이상하게도 위원장님과 얘기하다 보면 모든 이야기의 초점이 손병희 선생에게로 모아졌다가 다시 의암경영연구소와 의암손병희선생기념사업회로 연결됩니다. 이 점에 대해 사람들이 "손병희 선생이 만병통치약이냐?" 하고 묻는다면 뭐라고 대답하시겠습니까?

손 윤 저는 손병희 선생을 우상화하겠다고 말한 적이 없습니다. 집을 지을 때 미리 땅을 고르지 않으면 집을 지을 수 없잖습니까? 제가 말하고 싶은 것은 우리나라가 좌우 이념의 대립이 없었던 1919년 삼일독립운동 당시로 돌아가자는 겁니다. 그러다 보니 자연스럽게 손병희 선생이 부각될 수밖에 없죠. 손병희 선생께서 너무 훌륭하시니까 저의 모든 것을 던져 그분을 흠모하고 배우려는 겁니다. 손병희 선생을 배운다고 한문으로 된 삼전론이나 달달 외우고 있으면 손병희 선생의 국가경영 철학에 대해 저절로 알게 됩니까? 그렇게 되지 않죠. 그래서 연구소를 세워 현실에 맞도록 삼전론을 재해석하고, 그것을 널리 알리기 위해 교육기관을 만들고자 하는 겁니다. 너무 당연한 일 아닌가요? 그렇게 하려다 보니 제 얘기가 손병희 선생, 삼전론, 의암경영연구소, 의암손병희선생기념사업회로 모아지는 경향이 있습니다.

이창희 그 일이 생각만큼 쉽지만은 않을 것 같은데요.

손 윤 우리나라에는 훌륭한 학자들이 많은 걸로 알고 있습니다. 그분들이 발 벗고 나선다면 외국의 이론에 의해 만들어진 국가경영 전략이 아닌 삼전론에 바탕을 둔 국가경영 전략을 충분히 만들 수 있다고 봅니다. 또 우리나라에는 훌륭한 기업인이 많은 걸로 알고 있습니다. 그분들이 도와주면 봉황의숙을 만드는 건 시간문제라고 봅니다.

이창희 지금까지 위원장님을 돕겠다고 나선 기업이나 단체가 얼마나 있나요?

손 윤 지금은 하나입니다만 곧 하늘의 별만큼 많아질 거라고 믿습니다.

288

이창희　지금은 하나인 그 기업은 어떤 회사입니까?

손 윤　서울 강남구 역삼동에 있는 세무법인 '오늘'과 법무법인 '오늘로'입니다. 물론 세무법인 '오늘'은 제가 CEO로 있는 회사이고, 법무법인 '오늘로'는 제가 상임고문으로 있는 회사이긴 합니다. 하지만 두 법인에서 일하는 세무사와 변호사가 없었다면 저는 의암경영연구소와 의암손병희선생기념사업회를 출범시킬 엄두도 내지 못했을 겁니다.

이창희　위원장님의 든든한 배경인 두 법인에 대해 이 자리를 빌려 간단히 PR 좀 하시죠. 위원장님께서 돈을 잘 벌어야 의암경영연구소와 봉황의숙이 쭉쭉 뻗어나가지 않겠습니까?

손 윤　'오늘TAC'는 저를 포함해 30여 명의 세무사가 있는 세무법인 '오늘'과 7명의 조세 전문 변호사가 있는 법무법인 '오늘로'를 중심으로 회계법인 '오늘', 그리고 컨설팅회사 '컨설팅 오늘'이 파트너십으로 협업하고 있는 조세 전문 컨설팅 그룹입니다. 전체 직원의 숫자는 변호사와 세무사를 제외하고도 본·지점을 합해 70명 정도 됩니다.

의암의 삼일정신으로
동아시아 평화를 말한다

이창희　　조금 쉬어 가는 의미에서 위원장님의 이름이 어째서 한 글자인지에 얽힌 일화를 들려주셨으면 합니다.

손 윤　　저희 가문은 처음부터 이름을 외자로 짓지 않았어요. 유독 저의 세대만 외자를 씁니다. 거기에는 독립운동가 집안의 비애가 서려 있는데 지금에 와서 생각하면 웃음이 절로 나요. 할아버지께서 삼일독립운동 당시 영동·옥천 지역 대표를 하시고 감옥에서 나오셔서 만주로 가셨다가 해방이 되면서 고향으로 돌아오세요. 그런데 손자들 이름이 다 외자인 겁니다. 그래서 할머니에게 그 이유를 물었더니 "당신이 일제 경찰을 피해 집을 나갔을 때 집에 있는 문서란 문서는 다 태워 버렸는데, 그때 족보도 함께 태워 버렸어요. 그래서 돌림자를 알 수가 없어서 한 자씩만 지어 놓았어요. 당신이 살아 돌아왔으니 이제 나머지 한 자를 채워 넣으세요.” 하고 말씀하시더랍니다. 그래서 할아버지께서는 “아니오. 이것도 우리 집안의 운명이오. 그러니 앞으로 태어나는 애들 이름도 다 한 자씩만 짓도록 하오.” 하셨답니다. 그래서 제 이름도 제일 큰집의 형들처럼 외자인 ‘손 윤’이 되었지요. 어렸을 때는 쑨순이라며 놀림을 당했어요. 중국어를 아는 어른이 그냥 한마디를 한 게 애들 사이에 확 퍼지는 바람에 졸지에 중국 사람이 됐었지요.

이창희　그 말씀을 들으니 독립운동가의 후손들이 공부를 제대로 하지 못해 평생을 가난하게 사는 사람이 많다는 얘기가 생각납니다.

손 윤　그렇지요. 그래서 의암경영연구소의 목적 사업에는 독립운동가들의 재산 찾아주기가 들어 있습니다. 혹여 국가 소유로 그냥 묻혀 있는 재산들이 있다면 적극적으로 찾으려고 노력해야 한다고 생각합니다.

이창희　뜻있는 사업이라고 봅니다. 뜻이 있는 곳에 길이 있다고 했으니 잘 되시리라 믿습니다.

손 윤　고맙습니다.

이창희　삼일독립운동 당시 손병희 선생의 삼일정신에 입각하여 21세기 동아시아의 평화에 대해 이야기를 나눠 보고자 합니다. 안중근 의사께서 하얼빈 역에서 이토 히로부미를 저격하면서 밝힌 15조의 죄목 가운데 제14조가 '동양 평화를 깨뜨린 죄를 응징한다.'로 나와 있습니다. 안 의사께서 말씀하신 '동양 평화'라는 말이 당시 세계사조의 중심인 식민지 제국주의와는 너무나 동떨어진 얘기라서 잘 와 닿지 않을 뿐만 아니라 이토 히로부미도 '동양 평화'를 애기했다는 사실이 너무나도 놀랍습니다. 안중근 의사께서 말씀하신 동양 평화와 이토 히로부미가 말한 동양 평화가 어떻게 다를까요? 또한 안 의사의 동양 평화론이 센카쿠 열도(중국명 댜오위다오) 분쟁 이후에 언론에 자주 등장하는 '동아시아 평화'와 같은 의미로 해석할 수 있겠는지요?

손 윤　결론부터 말하면 이토 히로부미의 동양 평화와 안중근 의사의 동양 평화는 그 근본부터 다르다고 할 수 있습니다. 안 의사의 동양 평화는 애천·애족·애인 사상에 기반을 둔 진정한 동양 평화라면, 이토 히로부미의 동양 평화는 일본의 군국주의를 위장하기 위한 동양 평화라고 할 수 있겠지요. 그래서 '거짓된 동양 평화'인 겁니다.

이창희　이토 히로부미의 동양 평화는 일본의 군국주의를 위장하기 위한 거짓된 동양 평화라고 단언할 수 있는 근거는 무엇인가요? 일본 사람 입장에서 볼 때 안중근 의사의 의거는 자신들의 영웅인 이토 히로부미를 암살한 테러로 보일 수도 있잖습니까?

손 윤　이토 히로부미의 동양 평화가 거짓이라는 사실은 이시다 다케시 전 도쿄대학 교수가 말한 내용에서도 여실히 드러납니다. 그는 "이토 히로부미가 생각한 동양 평화는 일본의 세력 확장과 안전이 최우선이었다. 그래서 동양 평화를 주장하면서도 동양 평화의 주체는 일본이라는 생각에서 탈피하지 못했던 것이다."라고 말하고 있습니다. 또 일본인 다큐멘터리 작가인 사키 류조는 《안중근과 이토 히로부미》라는 작품을 쓰면서 "이토의 평화론이란 결국 강한 군사력을 가지고 주변국을 침략하는 것이다. 때문에 안중근의 동양 평화론과는 발상 자체가 다른 것이다. (중략) 기본적으로 일본이 동양의 중심이 되어야 한다는 사상이다."라고 말했습니다. 일본 최고의 대학인 도쿄대학의 교수와 일본의 작가가 이렇게 말하고 있다면 이토 히로부미의 동양 평화가 거짓임을 입증하고도 남는 게 아니겠습니까?

이창희　인정하겠습니다. 그렇다면 안중근 의사의 동양 평화론이 이토 히로부미의 동양 평화론과 어떻게 다른가요?

손 윤　안 의사께서 직접 쓰신 《동양 평화론》에 나와 있는 말을 그대로 인용해 보겠습니다. "동양 평화를 실현하고 일본이 자존하는 길은 우선 조선의 국권을 되돌려 주고 만주와 청국에 대한 침략 야욕을 버리는 것이다. 그러한 후에 서로 독립한 청·조선·일본의 3국이 평화를 부르짖고 서로 화합하여 점차 개화의 영역으로 진보해서 구주와 세계 각국과 더불어 평화를 위해 진력하는 것이다. 이렇게 하면 동양 평화는 실현되고 유지될 수 있을 것이다."

이창회　　안중근 의사의 동양 평화 사상에는 오늘날 유럽 지역의 EU 와 아시아·태평양 경제협력체(APEC)와 비슷한 '동아시아 공동체론'이 들어 있다고 합니다. 위원장님이 그 내용을 알고 계시면 간단한 소개를 부탁드립니다. 제2차 세계대전 이후에 만들어진 평화헌법을 개정해서라도 일본이 재무장을 추진하며, 일본과의 영토 분쟁 지역에는 군사 개입을 강행하겠다는 아베 총리의 발언이 나오는 시점에서 안중근 의사의 동양 평화 사상이 우리에게 시사하는 바가 크다고 보기 때문입니다.

손 윤　　그 내용은 안중근 의사 의거 103주년 기념 국제학술회의에서 고려대 현광호 교수가 발표한 〈안중근의 동양 평화론과 그 성격〉, 한성대학 총장을 역임한 윤경로 교수가 쓴 〈안중근 의거 배경과 동양 평화론의 현대사적 의의〉에 잘 나와 있습니다. 그 내용의 일부만 발췌하여 말씀드리지요.

"동양의 중심지인 뤼순(旅順)을 영세중립 지대로 정하고, 상설위원회를 만들어 분쟁을 미연에 방지하고, 한·중·일 3개국이 일정한 재정을 출자하여 공동 은행을 설립하고 공동 화폐를 발행하여 어려운 나라를 서로 돕고, 동북아 공동 안보 체제 구축과 국제평화군을 창설하며, 한·중·일 세 나라의 황제가 교황청을 방문하여 교황 성하께 협력을 맹세하고 왕관을 받는다면 세계 민중의 신용을 얻을 수 있을 것이다."

이창희　100년 전에 오늘날의 유럽연합과 똑같은 생각을 했다는 게 참 대단하네요.

손 윤　그렇기 때문에 안중근 의사를 테러리스트라고 부를 수 없는 겁니다. 그런데도 '역사 바로 눕히기'를 주장하는 학자와 그에 동조하는 일부 몰지각한 정치인들이 있으니 중국의 동북아공정과 주변 강대국들의 군비 증강을 어떻게 헤쳐 나가야 할지 솔직히 눈앞이 캄캄합니다. 아직도 남북의 평화통일 기반을 조성하려면 '북한의 핵문제'와 함께 넘어야 할 산이 첩첩인데 말이죠. 정치인들이 제발 정신 좀 차리고 역사 공부 좀 제대로 했으면 좋겠어요.

이창희　안중근 의사의 동양 평화론은 여기서 멈추고, 삼일정신에 나타난 의암 손병희 선생의 동양 평화론에 대해 살펴보는 시간을 갖도록 하겠습니다. 위원장님께서 삼일독립선언서에 나타난 의암 손병희 선생의 평화 정신에 대해 말씀해 주셨으면 합니다.

손 윤　한국의 독립이 동양의 평화, 세계의 평화, 인류의 행복을 위해서 반드시 필요한 일이라고 선포하신 손병희 선생의 삼일정신은 ①일원화 ②(민주적인)대중화 ③비폭력화로 압축할 수 있습니다. 다음으로 선생께서 강조하신 삼일독립운동의 행동강령을 살펴보도록 하겠습니다. 그것은 첫째, 평화적이고 온건하여 감정에 흐르지 말라고 강조한 것. 둘째, 동양의 평화를 위하여 조선의 독립이 절대 필요함을 강조한 것. 셋째, 민족자결에 의한 자주독립이 전통 정신에 입각한 정의와 인도의 운동임을 강조한 것입니다. 처음부터 끝까지 비폭력 정신에 의거해 진행하는 평화 집회임을 강조하고 있다는 데서 손병희 선생의 삼일정신만큼 21세기 동아시아의 평화를 이끌 정신은 더 이상 나올 수 없음을 깨닫게 됩니다. 삼일독립운동이 단순한 배일 정신에서 온 것이 아니라 민족의 생존 발전상 당연한 지위를 요구하는 것이기 때문에 더욱 그렇다고 보입니다.

이창희 일본이 우리와는 독도 분쟁을 일으키고 중국과는 센카쿠 열도 분쟁에 휘말리고 있잖습니까? 일본이 작은 섬들을 가지고 영토 분쟁을 일으키는 이유가 뭘까요? 제2차 세계대전에서의 패배를 인정하고 싶지 않다는 뜻일까요?

손 윤 그렇게 단순한 문제가 아닙니다. 독도는 울릉도와 대륙붕으로 연결되어 있는데, 그 대륙붕 아래 메탄가스의 하이드레이트˙ (1930년대에 발견)가 매장되어 있을 가능성이 높고 센카쿠 열도의 해저에는 석유와 천연가스가 매장되어 있을 가능성이 매우 높기 때문이죠. 일본이나 중국 모두 화석연료가 떨어지는 날을 대비하는 거죠.

이창희 일본과 중국이 센카쿠 열도에서 자원전쟁을 하는 거군요.

˙ 하이드레이트; 가스가 고체 상태로 응결되어 있는 물질. 1리터의 얼음 속에 200리터의 가스가 들어 있다고 함.

그렇다면 동양평화를 정말로 이루려고 노력해야겠네요. 정치적인 수사가 아니라 손병희 선생의 도전론처럼 좀 더 큰 가르침이 있어야겠어요. 위원장님의 생각은 어떠세요?

손 윤　맞습니다.

이창희　저는 동아시아의 평화가 진암 박영인 선생께서 말씀하셨다는 천도교의 세계화와 맞물려 있지 않을까 생각하게 되었습니다.

손 윤　우연인가요? 저도 똑같은 생각을 하고 있었는데요.

이창희　왜 그렇게 생각하셨어요?

손 윤　일본은 겉으로는 경제 대국이지만 지난 1990년 이후로는 쇠락의 길을 걷고 있습니다. 일본을 대표하던 전자회사인 소니는 우리나라의 삼성전자에게 항복한 지 10년이 넘었고요. 일본의 세계적인 자동차 회사인 도요타는 우리나라의 현대자동차에게 추월당하기 직전입니다. 이런 상황에서 우리말과 글을 배우는 한류까지 불고 있어요. 지금이 일본 사람들에게 천도교를 포덕할 수 있는 아주 좋은 기회이지요. 일본은 섬나라여서 활력이 없는 사회입니다. 천도교의 인내천사상이 일본에 전파되면 일본 사회가 활력을 찾을 겁니다. 그러면 일본 국민들이 자연스럽게 20세기 초에 일본이 한국과 중국에 어떤 잘못을 했는지 알게 되는 것은 물론이고, 손병희 선생의 삼일정신도 알게 되겠죠. 손병희 선생의 삼일정신을 알게 되면 비폭력의 평화 정신을 알게 되는 건 시간문제라고 봅니다. 그렇게 되면 영토 분쟁을 일삼는 자기 나라의 정치 지도자들을 불신하게 되리라 봅니다. 그것이 곧 동아시아 평화로 가는 길이라는 생각이 들었습니다.

손 윤　이 작가께서는 왜 천도교가 동양 평화를 이루는 데 기여할 거라고 생각하셨어요?

이창희　조금 전에 위원장님께서 일본이 우리나라와 중국을 상대로 영토 분쟁을 하는 이유는 석유와 천연가스를 지금처럼 쓰다간 얼마 가지 못해 일어날 자원 고갈 사태에 대비하려는 차원이라고 말씀하셨잖아요? 그렇게 남의 것을 뺏으려고 싸움을 일으키지 않으면서 평화를 유지할 수 있는 방법이 뭘까 잠시 생각해 봤어요. 결론은 과도한 소비를 하지 않는 근검한 생활이거든요. 사실 자본주의의 여러 문제는 인간의 욕망을 부추기는 데 있잖아요? 에너지 자원을 아끼며 근검하게 살면서 평화를 지킬 수 있는 건 올바른 종교를 믿는 수밖에 없다고 봅니다. 그래서 천도교의 세계화를 떠올려 봤습니다.

손 윤　정확하게 보셨습니다. 천도교를 동양의 퀘이커교라고 말하는 비교종교학자도 있어요. 다른 건 몰라도 퀘이커교가 근검절약하면서 친환경적인 종교인 것은 확실합니다.

이창희　저는 또 이런 생각도 해 봤습니다. 일본의 문화는 백제 문화에 뿌리를 두고 있고, 백제 문화에 뿌리를 둔 일본인의 문화 정서는 우리와 비슷하다. 따라서 천도교의 인내천사상을 받아들이기 쉬울 것이다. 일본인에게 20세기 초의 침략국가가 아닌 고대의 문화국가로 돌아가자고 설득하는 캠페인을 전개한다면 상당한 효과가 나타날지도 모른다는 생각이 불현듯 들었습니다.

손　윤　문화국가! 참으로 멋진 착상입니다. 일본의 종교는 전통적 신앙인 신도와 불교가 결합되어 있다고 합니다. 일본의 불교는 우리나라의 불교와 달리 산사 중심이 아니라 마을 공동체 안에 있다고 합니다. 천도교가 생활공동체로 불교보다 앞선 종교라는 사실만 보여줄 수 있다면 21세기를 사는 일본의 젊은이들과 잘 융합할 수 있겠다는 생각이 듭니다.

이창희　일본 국민의 다수가 천도교의 인내천사상을 받아들인다면 동양 평화를 향해 한 걸음 성큼 다가서게 되는 거지요.

손　윤　생각만 해도 기쁘군요.

이창희　위원장님은 중국에서도 천도교가 포덕될 수 있다고 보시나요?

손　윤　이 작가는 어떻게 보세요?

이창희　저는 중국이 시장경제를 받아들였다 하더라도 정치적으로는 공산국가라서 당장은 힘들 것 같다는 생각이 듭니다.

손 윤　저는 최제우 선생께서 "중국이 포덕되는 날이 후천개벽이 일어나는 날이다."라고 말씀하셨던 걸 믿고 싶습니다. 중국 사람들은 돈을 좋아한다니 장사를 하면서 천도교를 포덕하면 어떨까 하는 생각을 해 본 적이 있습니다.

이창희　이슬람교도들이 '한 손엔 코란, 다른 한 손엔 칼'을 들었듯이 우리도 '한 손엔 동경대전, 다른 한 손엔 지폐'를 들고 포덕을 하는 거군요.

손 윤　어떤 장사를 하면 성공할까요?

이창희　초정약수를 수출하면 어떨까요? 물은 평등과 민주를 상징하는 거니까요.

손 윤　평등과 민주를 상징하는 물을 팔아 보겠다는 이 작가의 발상이 참신하군요. 이 작가께서 초정약수를 말씀하시니까 손병희 선생과 얽힌 일화가 하나 더 생각나네요. 손병희 선생께서 21살 때의 일이었다고 합니다. 선생께서 살던 마을에서 약 10킬로미터 떨어진 곳에 초정약수라는 아주 유명한 약수터가 있었습니다. 지금도 있고요.

이창희　　그 얘긴 이미 들었습니다. (웃음)

손 윤　　초정약수터에서 못된 양반들을 혼내 주는 손병희 선생을 보고 지나가던 과객이 선생께 지어 바친 시가 있어요, 제가 암송하는 시는 못 들으셨죠? 한 번 들어 보세요. 참 좋아요.

　　　수운망목발화가(雖云亡木發花佳)
　　　탕지연화우향호(蕩池蓮花尤香好)
　　　고금반상하유별(古今班常何有別)
　　　초정세심평등인(椒井洗心平等人)

이창희　　무슨 뜻인지도 풀어 주셔야죠.

손 윤　　'비록 가시나무라 이를지라도 편 꽃은 아름답고, 더러운 못의 연꽃이라도 향기는 더욱 좋더라. 예와 지금 양반과 상놈이 무엇이 다름이 있으랴. 초정에 마음을 씻으니 사람은 평등이더라.'라는 한시 〈초정약수음〉을 읊어 드린 것입니다.

이창희　　위원장님의 한문 실력이 수준급입니다. 중국에서 물장사를 하면서 천도교를 포덕하면 재미있을 것 같습니다. 돈도 벌고 한중일 인내천 네트워크에 의해 자동적으로 동양 평화도 실현되고 말이죠. 도랑 치고 가재 잡는 격이잖아요. (웃음)

손 윤　이 작가께서 물로 중국을 포덕하시겠다면 제가 밀어 드릴
수 있습니다.

이창희　정말요? 어떻게요?

손 윤　미리미리 앞을 내다보고 준비를 하는 사람이 경영자 아니겠
습니까? 이렇게 중요한 자리에서 제가 왜 허튼소릴 하겠습니까? 남
아일언중천금이라 했습니다. 하물며 국가경영 지도자를 논하는 사
람이 더 말할 필요도 없지요.

수심정기의 마음으로 때를 기다린다

이창희　이제 위원장님과의 인터뷰도 종반을 향하고 있습니다. 그래서 국가경영 지도자의 리더십에 대해 여쭤 보지 않을 수 없다는 생각이 듭니다. 위원장님께서 보시기에 동시대를 살았던 고종 임금과 손병희 선생의 리더십에 어떤 차이가 있다고 보시는지요?

손 윤　솔직히 말해 고종 임금의 리더십이라는 건 애기할 가치가 없다고 생각합니다. 왜냐면 고종 임금은 국가경영의 관점에서 봤을 때 실패한 사람입니다. 처음 임금의 자리에 올랐을 때야 어렸으니까 아버지인 대원군이 섭정을 했다고 하더라도 성인이 되어서는 명성황후의 치마폭에 휘둘려서 제대로 한 게 아무것도 없어요. 초기에는 동학을 탄압하면서 중국인 청나라에 의존하고, 내정을 개혁할 기회가 여러 번 있었는데도 차일피일 미루다가 청일전쟁에서 일본이 이기자 러시아를 끌어들이려다 러일전쟁을 불러왔죠. 모름지기 국가 지도자란 국민을 무서워하며 나무보다는 숲을 볼 수 있는 안목이 있어야 하는데 고종 임금은 그렇지 못했어요. 제 생각이지만 고종은 우유부단하면서 이상한 고집을 가진 사람이었습니다.

이창희   이상한 고집이란 게 무슨 뜻인지요?

손 윤   세상 사람이 다 옳다고 해도 자기가 싫으면 안 하고, 세상 사람이 다 틀렸다고 해도 자기가 좋으면 하는 그런 겁니다.

이창희   그렇군요. 그렇다면 손병희 선생의 리더십은 어떤가요?

손 윤   손병희 선생의 리더십은 용시용활의 리더십이자 '동치(同治)의 리더십'입니다. 동치의 리더십이란 조직과 자신의 운명을 같이 한다는 뜻입니다. 다시 말하면 국가와 자신의 운명을 같이 한다는 거죠. 충무공 이순신 장군의 필사즉생의 리더십이 동치의 리더십이고, 의암 손병희 선생의 삼일정신이 바로 동치의 리더십입니다. 동치의 리더십은 머리로 배우는 게 아닙니다. 머리와 몸이 같이 움직여야 되는 겁니다. 수심정기하는 마음으로 때를 기다렸다가 자신을 던져야 하는 순간이 오면 망설임이 없는 리더십입니다. 손병희 선생께서는 최제우 선생, 최시형 선생으로부터 동치의 리더십을 전수받으셨습니다. 요즘 미국 경영학에서 서번트 리더십(servant leadership)이란 말이 유행한다고 하지만 저는 동치의 리더십이 한 수 위라고 생각합니다.

이창희　동치의 리더십이란 말은 처음 듣는 용어인데요.

손 윤　제가 손병희 선생께서 걸으신 길을 더듬으며 역사를 공부하다가 만든 말입니다. 저는 독립운동가의 삶을 설명할 수 있는 말로 '동치의 리더십'보다 더 좋은 말은 없다고 생각합니다.

이창희　제가 들으니까 위원장님께서는 의암 손병희 선생 이상으로 우당 이회영 선생에게도 푹 빠지셨다면서요?

손 윤　제가 평소 TV를 잘 안 봅니다. 그런데 그날은 뭐에 홀렸는지 소파에 누워서 TV를 켰어요. SBS에서 스페셜로 '우당 이회영, 애국의 길을 묻다'가 방영되고 있더라고요. 처음부터 끝까지 보는데 흐르는 눈물을 주체할 수 없었습니다. 일본과의 을사늑약이 강제로 체결되자 우당 이회영 선생께서는 아래위로 형제들을 설득해서 가솔들을 전부 이끌고 만주로 가셨어요, 그것도 가산을 다 정리해서 말이죠. 그 액수가 지금으로 말하면 무려 600억입니다. 삼포농장을 경영해서 의병 자금을 조달하고 신흥무관학교를 설립하셨어요. 그런데 저는 학교에 다니면서 우당 이회영 선생에 대해서 들어 본 적이 없어요. 이승만 박사에 대해서만 배웠죠.

이창희　저도 그랬던 것 같습니다. 나중에 안 사실이지만 이승만 박사는 하와이 사탕수수 농장에서 일한 교포들이 모금한 독립운동 자금을 개인적으로 사용했다는 설도 있더군요.

손 윤　　저는 또 얼마 전에 'KBS 역사스페셜'에서 방영한 김경천 장군에 대한 다큐멘터리를 봤어요. 그러면서 생각했죠. 저런 분이 있는데 어떻게 1945년 당시에 김일성이 북한 주민들에게 영웅으로 인식될 수 있을까 하고 말이죠. 외세에 의한 역사 왜곡이 참으로 교묘해요.

이창희　　그래서 위원장님 같은 사람이 나타나는 거 아니겠습니까? (웃음)

손 윤　　그런 말씀 마세요. 저는 그냥 나팔수에 불과해요. 저보다 더 훌륭하신 분이 나타나셔서 의암경영연구소와 의암손병희선생기념사업회를 이끌어 주셨으면 해요. 저는 그날이 오기까지 수심정기하면서 계속 나팔을 불 겁니다.

이창희　　위원장님 같은 분들을 민족주의자라고 하거든요. 그런데 민족주의가 지나치면 국가주의로 발전해서 어떤 경우에는 인권을 무시하고 개인의 삶을 피폐하게 만드는 경우가 있다고 합니다. 심지어 민족주의는 반역이라고까지 주장하는 분도 있습니다. 위원장님께서는 이에 대해 어떻게 생각하시는지요?

손 윤   제가 역사를 공부하면서 느낀 건데요. 그건 가짜 민족주의
입니다. 아마도 근대 독일에서 태동한 민족주의라는 개념을 그대로
가져와 쓰다 보니까 그런 혼동을 불러오는 것 같은데요. 우리 민족
의 전통 안에서 살아 숨 쉬는 민족주의는 그와는 다릅니다. 우리 민
족 안에 숨 쉬는 민족주의는 인내천과 홍익인간 사상을 기반으로
합니다. 국가 또는 민족을 위해 개인을 희생하라고 강요하지 않습
니다. 자기 자신의 깨달음이 국가와 민족을 위하는 길로 나갑니다.
그래서 제가 '동치의 리더십'이라고 부르는 거죠.

이창희   외람되지만 노파심으로 한 가지 더 여쭤 보고 싶은 게 있습
니다. 우리나라의 큰 교회들도 처음에 시작할 때는 아버지 목사가
아들 목사에게 교회를 물려주겠다고 말하고 시작하진 않았습니다.
그런데 교회를 아들에게 물려주려다가 사회적으로 물의를 일으키
는 교회가 심심찮게 있더라고요.

손 윤   그러니까 이 작가께선 저도 그럴 수 있다고 묻고 싶은 거죠?

이창희   꼭 그런 의미는 아니고요. 위원장님께서 말씀하신 번호표 뽑
는 기계와 같은 어떤 제도적인 장치가 필요하지 않을까 하는 거죠.

손 윤   그렇습니다. 옳은 말씀이에요. 그래서 저는 의암경영연구소
와 의암손병희선생기념사업회가 사단법인에서 재단법인으로 전환
될 때 정관에 명시할 생각입니다. 제가 천명이 다해 환원한 이후에

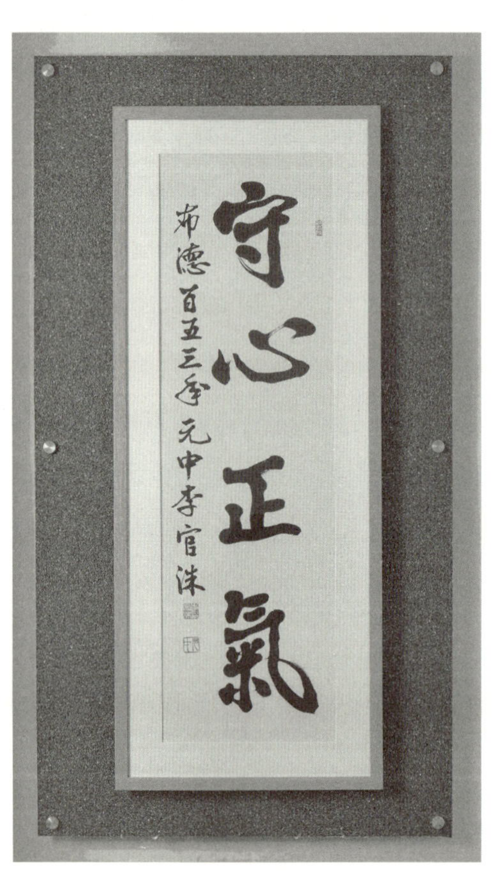

의암경영연구소 벽에 걸려 있는 수심정기 액자.

제 상속인은 의암경영연구소와 의암손병희선생기념사업회 경영에
는 일체 관여할 수 없게 조치하려고 합니다.

이창희　정관에다가 대못을 박으시겠단 말씀이군요.

손 윤　그렇게 하지 않으면 스승님들의 위대한 가르침이신 이신환
성의 천리에 반기를 드는 꼴이 되니까요.

이창희　그 말은 죽어서는 손병희 선생 급의 반열에 오르시겠다는
거죠?

손 윤　내세를 급으로 표현하기가 좀 그렇습니다만 사람은 저마다
한울님을 모시고 있고 위아래 없이 평등하다고 했으니 죽어서는 그
렇게 돼야 하지 않겠습니까? 천도교인, 다른 말로 동덕들은 모두 같
은 생각일 것입니다. 그걸 기독교식으로 '영생'이라고 표현하면 비
교적 적절한 설명이 되리라 봅니다.

이창희　이것으로《긴급명령, 국부 손병희를 살려내라》인터뷰를 마
치겠습니다. 감사합니다.

손 윤　우리의 대담이 대한민국의 미래를 올바르게 여는 마중물이
되길 바랍니다. 수고 많으셨습니다. 고맙습니다.

꿈인가, 혹 불연기연(不然其然)인가…….

어릴 때부터 꿈꾸어 왔던 일을 마침내 힘차게 시작합니다. 말 그대로 꿈으로 끝날 수도 있었을 일을 드디어 실천에 옮기게 되었습니다. '과연 해낼 수 있을까?', '작고 부족한 내가 무엇을 할 수 있을까? 무슨 일을 하든 한시도 머릿속을 떠나지 않았지만, 의욕만큼이나 두려움과 걱정이 앞섰던 일 등 수많은 생각이 주마등처럼 빠르게 지나갑니다.

막연히 꿈꾸어 왔던 일들이 나이가 들수록, 스승님에 대해 더 많이 알아질수록 엄청난 무게로 다가왔습니다. '정의로운 스승님의 역사를 싸게 팔아먹지는 않을까?', '스승님의 철학을 제대로 표현하지 못하면 어쩌나……', '경전을 만드신 위대한 두 스승님의 천덕을 더

럽히는 것은 아닐까? 하는 두려움과 미련이 커져 갔습니다.

2012년 12월 21일, 밤이 가장 길고 추위가 깊어지는 동짓날입니다.
좀처럼 길어질 것 같지 않은 낮의 길이가 길어지고 한겨울이지만
이미 봄이 시작되는 동지가 마치 새로운 시작을 하는 저의 마음을
닮았습니다.
동학혁명군을 호령하시던 통령 손병희!
삼일독립선언문과 유시문을 남기신 손병희!
대한민국의 대통령임에도 말없이 순국하신 손병희!
아! 선생께서 선진 대한민국의 국부가 아니면 누가 있어 대한민국
의 근현대사를 논한단 말씀입니까?

의암경영연구소를 이끌면서 숱하게 많은 의리 있는 분들의 족적이
파노라마처럼 펼쳐집니다.
천도교의 세계화와 제2의 현도를 하시자고 킬리만자로에 오르셨다
가 천도교의 주문 21자를 세 번 현송하시면서 환원하신 진암 박영
인 박사님. 고이 영면하소서!

"손병희 선생은 대한민국의 건국 대통령입니다." 하시면서 초면에
강하게 이끌어 주시던 고(故) 오성 세종대학교 역사학 교수님. 만나
서 반가웠고 곧 이은 이별 소식에 너무 슬퍼했습니다.

1919년 3월 1일 독립선언 직후 서울시 종로구 송현동 34번지 천도

교 중앙총부 지하실에 실제로 존재했다는(일제에 의해 철저하게 멸실된) 대한민간정부의 실체를 책에서 밝히시고 돌아가신 이현희 성신여자대학교 석좌교수님. 미래를 창조하기 위해서는 역사를 배우라는 교수님의 가르침을 잊지 않겠습니다!

이분들이 안 계셨다면 오늘 의암경영연구소는 시작조차 하지 못했고, 이렇게 온전하지 못했을 것입니다. 의암손병희선생기념사업회를 올곧이 계승하라는 가르침을 받들면서 세 분의 영정 앞에 삼가 고개를 숙입니다. 가신 분들이 못다 하신 대한민국 태동의 역사적 진실을 국민들에게 낱낱이 밝히고 저도 명예롭게 선배님들의 뒤를 따를 것을 심고하는 바입니다.

이 책의 출간을 함께해 준 장재혁, 정종욱, 김주호 등 스텝진과 어려운 고비마다 격려해 주는 친우, 1년여에 걸친 세미나 때마다 부족한 공간을 아름답게 채워 주신 천도교 서울교구합창단 동덕 여러분, 이덕일 소장, 박국진 변호사, 채길순 교수, 김명환 교수, 김선배 교수, 그리고 묵묵히 지시를 따라 준 오늘TAC의 동료들에게 영광을 돌립니다. 고맙습니다. 영원히 아끼고 사랑하고 보답하겠습니다.